U0657926

"十三五"普通高等教育本科系列教材
首批国家一流本科课程配套教材

电力电子技术

DIANLI DIANZI JISHU

（第二版）

主　编　王鲁杨
副主编　王禾兴
编　写　王育飞　袁淑娟　高小飞
　　　　薛　花　杨兴武
主　审　曹以龙

中国电力出版社
CHINA ELECTRIC POWER PRESS

内 容 提 要

本书共6部分，主要内容包括绪论、电力电子器件、交流—直流（AC-DC）变换、直流—交流（DC-AC）变换、直流—直流（DC-DC）变换、交流—交流（AC-AC）变换等。其中在DC-AC变换部分结合逆变电路介绍了PWM控制技术以及软开关技术；在DC-DC变换和AC-AC变换中介绍了间接变流的内容。每章后均附有相应的习题。

本书可作为高等院校电气工程及其自动化专业、自动化专业以及相关专业的本科教材，也可供工程技术人员参考。

图书在版编目（CIP）数据

电力电子技术 / 王鲁杨主编 . —2 版 . —北京：中国电力出版社，2018.8（2025.7重印）

"十三五"普通高等教育本科规划教材

ISBN 978 - 7 - 5198 - 1759 - 6

Ⅰ . ①电… Ⅱ . ①王… Ⅲ . ①电力电子技术—高等学校—教材 Ⅳ . ①TM76

中国版本图书馆 CIP 数据核字（2018）第 034763 号

出版发行：中国电力出版社
地　　址：北京市东城区北京站西街 19 号（邮政编码 100005）
网　　址：http://www.cepp.sgcc.com.cn
责任编辑：陈　硕（010—63412532）
责任校对：郝军燕
装帧设计：赵姗姗
责任印制：钱兴根
印　　刷：北京世纪东方数印科技有限公司
版　　次：2013 年 12 月第一版　2018 年 8 月第二版
印　　次：2025 年 7 月北京第十一次印刷
开　　本：787 毫米×1092 毫米　16 开本
印　　张：11.25
字　　数：272 千字
定　　价：27.00 元

前　言

　　本书第二版秉承第一版的编写宗旨：反映电力电子技术的主要内容、反映电力电子技术的特点、反映电力电子技术的发展现状；重点讲清四种基本变流的工作原理、突出变流电路产生的谐波问题，用仿真实验的结果对诸多问题进行说明。第二版中对原版内容的修订工作主要包括下述几方面。

　　（1）对第一版的全部内容进行了反复的研读和斟酌，统一了各章中对诸如电力电子器件、器件工作状态、导通角、换流方式等内容的叙述方式。对有关变流电路中工作波形的画法进行了改善；对有关变流电路中一些电量的标识进行了进一步的统一和规范。改进了对有关问题的描述方式。

　　（2）本次编写距第一版的出版已经过去了 5 年，期间电力电子技术及其在电力系统中的应用有所发展，在第二版中对陈旧内容进行了更新。

　　（3）增加了电力电子技术在电力系统中应用的内容，如 5.2.3 节相控交流调压电路在动态无功补偿技术中的应用。

　　（4）增加了对单相脉宽为 $180°$、$180°-\varphi$ 的方波逆变，对三相阶梯形波方波、脉宽为 $120°$ 的方波逆变输出谐波情况的仿真分析，仿真分析结果帮助读者进一步理解方波逆变电路中的谐波问题。增加了对单相相控交流调压电路输出侧电压电流的仿真波形，帮助读者进一步理解相控交流调压电路阻感性负载情况下对于控制角的限制以及对于触发脉冲的要求。增加了对单相相控调压和斩波调压电路进行仿真分析，用仿真分析结果直观地表明斩控在抑制交流调压电路产生谐波方面的作用。

　　（5）在三相桥式可控整流电路部分，增加了对晶闸管所承受的最高正向阳极电压在输出连续与断续两种情况下取值的分析论述。在整流变压器对整流电路影响部分，对有关计算公式的表述进行了调整，以突出单相桥式整流电路在换相时整流变二次电流的变化量是 $2I_\mathrm{d}$。对于有源逆变的两个条件，强调了外部条件的具备是内部条件成立的必要条件。由于 3.6 节软开关技术中的内容增加了硬开关及软开关的概念，将 1.6 节的标题改为"电力电子器件应用中需要解决的问题"，使标题更契合该节中所包含的电力电子器件的驱动、保护、串并联等内容。

　　（6）鉴于直流降压斩波电路中输出电流断续并不是一种理想的工作状态，在第二版中不再把电流断续的内容作为和电流连续并列的内容，而是作为输出滤波电感参数选择过小的后果进行讲述，并和仿真内容相呼应。考虑到斩波电路控制方式的重要性，对该部分内容在基本斩波电路一节里单独列为一个标题。对于斩波电路中电感在充电和放电过程中，可用恒定的电流表示其中的电流作了说明。对于升压斩波电路可视为直流变压器这一结论，从输入功率等于输出功率的角度进行了重新的论证。对于电流可逆斩波电路部分，不再将降压与升压两组交替运行方式作为重点，而是强调电流可逆斩波电路在直流电动机两象限运行、蓄电池充放电中的应用。

（7）对部分章中习题进行了调整。

诚恳地请读者对书中的不当之处给予指正，以使本书的质量进一步提高，在此致谢！

编 者

2018 年 7 月

第一版前言

电力电子技术的应用已经深入到国民经济的各个领域，诸如工业、农业、能源、交通、运输、信息、航空、航海、航天、国防等领域，凡是有电能应用的场合，都会用到电力电子技术。尤其在电力系统的发电、输电和配电环节，以及在新能源发电系统中电力电子技术都发挥着重要作用。

高等院校的电气工程及其自动化专业、自动化专业以及相关专业都开设了电力电子技术课程。目前国内已陆续出版了多本同名教材，这些教材各有特色，其中被广泛选用的是西安交通大学王兆安先生主编的《电力电子技术（第5版）》。本书的编写是要提供一本适用于电气工程及其自动化专业的、主要反映电力电子技术在电力系统中应用的教材。

本书的编写秉承反映电力电子技术的主要内容、反映电力电子技术的特点、反映电力电子技术发展现状的宗旨。

在绪论中，重点介绍了电力电子技术的内涵、主要内容，以及电力电子技术在电力系统各个环节的应用情况。

在第1章电力电子器件中，重点介绍了目前大量使用的晶闸管、绝缘栅双极晶体管IGBT，以及未来的性能非常优越的基于宽禁带半导体材料的电力电子器件。

第2章~第5章是4种变流电路。编者根据多年的教学经验，以学生容易接受的方式介绍了基本变流电路的工作原理、工作波形，通过理论分析和仿真实验的结果说明各种变流电路产生的谐波情况。在AC-DC变换部分介绍的是各种相控整流电路，在DC-AC变换、DC-DC变换部分介绍的是各种PWM控制电路，在AC-AC变换部分既有相控又有PWM控制电路。有关PWM控制的基本内容在第3章结合逆变电路进行介绍，软开关技术的基本问题也在第3章中介绍。在四种变流电路中还介绍了多电平电路、间接变换电路。

本书的特点，一是重点讲清四种基本变流的工作原理，二是突出变流电路产生的谐波问题，三是用仿真实验的结果对诸多问题进行说明。

本书由王鲁杨担任主编，并编写了绪论、第1章、第2章及其习题；第3章及习题由薛花编写；第4章及习题由袁淑娟编写；第5章及习题由杨兴武编写；王禾兴任副主编并编写了绪论的部分内容；王育飞、高小飞分别编写了第3章、第5章的部分内容；研究生胡慧慧、张浩担任了绪论~第2章的文字输入、绘制插图、仿真等工作；王鲁杨负责全书的统稿工作。

上海电力学院曹以龙教授任本书的主审，并在审阅中提出了许多中肯的修改意见，在此谨致衷心的感谢。

在本书的编写过程中得到了上海电力学院有关部门领导与同仁的支持，同时参考了国内外有关单位和学者的著作和文章，在此致以衷心的感谢。

由于电力电子技术发展十分迅速，而编者学识有限，编写时间又很仓促，书中难免有很多疏漏和不足之处，恳请读者批评指正。

作 者

2013 年 11 月

于上海电力学院

目　　录

绪　　论

0.1　什么是电力电子技术

1955 年美国通用电气公司（General Electronic Company，GE）发明了第一个大功率 5A 硅整流二极管（Silicon Rectifier），标志着电力电子技术的诞生。1957 年，GE 公司又发明了全世界第一个晶闸管（Thyristor），俗称"可控硅"。晶闸管的广泛应用推动了电力电子技术的迅速发展。直到 20 世纪 60 年代，世界上首次出现了"电力电子学"这一名称。"电力电子技术"和"电力电子学"是从工程和学术两个不同的角度对同一个内容的称呼。

1974 年，第四届国际电力电子会议首次提出电力电子技术（或称电力电子学）的定义，这就是有名的 W. Newell 定义，该定义可用图 0 - 1 来表示，用文字叙述则为：电力电子技术是横跨在电子学、电力学及控制学之间的边缘学科。

1980 年前后，美国著名电力电子技术专家 B. K. Bose 教授对 W. Newell 定义进行了延伸，提出了图 0 - 2 所示的电力电子技术新的更加具体化的定义。新的定义几乎覆盖了所有电工及电气学科，体现了电力电子技术是一门多学科相互渗透的综合性技术学科。图 0 - 2 与图 0 - 1 所示定义的差别，反映了电力电子技术的新发展和电力电子技术应用领域的扩大，更反映了电力电子技术的日新月异。电力电子技术发展到今天已成为一门完整的、自成体系的学科。

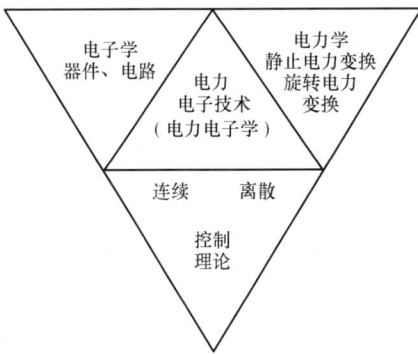

图 0 - 1　电力电子技术的 W. Newell 定义

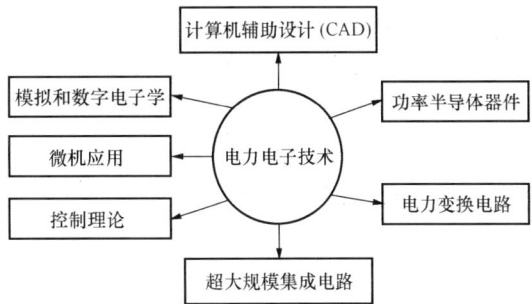

图 0 - 2　B. K. Bose 对电力电子技术的新定义

美国电气和电子工程师协会（American Institute of Electrical Engineers，AIEE，1884 年成立）的电力电子学会（Power Electronics Society，PELS）对电力电子技术的描述为：电力电子技术是有效地使用电力半导体器件、应用电路和设计理论以及分析开发工具，实现对电能的有效变换和控制的技术，包括电压、电流、频率和波形等方面的变换。

我国目前通用的电力电子技术定义为：电力电子技术是应用于电力领域的电子技术，是使用电力电子器件对电能进行变换和控制的技术。

电力电子技术包括电力电子器件制造技术和变流技术两个分支，变流技术也称为电力电子器件的应用技术，它包括用电力电子器件构成各种电力变换电路和对这些电路进行控制的技术，以及由这些电路构成电力电子装置和电力电子系统的技术。电力电子器件制造技术是电力电子技术的基础，变流技术是电力电子技术的核心。

图 0-1 中的"电子学"是指信息电子学即信息电子技术，模拟电子技术和数字电子技术都属于信息电子技术。信息电子学可分为电子器件和电子电路两大分支，电力电子器件和电力电子电路分别与它们相对应。电力电子器件的制造技术和用于信息变换的电子器件制造技术的理论基础是一样的，都是基于半导体理论，其大多数工艺也是相同的。特别是现代电力电子器件的制造大都使用集成电路制造工艺，采用微电子制造技术，许多设备都和微电子器件制造设备通用，这说明二者同根同源。电力电子电路和电子电路的许多分析方法也是一致的，只是二者应用目的不同。前者用于电力变换和控制，后者用于信息处理。广义而言，电子电路中的功率放大和功率输出部分也可算作电力电子电路。此外，电力电子电路广泛应用于包括电视机、计算机在内的各种电子装置中，其电源部分都是电力电子电路。在信息电子技术中，半导体器件既可处于放大状态，也可处于开关状态；而在电力电子技术中，为避免功率损耗过大，电力电子器件总是工作在开关状态，这成为电力电子器件区别于信息电子技术的一个重要特征。

图 0-1 中的"电力学"这个术语在我国已不太应用，以"电气工程"取而代之。在我国的学科分类中，电气工程是一级学科，包含了五个二级学科，即电力系统及其自动化、电机与电器、高电压与绝缘技术、电力电子与电力传动、电工理论与新技术。电力电子技术是一门多学科相互渗透的综合性技术学科，几乎涉及了所有电气工程学科，内容非常丰富。

图 0-1 中的"控制理论"在电力电子技术的发展中起着重要的作用。电力电子技术可以看成是弱电控制强电的技术，是弱电控制强电的手段，控制理论则是实现这一控制的纽带。电力电子技术的一个重要应用领域是工业电源，工业电源将电网的工频正弦交流电转换为生产机械所需要的不同频率、不同波形、不同大小的交流、脉冲或者直流电。工业电源是为了满足生产机械的工况而设计的，各种生产机械对工业电源的要求千差万别，为使电源装置的输出满足负载的要求，控制理论在其中起着关键的作用。比如对闭环控制系统，一般用比例积分调节器；对双闭环及多环调速系统，常以多环比例积分控制。在进行调节器参数设计时，要用到自动控制原理中的许多方法（如对高阶系统在一定的条件下进行降阶处理、小惯性环节近似处理、大惯性环节近似处理，等等）来对系统进行校正和综合。在交流调速系统中，为了提高性能和扩大调速范围，应用矢量控制解耦，从而使交流电机的调速性能几乎可与直流电机相媲美。最近几年，诸如模糊控制、最优控制、滑模变结构控制、鲁棒控制等先进的控制手段，越来越多地在电力电子设备中获得应用，并不断提高电力电子设备的性能。

图 0-2 中的计算机辅助设计（Computer Aided Design，CAD）是当今各种设计领域广泛使用的现代化绘图工具，借助于 CAD 技术提高了电力电子系统设计的速度和质量。

0.2　电力电子技术的主要内容

如 0.1 节所述，电力电子技术包括电力电子器件制造技术和变流技术两个分支，电力电子器件制造技术是电力电子技术的基础，变流技术是电力电子技术的核心。本书只介绍常用电力电子器件的基本特性；本课程讨论的主要内容是电力电子技术的核心——变流技术，即对电力进行变换的技术。

通常电力可以分为交流和直流两种。从公用电网直接得到的电力是交流，从蓄电池和干电池得到的电力是直流。从这些电源得到的电力往往不能直接满足要求，需要进行电力变换。电力变换通常可分为四大类，即交流—直流（AC‑DC）、直流—交流（DC‑AC）、直流—直流（DC‑DC）、交流—交流（AC‑AC），见表0‑1。交流变直流称为整流；直流变交流称为逆变；直流变直流并非电力种类的变换，而是将一种直流电变换为另一种或多种固定或可调的直流电，直接的直流变直流称为直流斩波；交流变交流是改变交流电的电压、频率、相数等参数，根据变换参数不同，交流变交流可分为交流电力控制和变频两大类。

实现电力变换的电路被称为电力电子电路，从宏观的角度讲，电力电子电路也被称为电力电子系统。电力电子系统由主电路和控制电路两大部分组成，其框图如图0‑3所示，其中的驱动电路和检测电路都属于控制电路。

表0‑1　　　　　　　四种基本的电力变换

输出　＼　输入	交流（AC）	直流（DC）
直流（DC）	整流	直流斩波
交流（AC）	交流电力控制、变频	逆变

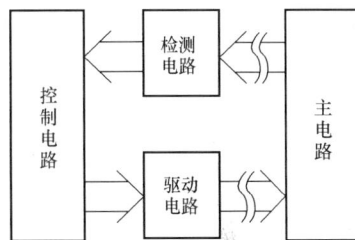

图0‑3　电力电子系统组成框图

主电路是实现电力变换的主体，主要由电力电子器件按照一定的要求组成一定的拓扑结构，通过各个电力电子器件顺序地导通和关断，实现对电力的变换。

控制电路由信息电子电路组成，按照系统的工作要求形成控制信号。控制信号的产生依赖于特定的控制策略和控制算法。发展最早、最基本的是相控方式，即采用延时脉冲控制功率器件导通的相位。相控方式在半控型器件的整流、逆变、交流调压等电路中获得了广泛的应用。在全控型器件的电力电子电路中，大量采用脉冲宽度调制（Pulse Width Modulation，PWM）技术，以有效地控制和消除谐波，提高装置的功率因数。PWM控制技术被广泛应用到整流、逆变、斩波、交—交变换等电路，成为电力变换电路中的核心控制技术。

驱动电路是主电路和控制电路之间的接口，它将控制电路产生的信号按照其控制目标的要求，转换为可使电力电子器件导通或关断的信号，并提供控制电路与主电路之间的电气隔离，通过光、磁等来传递信号。

在有的电力电子系统中，需要检测主电路或应用现场的信号，再根据这些信号及系统的工作要求来形成控制信号，这就需要有检测电路。为保证电力电子系统的正常可靠运行，通常在主电路和控制电路中附加一些保护电路。

电力电子技术的核心部分——变流技术，也包括主电路、控制电路、驱动电路、检测电路、保护电路等各个组成部分的内容。限于篇幅，本书重点讨论四种基本的电力变换主电路对电力进行变换的过程，并对PWM控制技术、软开关技术做简要介绍。

0.3　电力电子技术的发展、应用及地位

0.3.1　电力电子技术的发展

电力电子技术的发展历史是以电力电子器件的发展为主线的，电力电子器件的发展对电

力电子技术的发展起着决定性作用。

电力电子技术的诞生是以 1955 年美国通用电气公司研制出第一只大功率硅整流二极管（5A）和 1957 年美国通用电气公司研制出的第一只晶闸管为标志。由于其功率处理能力的突破，于是以整流管和晶闸管为核心的、对电能处理的庞大分支从电子技术中分离出来，形成了电力电子技术。而其余部分仍保持小功率特点进行信息处理，称为信息电子技术。这一阶段中，除整流管和晶闸管的性能、容量不断提高外，还发展了一些派生器件，如快速晶闸管、高频晶闸管、双向晶闸管、逆导晶闸管、光控晶闸管等。这些器件是通过对门极的控制能够使其导通而不能使其关断的器件，因而属于半控型器件，主要应用于化学电源、电气传动、感应加热、直流输电、无功补偿等领域。

20 世纪 70 年代后期，以门极可关断晶闸管（GTO）、电力晶体管（GTR）和电力场效应管（MOSFET）为代表的全控型器件迅速发展。全控型器件的特点是通过对门极（基极）的控制既可使其开通又可使其关断，并且其开关速度普遍高于晶闸管。全控型器件的出现，使得半控型器件难以实现的功能得到了很好的解决，并且推动了脉宽调制（PWM）控制技术的迅速发展和应用。它在逆变、斩波、整流、变频、交流电动机控制等变流技术的各个方面均可应用，并能使电路的性能大为改善。因此全控型器件的出现，使电力电子技术的面貌焕然一新，把电力电子技术推进到一个新的发展阶段。在这一阶段中，最具有代表性的产品是交流电动机的变频调速装置，其调速性能、功率范围、价格等都可与直流传动相媲美，交流调速大量应用并占据了主导地位。除此之外，不间断电源（UPS）、变频电源、开关电源、电磁灶等也是这一时期的热门产品。

在 20 世纪 80 年代后期，以绝缘栅双极型晶体管（IGBT）为代表的复合型器件异军突起。IGBT 是 MOSFET 和 GTR 的复合。它把 MOSFET 的驱动功率小、开关速度快的优点和 GTR 的通态压降小、载流能力大的优点集于一身，具有十分优越的性能，使之成为现代电力电子技术中应用的主导器件。与 IGBT 相对应，集成门极换流晶闸管（IGCT）是 MOSFET 和其他辅助元件与 GTO 的组合，也具有复合型器件的优良性能，展示了其广阔的应用前景。

在 20 世纪 80 年代后期，电力半导体器件的模块化、智能化和功率集成电路（PIC）的发展，进一步优化了电力电子器件及其装置的结构，使其体积减小、结构紧凑、可靠性提高，给应用带来了很大方便。功率集成电路是把驱动、控制、保护等电路与电力电子器件集成在一起的芯片，在家电、汽车等方面已获得应用，目前虽然功率还都比较小，但这代表了电力电子技术发展的一个重要方向。

随着全控型电力电子器件的不断进步，电力电子电路的工作频率不断提高，同时器件的开关损耗也随之增大。为了减小开关损耗，软开关技术便应运而生。零电压开关（ZVS）和零电流开关（ZCS）是软开关的基本形式。软开关技术可使器件的开关损耗降为接近于零，进一步提高了开关频率和工作效率，增加了电力电子装置的功率密度。

0.3.2　电力电子技术的应用

电力电子技术的应用范围十分广泛，不仅应用于一般工业，还应用于交通运输、电力系统、通信系统、计算机系统、新能源系统等，在照明、空调等家用电器及其他领域中也有着大量的应用。以下分几个主要应用领域加以叙述。

1. 一般工业

工业中大量应用各种交直流电动机。直流电动机有良好的调速性能，为其供电的可控整流电源或直流斩波电源都是电力电子装置。近年来，由于电力电子变频技术的迅速发展，使得交流电动机的调速性能可与直流电动机相媲美，交流调速技术逐渐大量应用并占据了主导地位，大至数兆瓦的各种轧钢机，小到几百瓦的数控机床的伺服电动机，以及矿山牵引等场合都广泛采用电力电子交流调速技术。变频器是变频调速领域内的重要设备，据测算，使用变频器的电机系统节电率普遍达 30％左右，某些较高场合可达 40％～60％，节能效果显著。能源紧张所提出的节能、降耗需求，为变频器的应用提供了更广阔的空间。一些对调速性能要求不高的大型鼓风机等近年来也采用了变频装置，以达到节能的目的。还有些并不特别要求调速的电动机，为了避免启动时的电流冲击而采用了软启动装置，这种软启动装置也是电力电子装置。由于电动机的应用十分广泛，其所消耗的电力甚至达到了发电厂所发电力的60％以上，以至于有人认为，电力传动是电力电子技术的"主战场"。

电化学工业大量使用直流电源，电解铝、电解食盐水等都需要大容量整流电源，电镀装置也需要整流电源。

冶金工业中的高频或中频感应加热电源、淬火电源及直流电弧炉电源等场合，大量应用电力电子技术。

2. 交通运输

电气化铁道中广泛采用电力电子技术。电气机车中的直流机车采用整流装置，交流机车采用变频装置。直流斩波器也广泛用于铁道车辆。在磁悬浮列车中，电力电子技术更是一项关键技术。除牵引电机传动外，车辆中的各种辅助电源也都离不开电力电子技术。

电动汽车的电机依靠电力电子装置进行电力变换和驱动控制，其蓄电池的充电也离不开电力电子装置。一台高级汽车中需要许多控制电机，它们也要靠变频器和斩波器驱动并控制。

飞机、船舶需要很多不同要求的电源和驱动，因此航空和航海都离不开电力电子技术。

如果把电梯也算作交通运输，那么它也需要电力电子技术。以前的电梯大都采用直流调速系统，而近年来交流变频调速已成为主流。

3. 电力系统

最早成功地应用于电力系统的大功率电力电子技术是高压直流输电（High Voltage Direct Current Transmission，HVDCT）。自 20 世纪 80 年代，柔性交流输电（Flexible AC Transmission Systems，FACTS）概念被提出后，电力电子技术在电力系统中的应用研究得到了极大的关注。电力电子技术在电力系统的发电、输电和配电环节得到了广泛的应用。

（1）电力电子技术在发电环节中的应用主要包括大型发电机的静止励磁控制、水力与风力发电机的变速恒频励磁、发电厂风机水泵的变频调速、太阳能发电控制系统等。

大型发电机的静止励磁控制采用晶闸管整流自并励方式，具有结构简单、可靠性高及造价低等优点，被世界各大电力系统广泛采用。由于省去了励磁机这个中间惯性环节，因而具有其特有的快速性调节，给先进的控制规律提供了充分发挥作用并产生良好控制效果的有利条件。

水力发电的有效功率取决于水头压力和流量，当水头的变化幅度较大时（尤其是抽水蓄能机组），机组的最佳转速也随之发生变化。风力发电的有效功率与风速的三次方成正比，风车捕捉最大风能的转速随风速而变化。为了获得最大有效功率，可使机组变速运行，通过调整转子励磁电流的频率，使其与转子转速叠加后保持定子频率即输出频率恒定。此项应用的技术核心是变频电源。

发电厂的厂用电率平均为 8%，风机水泵耗电量约占火电设备总耗电量的 65%，且运行效率低。使用低压或高压变频器，实施风机水泵的变频调速，可以达到节能的目的。

太阳能发电是调整未来能源结构的一项重要战略措施。大功率太阳能发电，无论是独立系统还是并网系统，通常需要将太阳能电池阵列发出的直流电转换为交流电，所以具有最大功率跟踪功能的逆变器成为系统的核心。日本实施的阳光计划以 3～4kW 的户用并网发电系统为主，我国实施的"送电到乡"工程则以 10～15kW 的独立系统居多，而大型系统有在美国加州的西门子太阳能发电厂（7.2MW）等。

核聚变反应堆在产生强大磁场和注入能量时，需要大容量的脉冲电源，这种电源就是电力电子装置。

（2）电力电子技术在输电环节中的应用主要包括高压直流输电（HVDC）和轻型直流输电（HVDC Light）技术、柔性交流输电（FACTS）技术等。

高压直流输电具有输电容量大、稳定性好、控制调节灵活等优点，对于远距离输电、海底电缆输电及不同频率系统的联网，高压直流输电拥有独特的优势。1970 年世界上第一项晶闸管换流阀试验工程在瑞典建成，取代了原有的汞弧阀换流器，标志着电力电子技术正式应用于高压直流输电。从此以后世界上新建的高压直流输电工程均采用晶闸管换流阀。截至 2017 年，我国已投运的高压直流输电工程有 18 项，包括 3 项背靠背直流输电工程和 5 项特高压直流工程，高压直流输电线路总长度达 1.70×10^4 km，输送容量达 59.47GW，线路总长度和输送容量均居世界第一。预计到 2020 年，我国将再建设 21 个高压直流输电项目，届时我国将成为世界上拥有高压直流输电工程最多、输电线路最长、输送容量最大的国家。为了解决新能源的飞速发展造成的消纳难题以及雾霾等环境问题，我国的大型煤炭基地和煤电项目逐渐向中西部地区转移，东部等经济发达地区用电将越来越倚重远距离高压输电。

近年来，直流输电技术又有新的发展，轻型直流输电采用 IGBT 等可关断电力电子器件组成换流器，应用脉宽调制技术进行无源逆变，解决了用直流输电向无交流电源的负荷点送电的问题。同时大幅度简化设备，降低造价。世界上第一个采用 IGBT 构成电压源换流器的轻型直流输电工业性试验工程于 1997 年投入运行。

柔性交流输电（FACTS）技术的概念问世于 20 世纪 80 年代后期，是一项基于电力电子技术与现代控制技术对交流输电系统的阻抗、电压及相位实施灵活快速调节的输电技术，可实现对交流输电功率潮流的灵活控制，大幅度提高电力系统的稳定水平。

现有的 FACTS 设备及其在电网中的功能见表 0-2。20 世纪 90 年代以来，国外在研究开发的基础上开始将 FACTS 技术用于实际电力系统工程。其中静止无功补偿器（Static Var Compensator，SVC）是通过晶闸管控制电容器组的投切来调节输出无功的大小，设备结构简单，控制方便，成本较低，所以较早得到应用。

表 0-2　　　　　　　　　　　　　　现有的 FACTS 设备及其在电网中的功能

设备名称	接入方式	主要功能
晶闸管控制移相器（TCPR）	串联	有功控制、暂态稳定、电压稳定

设备名称	接入方式	主要功能
晶闸管控制串联电容器（TCSC）	串联	电流控制、暂态稳定、电压稳定、抑制故障电流
晶闸管控制串联电抗器（TCSR）	串联	
晶闸管控制制动电阻器（TCBR）	并联	谐波抑制、暂态稳定
晶闸管控制电压限制器（TCVL）	并联	无功控制、电压控制、暂态稳定、电压稳定
静止无功补偿器（SVC）	并联	电压控制、无功补偿、暂态稳定、电压稳定
静止同步补偿器（STATCOM）	并联	电压控制、无功补偿、谐波抑制、暂态稳定、电压稳定
静止同步串联补偿器（SSSC）	串联	电流控制、谐波抑制、暂态稳定、电压稳定、抑制故障电流
统一潮流控制器（UPFC）	串联、并联	有功控制、无功控制、电压控制、无功补偿、谐波抑制、暂态稳定、电压稳定、抑制故障电流
可转换静止补偿器（CSC）	串联、并联	
超导蓄能器（SMES）	并联	有功控制、电压控制、无功补偿、谐波抑制、暂态稳定、电压稳定
电池蓄能器（BESS）	并联	

（3）电力电子技术和现代控制技术在配电系统中的应用，即用户电力（Custom Power）技术或称 DFACTS（Distributed FACTS）技术，是在 FACTS 各项成熟技术的基础上发展起来的电能质量控制新技术。

配电系统迫切需要解决的问题是如何加强供电可靠性和提高电能质量。电能质量控制既要满足对电压、频率、谐波和不对称度的要求，还要抑制各种瞬态的波动和干扰。可以将 DFACTS 设备理解为 FACTS 设备的缩小版，其原理、结构均相同，功能也相似。表 0 - 3 列出了 DFACTS 设备及其在配电网中的功能。DFACTS 设备在实际应用中控制效果明显，经济效益可观，潜在需求巨大，随着电力电子器件价格的不断降低，可以预期 DFACTS 设备产品将进入快速发展期。

表 0 - 3　　　　　　　　DFACTS 设备及其在配电网中的功能

设备名称	接入方式	主要功能
静止无功补偿器（DSVC）	并联	抑制负荷所产生的无功对系统的影响
静止同步补偿器（DSTATCOM）	并联	抑制负荷所产生的高次谐波、不对称、无功和闪变对系统的影响
动态电压恢复器（DVR）	串联	抑制系统的电压波动、不平衡、高次谐波等对负荷的影响
统一电能质量补偿器（UPQC）	串联、并联	同时具备 DSTATCOM 和 DVR 的功能
有源滤波器（APF）	串联	补偿系统的谐波电压
	并联	补偿负荷的谐波电流
固态转换开关（SSTS）	并联	实现快速无弧投切，避免操作过电压
固态断路器（SSCB）	串联	

设备名称	接入方式	主要功能
超导蓄能器（SMES）	并联	负荷波动、电压波动、功率因数
电池蓄能器（BESS）	并联	

4. 电力电子装置用电源

各种电子装置一般都需要不同电压等级的直流电源供电。通信设备中的程控交换机所用的直流电源以前用晶闸管整流电源，现在已改为采用全控型器件的高频开关电源。大型计算机所需的工作电源、微型计算机内部的电源现在也都采用高频开关电源。在各种电子装置中，以前大量采用线性稳压电源供电，由于高频开关电源体积小、质量轻、效率高，现在已逐渐取代了线性电源。因为各种信息技术装置都需要电力电子装置提供电源，所以可以说信息技术离不开电力电子技术。在有大型计算机等场合，常常需要不间断电源（Uninterruptible Power Supply，UPS）供电，不间断电源实际就是典型的电力电子装置。

5. 家用电器

照明在家用电器中占有十分突出的地位。由于电力电子照明电源体积小、发光效率高、可节省大量能源，通常采用电力电子装置的光源被称为"节能灯"，其正在逐步取代传统的白炽灯和荧光灯。

变频空调器是家用电器中应用电力电子技术的典型例子。电视机、音响设备、家用计算机等电子设备的电源部分也都需要电力电子技术。此外，不少洗衣机、电冰箱、微波炉等电器也都应用了电力电子技术。

6. 其他

除上述用途外，几乎所有的领域都离不开电力电子技术。

（1）航天飞行器中的各种电子仪器需要电源，载人航天器中为了宇航员的生存和工作，也离不开各种电源，这些都必须采用电力电子技术。

（2）超导储能是未来的一种储能方式，它需要强大的直流电源供电，这也离不开电力电子技术。

（3）抽水储能发电是电力系统调峰的重要手段，其中的大型电动机的启动和调速都需要电力电子技术。科学实验或某些特殊场合，常需要一些特种电源，这也是电力电子技术的用武之地。在变电所中，给操作系统提供可靠的交直流操作电源，给蓄电池充电等都需要电力电子装置。

值得注意的是，以前电力电子技术的应用偏重于中、大功率，现在在 1kW 以下，甚至几十瓦以下的功率范围内，电力电子技术的应用越来越广，其地位也越来越重要，这已成为一个重要的发展趋势。

0.3.3 电力电子技术的地位

由上述电力电子技术的应用情况可知，电力电子技术在社会发展中具有非常重要的地位。电力电子技术的应用已经深入到国民经济的各个领域，诸如工业、农业、能源、交通、运输、信息、航空、航海、航天、国防等领域，可以说凡是有电能应用的场合，就有电力电子技术的用武之地。

至 2003 年，发达国家在用户最终使用的电能中有 75% 以上至少经过一次电力电子变流装置的处理，不久将达 90％以上。曾经有人说，离开电力电子技术生活将无法进行：上下班乘坐交流调速地铁，上下楼乘坐交流调速电梯，进屋后用的是变频调速空调，照明用的是高频振荡荧光灯，计算机用的是开关电源和 UPS，家用的电炊具为感应加热的电磁灶，等等。

电力电子技术是智能电网在技术上的主要驱动力，以 SVC 为代表的 FACTS 技术，以 HVDC 为代表的新型超高压输电技术，以智能开关为代表的同步开断技术，以静止无功发生器、动态电压恢复器为代表的 DFACTS 技术，以及以用户端分布式发电系统为代表的终端电能变换技术等，构成了智能电网中的电力电子应用系统。电力电子技术是电力系统现代化的关键技术之一。

电力电子技术促进了半导体行业的进步，促使人们不断开发出新材料。

电力电子技术实现了大规模节能，因此电力电子技术被称为是节能技术。

电力电子装置提供给各种用电设备不同的直流电源、恒频交流电源以及变频交流电源，电力电子技术又被称为是电源技术。

电力电子技术在环境保护中作用巨大，高压静电除尘、污水处理都应用了电力电子技术。

电力电子技术是可再生能源发电的重要技术支撑，是世界各国未来能源战略的重要组成部分。

习　题

0-1　什么是电力电子技术？

0-2　电力变换通常可分为哪几大类？

0-3　电力电子系统通常由哪几部分组成？

0-4　本章介绍了电力电子技术在哪些领域的应用？

0-5　为什么说电力电子技术是电力系统现代化的关键技术之一？

0-6　为什么电力电子技术被称为是节能技术、电源技术？

第1章 电力电子器件

电力电子器件（Power Electronic Device）是指可直接用于处理电能的主电路中，实现电能的变换或控制的电子器件。广义上的电力电子器件分为电真空器件和半导体器件两类，目前除了在频率很高（如微波）的大功率高频电源中还使用真空管外，基于半导体材料的电力电子器件成为电能变换和控制领域的绝对主力，因此电力电子器件往往专指电力半导体器件。与普通半导体器件一样，目前电力半导体器件所采用的主要材料仍然是硅。

电力电子器件是电力电子技术的基础，电力电子技术利用电力电子器件对电能进行变换和控制。为正确理解和掌握各种变流电路的工作原理，必须掌握各种常用电力电子器件的工作原理、基本特性、主要参数及正确使用方法。

1.1 电力电子器件概述

1.1.1 电力电子器件的主要特征

电力电子器件直接用于处理电能的主电路，同处理信息的电子器件相比，一般具有如下特征。

（1）电力电子器件处理电功率的能力强。电力电子器件所能处理电功率的能力，也就是其承受电压和电流的能力，额定电压和额定电流是其最重要的参数。其处理电功率的能力小至毫瓦级，大至兆瓦级，一般都远大于处理信息的电子器件。

（2）电力电子器件一般都工作于开关状态。因为电力电子器件处理功率较大，工作于开关状态可降低本身的功率损耗，提高效率。电力电子器件的开关状态与普通三极管的饱和导通与截止一样。导通（通态）时器件阻抗很小，接近于短路，管压降接近于零，而电流由外电路决定；关断（断态）时器件阻抗很大，接近于断路，电流几乎为零，而器件两端的电压由外电路决定。工作特性接近于普通电力开关，因此也常常将电力电子器件称为电力电子开关，或称电力半导体开关。电路分析时，为简单起见，也往往用理想开关来代替。

（3）电力电子器件使用中一般要进行保护。利用半导体材料制成的电力电子器件，承受过电压和过电流的能力比较弱。在实际应用中，除了选择电力电子器件时要留有足够的安全裕量外，还必须根据实际情况采取一定的过电压、过电流保护措施，以确保运行安全。

（4）电力电子器件一般需要专门的驱动电路。电力电子器件往往需要信息电子电路来控制，但该控制信号功率较小，一般不能直接控制电力电子器件的开通和关断，需要一个中间电路将这些信号进行放大与整形，实现与电力电子器件所需要的驱动波形相匹配，这就是驱动电路。性能良好的驱动电路可使电力电子器件工作于最佳的开关状态。另外驱动电路还常具有对器件的保护和提供控制电路与主电路之间的电气隔离的功能。

（5）电力电子器件一般需要安装散热器。尽管工作在开关状态，但是电力电子器件自身的功率损耗通常仍远大于信息电子器件，因而为了保证不至于因损耗散发的能量导致器件温度过高而损坏，不仅在器件封装上比较讲究散热设计，而且在其工作时一般都还需要安装散热器。这是因为电力电子器件在导通或者关断状态下，并不是理想的短路或断路。导通时器件上有一定的通态压降，关断时器件上有微小的断态电流流过。尽管其数值都很小，但分别与数值较大的通态电流和断态电压相作用，就形成了电力电子器件的通态损耗和断态损耗。此外，还有在电力电子器件由断态转为通态（开通过程）或者由通态转为断态（关断过程）的转换过程中产生的损耗，分别称为开通损耗和关断损耗，总称开关损耗。对某些器件来讲，驱动电路向其注入的功率也是造成器件发热的原因之一。通常，除一些特殊的器件外，电力电子器件的断态漏电流都极其微小，因而通态损耗是电力电子器件功率损耗的主要成因。当器件的开关频率较高时，开关损耗会随之增大而可能成为器件功率损耗的主要因素。

1.1.2　电力电子器件的分类

电力电子器件常用的分类方法有三种。

（1）按照电力电子器件能够被控制电路信号所控制的程度，可分为以下三种类型。

1）半控型器件。它是通过控制信号可以控制其导通而不能控制其关断的电力电子器件。器件的关断是由其在主电路中承受的电压和电流决定的。这类器件主要是晶闸管及其大部分派生器件。

2）全控型器件。它是通过控制信号既可控制其导通、又可控制其关断的电力电子器件。与半控型器件相比，由于可通过控制信号关断，故又称为自关断器件。在 20 世纪 70 年代后期出现的电力电子器件一般都属于这种类型，如门极可关断晶闸管（GTO）、电力晶体管（GTR）、电力场效应管（MOSFET）、绝缘栅双极型晶体管（IGBT）等。

3）不可控器件。它是不能用控制信号来控制其通断的电力电子器件。这种器件即整流二极管。它对外引出只有阳极和阴极两个电极，其通断完全由其在主电路中承受的电压和电流决定。

（2）按照器件内部电子和空穴两种载流子参与导电的情况，也可分为三类。

1）单极型器件。这类器件为电子或空穴导电型。属于单极型器件的有电力 MOSFET 和静电感应晶体管（SIT）。

2）双极型器件。这类器件为电子和空穴共同参与导电。属于双极型器件的有电力二极管、晶闸管、GTO、GTR、静电感应晶闸管（SITH）等。

3）复合型器件。这类器件是由单极型器件和双极型器件集成复合而成的混合型器件。属这类器件的有 IGBT。

（3）按照驱动电路加在电力电子器件控制端的驱动信号的性质，可将电力电子器件分为两类。

1）电流驱动型。这种器件是通过从控制端注入或抽出电流来实现器件的导通或关断控制的。属于电流驱动型的有晶闸管、GTR、GTO 等。这类器件的控制功率较大，控制电路复杂，工作频率较低，但容量较大。

2）电压驱动型。这种器件是通过从控制端与公共端加一定的电压信号来实现器件的导通或关断的。由于电压信号是用于改变器件内部的电场从而实现器件的导通或关断的，因此电压驱动型器件又被称为场控器件，或者场效应器件。常见的电压驱动型器件有功率 MOS-FET、IGBT 等。这类器件驱动电路简单，控制功率小，工作频率高，性能稳定，因此成为电力电子器件的重要发展方向。

1.2　电　力　二　极　管

电力二极管（Power Diode，PD）也称为半导体整流器（Semiconductor Rectifier，SR），属于不可控电力电子器件，是 20 世纪最早（50 年代初期）获得应用的电力电子器件，直到现在仍然用于不可控整流、电感性负载回路的续流、电压源型逆变电路提供无功路径、电流源型逆变电路换流电容与反电动势负载的隔离等场合。

1.2.1　电力二极管的结构及工作原理

电力二极管由一个面积较大的 PN 结和两端引线以及封装组成，其外形、基本结构、电气图形符号如图 1-1 所示。电力二极管的封装形式有螺栓型、平板型等。从外形构成来看，电力二极管可分成管芯和散热器两部分，这是由于电力二极管工作时管芯中要通过强大的电流，而 PN 结又有一定的正向电阻，管芯中产生通态损耗而发热。为了管芯的冷却，必须配备散热器。一般情况下，200A 以下的管芯采用螺栓型，200A 以上的采用平板型。

电力二极管与信息电子电路中的二极管一样，都具有单向导通特性，但电力二极管所承受的电压和电流要比信息电子电路中的二极管要大得多。为了建立承受高电压和大电流的能力，电力二极管的半导体物理结构和工作原理具有如下不同于信息电子电路二极管之处。

（1）电力二极管内部结构断面示意图如图 1-2 所示，电力二极管大都是垂直导电结构，即电流在硅片内流动的总体方向是与硅片表面垂直的。而信息电子电路中的二极管一般是横向导电结构，即电流在硅片内流动的总体方向是与硅片表面平行的。垂直导电结构使得硅片中通过电流的有效面积增大，可以显著提高二极管的通流能力。

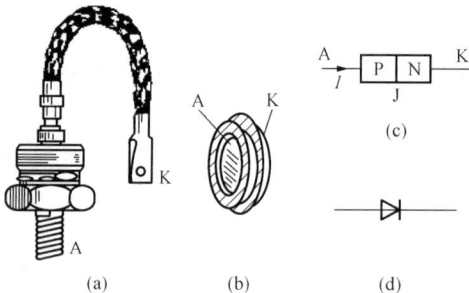

图 1-1　电力二极管的外形、基本结构、电气图形符号
（a）螺栓型；（b）平板型；（c）基本结构；（d）电气图形符号

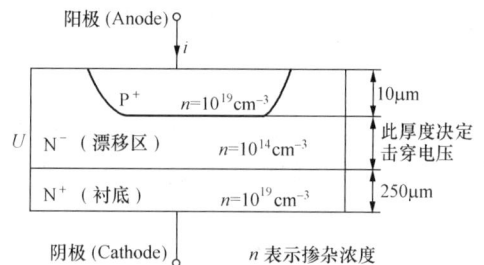

图 1-2　电力二极管内部结构断面示意图

（2）电力二极管在 P 区和 N 区之间多了一层低掺杂 N 区（在半导体物理中用 N^- 表示），也称为漂移区（Drift Region）。低掺杂 N 区由于掺杂浓度低而接近于无掺杂的纯半导体材料即本征半导体（Intrinsic Semiconductor），因此，电力二极管的结构也被称为 P-i-N 结构。由于掺杂浓度低，低掺杂 N 区就可以承受很高的电压而不致被击穿，因此低掺杂 N 区越厚，电力二极管能够承受的反向电压就越高。

低掺杂 N 区由于掺杂浓度低而具有的高电阻率对于电力二极管的正向导通是不利的。这个矛盾是通过电导调制效应（Conductivity Modulation）来解决的。当 PN 结上流过的正向电流较小时，二极管的电阻主要是作为基片的低掺杂 N 区的欧姆电阻，其阻值较高且为常量，因而管压降随正向电流的上升而增加；当 PN 结上流过的正向电流较大时，由 P 区注入并积累在低掺杂 N 区的少子空穴浓度将很大，为了维持半导体的电中性条件，其多子浓度也相应大幅度增加，使得其电阻率明显下降，也就是电导率大大增加。电导调制效应使得电力二极管在正向电流较大时压降仍然很低，维持在 1V 左右，所以正向偏置的电力二极管表现为低阻态。

1.2.2　电力二极管的基本特性

1. 静态特性

电力二极管的静态特性主要是指其伏安特性，如图 1-3 所示。当电力二极管承受的正向电压大到一定值（门槛电压 U_{TO}），正向电流才开始明显增加，处于稳定导通状态。与正向电流 I_F 对应的电力二极管两端的电压 U_F 即为其正向压降。当电力二极管承受反向电压时，只有少子引起的微小而数值恒定的反向漏电流。

PN 结具有一定的反向耐压能力，但当施加的反向电压过大并达到一定数值（如 U_{BR}）时，反向电流将会急剧增大，破坏 PN 结反向偏置为截止的工作状态，这就叫反向击穿。反向击穿按照机理不同有雪崩击穿和齐纳击穿两种形式。反向击穿发生时，只要外电路中采取了措施，将反向电流限制在一定范围内，则当反向电压降低后 PN 结仍可恢复原来的状态。但如果反向电流未被限制住，使得反向电流和反向电压的乘积超过了 PN 结允许的耗散功率，就会因为热量散发不出去而导致 PN 结温度上升，直至过热而烧毁，这就是热击穿。

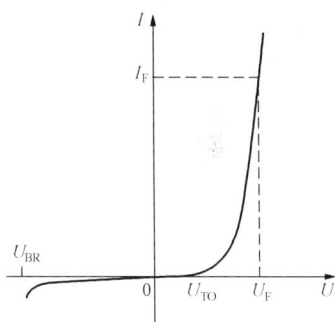

图 1-3　电力二极管的伏安特性

2. 动态特性

与信息电子电路中的二极管相同，电力二极管的 PN 结也存在电容效应。根据产生原因不同，分为势垒电容和扩散电容。

当 PN 结加反向电压时，空间电荷区的宽度将随外加电压的大小而改变，即耗尽层的电荷量随外加电压而增大或减小，这种现象与电容器的充放电过程相同，耗尽层宽度变化所等效的电容称为势垒电容。

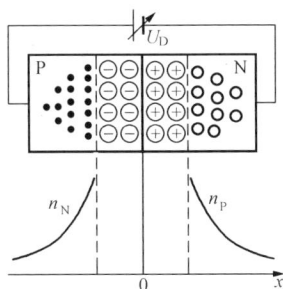

当 PN 结加正向电压导通时，大量的载流子流过 PN 结形成正向扩散（导通）电流，同时产生少数载流子的存储效应，即在 P 区靠近 PN 结的边缘处有高于正常情况时的自由电子，在 N 区靠近 PN 结的边缘处有高于正常情况时的空穴。PN 结两侧少数载流子浓度分布情况如图 1-4 所示。

二极管正向导通时在 P 和 N 区所存储的少数载流子的浓度随外加电压而增大或减小，电荷的积累和释放过程与电容器充放电过程相同，这种电容效应称为扩散电容。

因为结电容的存在，电力二极管在零偏置（外加电压为零）、正向偏置和反向偏置这三种状态之间转换的时候，必然经历一个过渡过程。在这些过渡过程中，PN 结的一些区域需

图 1-4　电力二极管 PN 结两侧少数载流子浓度分布情况

要一定时间来调整其带电状态，因而其电压—电流特性不能用前面的伏安特性来描述，而是随时间变化的，这就是电力二极管的动态特性，并且往往专指反映通态和断态之间转换过程的开关特性。这个概念虽然由电力二极管引出，但可以推广至其他各种电力电子器件。

　　电力二极管由关断到导通的过程电压、电流波形如图1-5所示。由电流 i 的波形可见，电力二极管在导通的初期呈现出明显的电容效应，使电流 i 逐渐上升。i 的上升在等效电感上产生压降，i 上升率越大，U_{FP} 越高。由于电导调制效应起作用所需的大量少子需要一定的时间来存储，使得二极管两端电压降至正常导通电压需要一定的时间。从二极管两端电压由 0 上升，再降至接近稳态压降的某个值（如 $U_F=2V$），这一动态过程时间称为电力二极管的正向恢复时间 t_{fr}。

　　电力二极管由导通到关断过程的电压、电流波形如图1-6所示。设在 t_F 时刻电力二极管两端电压突然由正向变为反向，二极管的正向电流在此反向电压作用下开始下降，下降速率由反向电压大小及电路中的电感决定，而管压降由于电导调制效应基本变化不大，直至 t_0 时刻 i 降为零。由于少数载流子的存储效应，二极管所加的反向电压抽取 PN 结附近储存的少子，继而形成较大的反向电流。当 PN 结附近的少子即将被抽尽时，管压降变为负极性，并开始抽取离 PN 结较远的浓度低的少子。在管压降变极性不久的 t_1 时刻，反向电流从其最大值 I_{RP} 开始下降，空间电荷区迅速展宽，二极管电阻增大，大到一定阻值就关断了反向恢复电流。下降的电流在外电路电感的作用下在电力二极管两端产生比外加反向电压 U_R 大得多的反向电压过冲 U_{RP}。如果反向电流很快下降至零，会在带电感的电路中感应出一个危险的过电压，危及二极管的安全，必须采用适当的吸收电路对电力二极管加以保护。

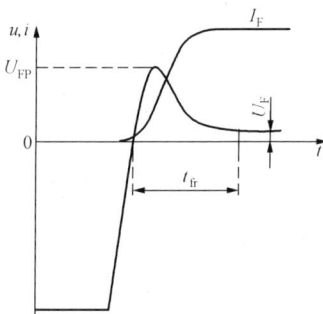

图1-5　电力二极管开通过程　　　　　　图1-6　电力二极管关断过程
　　　　的电压、电流波形　　　　　　　　　　的电压、电流波形

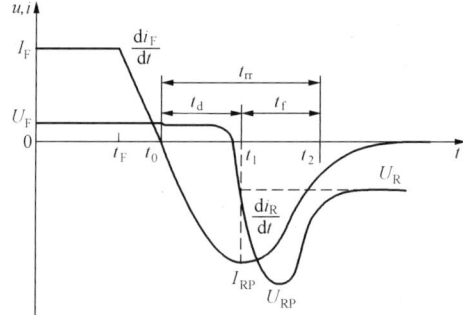

　　在电流变化率接近于零的 t_2 时刻（有的标准定为电流降至 $25\%I_{RP}$ 的时刻），电力二极管两端承受的反向电压才降至外加电压的大小，电力二极管完全恢复对反向电压的关断能力。时间 $t_d=t_1-t_0$ 被称为延迟时间，$t_f=t_2-t_1$ 被称为电流下降时间，而时间 $t_{rr}=t_d+t_f$ 则被称为电力二极管的反向恢复时间。

　　当大功率二极管应用在低频整流电路时可不考虑其动态过程，但在高频逆变器、高频整流器、缓冲电路等频率较高的电力电子电路中就要考虑大功率二极管的开通、关断等动态过程。

1.2.3　电力二极管的主要参数

1. 正向平均电流 $I_{F(av)}$

正向平均电流是指电力二极管长期运行时，在指定的管壳温度（简称壳温，用 T_C 表示）和散热条件下，其允许流过的最大工频正弦半波电流的平均值。

由于电力二极管的单向导通特性，它只能通过单方向的电流，称为直流。直流电流的大小以平均值表示。在给定条件下，正向平均电流 $I_{F(av)}$ 因二极管正向压降引起的通态损耗造成的结温升高不会超过所允许的最高工作结温。正向平均电流是标称电力二极管额定电流的参数。之所以对流过电力二极管的电流大小进行限制，是因为电流的热效应。电流所产生热量的大小是由其有效值决定的。

如果二极管流过的电流不是工频正弦半波电流，该如何确定其额定电流呢？设正向平均电流 $I_{F(av)}$ 对应的有效值为 I，而电力二极管流过的实际电流有效值为 I_D，只要 I_D 不超过 I 就可以了，考虑安全裕量，通常选

$$I = (1.5 \sim 2)I_D \tag{1-1}$$

对于图 1-7 所示的工频正弦半波电流，其平均值为

$$I_{av} = \frac{1}{2\pi}\int_0^\pi I_m \sin\omega t \, d(\omega t) = \frac{I_m}{2\pi}(-\cos\omega t)\Big|_0^\pi = \frac{I_m}{\pi} \tag{1-2}$$

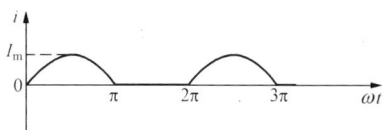

图 1-7 工频正弦半波波形图

其有效值为

$$I = \sqrt{\frac{1}{2\pi}\int_0^\pi (I_m \sin\omega t)^2 d\omega t} = I_m\sqrt{\frac{1}{2\pi}\int_0^\pi \frac{1-\cos 2\omega t}{2}d\omega t}$$
$$= I_m\sqrt{\frac{1}{2\pi}\left(\frac{\omega t}{2} - \frac{\sin 2\omega t}{4}\right)_0^\pi} = \frac{I_m}{2} \tag{1-3}$$

则工频正弦半波电流有效值和平均值的关系为

$$I = \frac{\pi}{2}I_{av} = 1.57 I_{av} \tag{1-4}$$

当流过电力二极管的实际电流有效值为 I_D 时，其额定电流的选择应满足

$$I_{F(av)} = (1.5 \sim 2)\frac{I_D}{1.57} \tag{1-5}$$

应该注意的是，当用在频率较高的场合时，电力二极管的发热原因除了正向电流造成的通态损耗外，其开关损耗也往往不能忽略；当采用反向漏电流较大的电力二极管时，其断态损耗造成的发热效应也不小。在选择电力二极管正向额定电流时，这些都应加以考虑。

2. 正向压降 U_F

正向压降是指电力二极管在指定温度下，流过某一指定的稳态正向电流时对应的正向压降。有时候，其参数表中也给出在指定温度下流过某一瞬态正向大电流时电力二极管的最大瞬时正向压降。

3. 反向重复峰值电压 U_{RRM}

反向重复峰值电压是指对电力二极管所能重复施加的反向最高峰值电压，通常是其雪崩击穿电压 U_{BR} 的 2/3。用 U_{RRM} 标称电力二极管的额定电压 U_{DN}，使用时要选取 2~3 倍的安全裕量，即电力二极管在电路中可能承受的最高反向电压为 U_{RM}，则其额定电压为

$$U_{DN} = (2 \sim 3)U_{RM} \tag{1-6}$$

4. 最高工作结温 T_{JM}

结温是指管芯 PN 结的平均温度，用 T_J 表示。最高工作结温是指在 PN 结不致损坏的

前提下所能承受的最高平均温度，用 T_{JM} 表示。T_{JM} 通常在 125～175℃之间。

5. 反向恢复时间 t_{rr}

从电力二极管的正向电流降到 0 开始，由于少数载流子的存储效应产生反向电流，到反向电流及其变化率均降至接近于 0，电力二极管完全恢复对反向电压的关断能力，这段时间被称为电力二极管的反向恢复时间 t_{rr}，如图 1-6 所示。

6. 浪涌电流 I_{FSM}

浪涌电流指电力二极管所能承受的最大的连续一个或几个工频周期的过电流。

1.2.4　电力二极管的主要类型

按照反向恢复特性的不同，电力二极管常分为以下几种类型。

（1）普通整流二极管。普通整流二极管又称整流管，多用于 1kHz 以下的整流电路中。其反向恢复时间较长，一般为 25μs 至几百微秒左右，这在开关频率不高时，并不重要，在参数表中甚至不列出这一参数。但其额定电压、额定电流却可达到很高的值，分别可达数千伏和数千安以上。

（2）快恢复二极管。快恢复二极管也称快速二极管。其反向恢复过程很短，一般在 5μs 以下，适用于高频下的斩波和逆变电路中做整流或续流二极管。用外延法制造的二极管其反向恢复时间在 100ns 以下，称作超快恢复二极管。

（3）肖特基二极管。肖特基二极管又称肖特基势垒二极管。它是以金属和半导体接触形成的势垒为基础的二极管。其反向恢复过程很短，一般在 10～40ns 之间；正向压降也低，明显低于快恢复二极管。其弱点是反向耐压较低，漏电流较大且对温度敏感，反向损耗不能忽视。

1.3　晶　闸　管

晶闸管（Thyristor）是晶体闸流管的简称，20 世纪 60～90 年代在我国多称作可控硅（Silicon Controlled Rectifier，SCR），它是一种半控型的电力电子器件。1956 年美国贝尔实验室（Bell Laboratories）发明了晶闸管，1957 年美国通用电气公司（General Electric Company）开发出世界上第一只晶闸管产品，并于 1958 年实现商业化。晶闸管的广泛应用推动了电力电子技术的迅速发展。目前晶闸管所能承受的电压和电流是所有的可控电力电子器件中最高的，而且工作可靠，价格便宜，尽管其开关频率较低，但在大容量、低频的电力电子装置中占主导地位。

晶闸管这个名称专指晶闸管的一种基本类型——普通晶闸管。从广义上讲，晶闸管还包括许多类型的派生器件。

1.3.1　晶闸管的结构和工作原理

1. 晶闸管的结构

晶闸管的内部结构及电气图形符号如图 1-8 所示。晶闸管内部是 PNPN 四层半导体结构，分别命名为 P1、N1、P2、N2 四个区。四个区形成三个 PN 结，即 J1、J2、J3；引出三个电极，即 P1 区引出阳极 A，N2 区引出阴极 K，P2 区引出门极 G。晶闸管的电气图形符号与二极管的电气图形符号相类似，预示着晶闸管具有和二极管相同的特性，又有不同的地方。

晶闸管的外形如图 1 - 9 所示。晶闸管的外形大致有三种：塑封型、螺栓型和平板型。塑封型多见于额定电流 10A 以下，螺栓型多用于 200A 以下，平板型多用于 200A 以上。

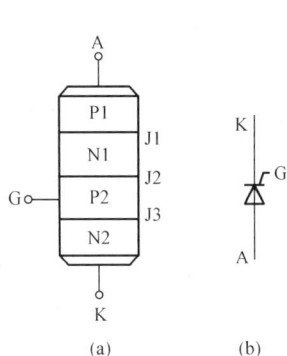

图 1 - 8　晶闸管的内部结构和
电气图形符号
(a) 内部结构；(b) 电气图形符号

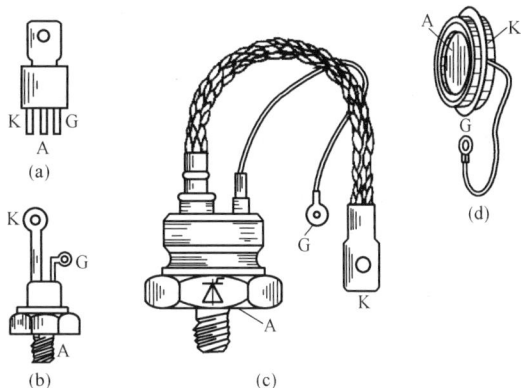

图 1 - 9　晶闸管的外形
(a) 小电流塑封型；(b) 小电流螺栓型；
(c) 大电流螺栓型；(d) 平板型

晶闸管是电力电子器件，工作时产生大量的热，必须安装散热器，几种散热器如图 1 - 10 所示。其中图 1 - 10 (a) 适用于螺栓型晶闸管，螺栓型晶闸管紧拴在铝制散热器上，采用自然散热冷却方式。图 1 - 10 (b)、(c) 适用于平板型晶闸管，平板型晶闸管由两个相互绝缘的散热器紧夹在中间，散热方式可以采用风冷或水冷，以获得较好的散热效果。塑封型晶闸管也需紧固在散热板上。

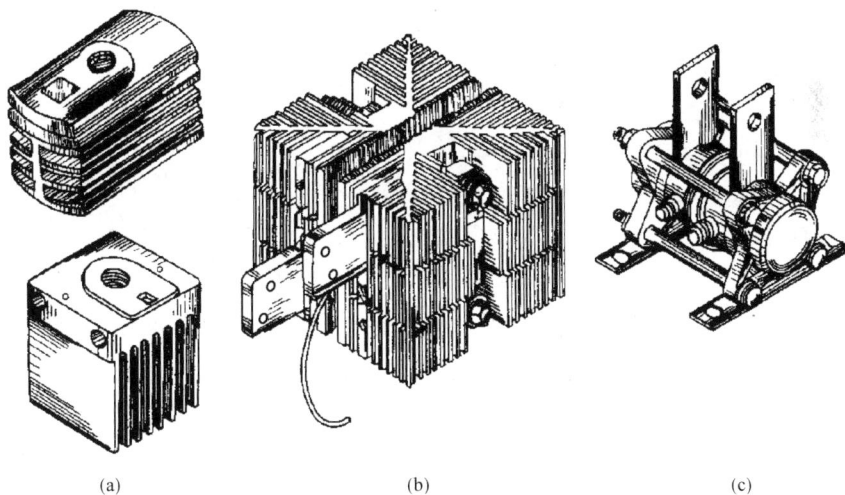

图 1 - 10　晶闸管的散热器
(a) 自冷；(b) 风冷；(c) 水冷

2. 晶闸管的工作原理

晶闸管在什么条件下导通，什么条件下关断呢？图 1 - 11 所示是由小功率晶闸管构成的晶闸管工作原理实验电路，晶闸管的阳极 A 和阴极 K 与外电路构成的电路称为主电路，阳

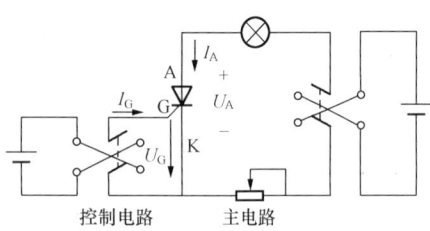

图 1-11 晶闸管工作原理实验电路

极与阴极之间的电压 U_A 称为阳极电压，流入阳极的电流 I_A 称为阳极电流。晶闸管的门极和阴极与外电路构成的电路称为控制电路，门极与阴极之间的电压 U_G 称为门极电压，流入门极的电流 I_G 称为门极电流。扳动电路中两个开关的闸刀位置，可使门极电压 U_G 及阳极电压 U_A 为正或负。主电路灯泡亮与否（或其灯丝是否发红）可指示主电路中是否有电流流过。

反复的试验结果表明：

（1）晶闸管的导通条件为：阳极加正向电压，门极加正向电压，即 $U_A>0$，$U_G>0$。

（2）晶闸管导通后，门极电压不起作用，无论 U_G 为正、为负或门极开路，都不会改变晶闸管导通的状态。门极电压只能控制晶闸管的导通，不能控制其关断。因此，晶闸管称为半控型器件。

（3）晶闸管的关断条件为：利用外加电压和外电路的作用，使阳极电流 I_A 降到接近于零的某一数值以下。

晶闸管的上述工作原理可用双晶体管模型来解释。晶闸管的四层半导体结构可等效成两个晶体管 VT1（P1N1P2）和 VT2（N1P2N2），如图 1-12 所示。

给晶闸管阳极施加正向电压后，晶体管 VT1 和 VT2 都具有了发射结正向偏置，集电结反向偏置的条件，但仅仅如此，VT1 和 VT2 都不会导通，必须要有正向基极电流才能导通。因此，必须将图 1-12（b）中的开关 S 闭合，给晶闸管门极施加正向电压，产生正向门极电流 I_G，门极电流 I_G 注入晶体管 VT2 的基极，放大成集电极电流 I_{C2}，I_{C2} 是晶体管

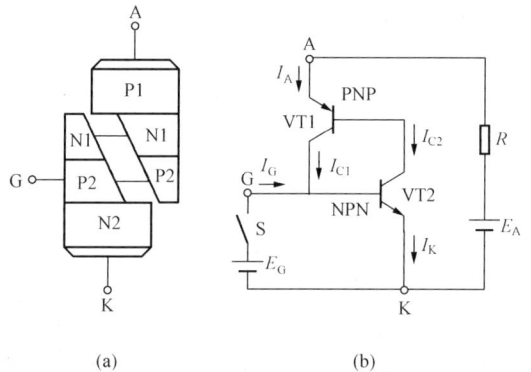

图 1-12 晶闸管的双晶体管模型及其工作原理
（a）双晶体管模型；（b）工作原理

VT1 的基极电流，经 VT1 放大成集电极电流 I_{C1}，I_{C1} 又进一步增大 VT2 的基极电流 I_{B2}，形成强烈的正反馈，VT1、VT2 很快进入饱和导通状态，晶闸管导通，过程如下：

$$I_G \rightarrow I_{B2} \uparrow \rightarrow I_{C2} \uparrow \rightarrow I_{B1} \uparrow (I_{B1}=I_{C2}=\beta_2 I_{B2}) \rightarrow I_{C1} \uparrow (I_{C1}=\beta_1 I_{B1})$$

$$I_{B2}=I_G+I_{C1}$$

如果晶闸管承受正向阳极电压而门极电流 $I_G=0$，上述正反馈不能建立，晶闸管只通过很小的正向漏电流，处于正向关断状态。因此，晶闸管导通的条件为：阳极加正向电压，门极加正向电压。

晶闸管导通后，即使撤除外电路注入门极的电流 I_G，晶闸管内部已形成的强烈正反馈仍保持晶闸管处于导通状态。

若要使晶闸管关断，必须去掉阳极所加的正向电压，或者给阳极施加反压，或者使晶闸管的阳极电流降低到接近于零的某一数值以下，导致内部建立的正反馈无法维持，晶闸管才

能关断。

上述讨论的晶闸管导通条件是在施加正向阳极电压的同时用门极电流触发晶闸管导通。晶闸管在以下几种情况下也可能被触发导通：阳极电压升高至相当高的数值造成雪崩效应；阳极电压上升率 du/dt 过高；结温过高；光直接照射硅片，即光触发。这些情况除了光触发由于可以保证控制电路与主电路之间的良好绝缘而应用于高压电力设备中之外，其他都因不易控制而难以应用于实践。只有门极触发是最精确、迅速而可靠的控制手段。光触发的晶闸管称为光控晶闸管（Light Triggered Thyristor，LTT），将在晶闸管的派生器件中简单介绍。

1.3.2　晶闸管的基本特性

1. 晶闸管的伏安特性

晶闸管的阳极电压与阳极电流间的关系称为晶闸管的伏安特性（见图 1-13），其包括正向特性（第Ⅰ象限）和反向特性（第Ⅲ象限）两部分。

晶闸管的正向特性又有关断状态和导通状态之分。在正向关断状态，晶闸管的伏安特性是一组随门极电流 I_G 的增加而不同的曲线簇。$I_G = 0$ 时，逐渐增大阳极电压 U_A，只有很小的正向电流，晶闸管正向关断。随着阳极电压的增加，当达到正向转折电压 U_{DO} 时，漏电流突然剧增，晶闸管由正向关断突变为正向导通状态。这种在 $I_G = 0$ 时，依靠增大阳极电压而强迫晶闸管导通的方式称为"硬开通"。多

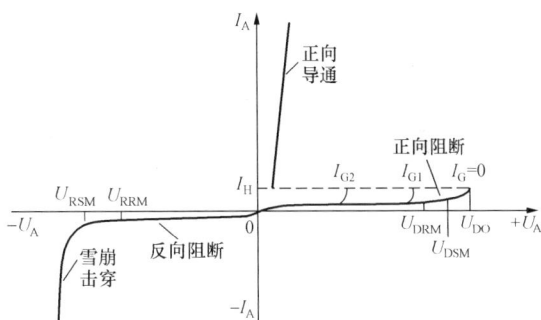

图 1-13　晶闸管的伏安特性（$I_{G2} > I_{G1} > 0$）

次"硬开通"会使晶闸管损坏，所以通常不允许这样做。

随着门极电流 I_G 的增大，晶闸管的正向转折电压 U_{DO} 迅速下降，当 I_G 足够大时，晶闸管的正向转折电压很小（与一般二极管一样），加上正向阳极电压，管子就导通了。晶闸管正向导通状态的伏安特性又与二极管的正向特性相似，即使是流过较大的阳极电流，晶闸管的本身压降也很小。

当晶闸管正向导通后，要使晶闸管恢复关断，只有逐步减小阳极电流 I_A，当 I_A 下降到维持电流 I_H 以下时，晶闸管便由正向导通变为正向关断状态。

晶闸管的反向特性与一般二极管的反向特性相似。在正常情况下，当晶闸管承受反向阳极电压时，它总是处于关断状态，只有很小的反向漏电流流过。当反向电压增加到一定值时，反向漏电流增加较快，再继续增大反向阳极电压，会导致晶闸管反向击穿，造成永久性损坏。

综上所述，晶闸管就像一个可以控制的单向无触点开关。当然，这个单向的无触点开关不是理想的，在正向关断和反向关断时，晶闸管的电阻不是无穷大；在正向导通时，晶闸管的电阻也不为零，还有一定的管压降。

2. 晶闸管的开关特性

晶闸管的开关特性是指通态和断态之间转换过程中器件电压和电流变化的情况。由于晶闸管的内部结构特点，它的开通和关断并不是瞬时完成的，需要一定的时间，即存在瞬态

（过渡）过程。当元件的导通与关断频率较高时，就必须考虑这种时间的影响。图 1 - 14 给出了晶闸管的开通和关断过程电压和电流波形。

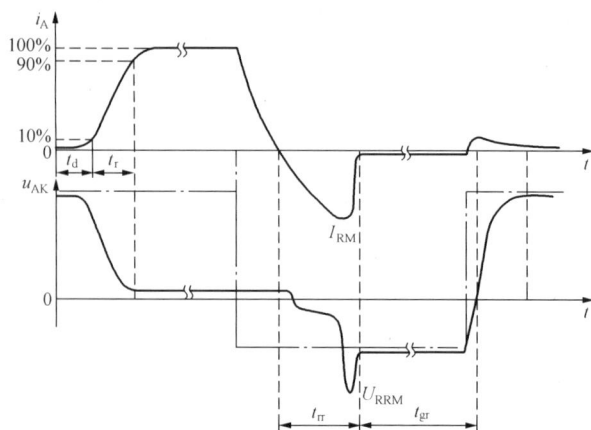

图 1 - 14　晶闸管的开通和关断过程电压和电流波形

（1）开通过程。当晶闸管 A、K 之间正偏且门极获得触发信号后，由于管子内部正反馈的建立需要时间，阳极电流不会马上增大，而要延迟一段时间。规定从晶闸管的门极获得触发信号时刻开始，到阳极电流上升到稳态值的 10% 的时间称为延迟时间 t_d；阳极电流从稳态值的 10% 上升到稳态值的 90% 所需要的时间称为上升时间 t_r。以上两者之和就是晶闸管的开通时间 t_{gt}，即

$$t_{gt} = t_d + t_r \qquad (1 - 7)$$

经过 t_{gt} 时间后晶闸管才会从断态变为通态。普通晶闸管的延迟时间为 $0.5 \sim 1.5 \mu s$，上升时间为 $0.5 \sim 3 \mu s$，开通时间 t_{gt} 约为 $6 \mu s$。开通时间与触发脉冲的大小、陡度、结温以及主回路中的电感量等因素有关。为了缩短开通时间，常采用实际触发电流比规定触发电流大 $3 \sim 5$ 倍、前沿陡的窄脉冲来触发，称为强触发。另外，如果触发脉冲不够宽，晶闸管就不可能触发导通。一般来说，要求触发脉冲的宽度稍大于 t_{gt}，以保证晶闸管可靠触发。

（2）关断过程。由于外电路电感的存在，原处于导通状态的晶闸管当外加电压突然由正向变为反向时，其阳极电流在衰减时必然也是有过渡过程的。阳极电流逐步衰减到零，然后同电力二极管的关断过程类似，在反方向会流过反向恢复电流，经过最大值 I_{RM} 后，再反方向衰减。同样，在恢复电流快速衰减时，由于外电路电感的作用，会在晶闸管两端引起反向的重复峰值电压 U_{RRM}。最终反向恢复电流衰减至接近于零，晶闸管恢复其对反向电压的关断能力。从正向电流降为零，到反向恢复电流减至接近于零的时间，就是晶闸管的反向关断恢复时间 t_{rr}。反向恢复过程结束后，由于载流子复合过程比较慢，晶闸管要恢复其对正向电压的关断能力还需要一段时间，这称为正向关断恢复时间 t_{gr}。在正向关断恢复时间内如果重新对晶闸管施加正向电压，晶闸管会重新正向导通，而不是受门极电流控制而导通。所以实际应用中，应对晶闸管施加足够长时间的反向电压，使晶闸管充分恢复其对正向电压的关断能力，电路才能可靠工作。晶闸管的关断时间 t_q 定义为 t_{rr} 与 t_{gr} 之和，即

$$t_q = t_{rr} + t_{gr} \qquad (1 - 8)$$

普通晶闸管的关断时间为几百微秒。

1.3.3　晶闸管的主要参数

为了正确选择和使用晶闸管，需要理解和掌握晶闸管的主要参数。

1. 额定电压 U_{VN}

晶闸管额定电压的定义与断态重复峰值电压有关。

（1）断态重复峰值电压 U_{DRM}：在门极开路及额定结温下，允许重复施加于晶闸管阳极

和阴极之间的正向峰值电压（见图 1-13）。相关标准规定重复频率为 50Hz，每次时间不超过 10ms。国标同时规定，对额定电压低于 3000V 的晶闸管，U_{DRM} 为断态不重复峰值电压 U_{DSM}（见图 1-13）的 90%；对额定电压高于 3000V 的晶闸管，U_{DRM} 为断态不重复峰值电压 U_{DSM} 减去 300V。断态不重复峰值电压 U_{DSM} 应低于正向转折电压 U_{b0}，所留裕量大小由生产厂家自行规定。

（2）反向重复峰值电压 U_{RRM}：门极开路及额定结温下，允许重复施加于晶闸管阳极和阴极之间的反向峰值电压。相关标准规定，对额定电压低于 3000V 的晶闸管，U_{RRM} 为反向不重复峰值电压 U_{RSM} 的 90%；对额定电压高于 3000V 的晶闸管，U_{RRM} 为断态不重复峰值电压 U_{RSM} 减去 300V，而 U_{RSM} 应低于反向击穿电压。所留裕量由生产厂家自行规定。

（3）额定电压 U_{VN}：取晶闸管的 U_{DRM} 和 U_{RRM} 中较小的一个标值，作为该器件的额定电压。

由于晶闸管的过电压能力差，在选择晶闸管时必须留有安全裕量，通常按下式选择晶闸管的额定电压

$$U_{VN} = (2 \sim 3)U_{AKM} \tag{1-9}$$

式中：U_{AKM} 是晶闸管在电路中可能承受的最大正向阳极电压、最大反向阳极电压中较大的一个。

按式（1-9）确定了额定电压的范围后，再按表 1-1 中的标准电压等级确定晶闸管的额定电压。表 1-1 是 3000V 以下晶闸管额定电压标准等级，3000V 以上晶闸管额定电压标准等级请查阅有关晶闸管的产品说明。额定电压为 8500V 的 6 英寸晶闸管（4000～4750A），已在 2010 年投运的向家坝—上海 ±800kV、6400MW 特高压直流输电工程的复龙站换流阀中得到应用。该 6 英寸晶闸管可以承载高达 4500A 的直流输电电流，从而满足了实际工程 ±800kV、4000A 的需要。

表 1-1   **3000V 以下晶闸管额定电压标准等级**

级别	正、反向重复峰值电压（V）	级别	正、反向重复峰值电压（V）	级别	正、反向重复峰值电压（V）
0.5	50	7	700	18	1800
1	100	8	800	20	2000
2	200	9	900	22	2200
3	300	10	1000	24	2400
4	400	12	1200	26	2600
5	500	14	1400	28	2800
6	600	16	1600	30	3000

【例 1-1】 晶闸管在电路中可能承受的最高正向阳极电压为 60V，最高反向阳极电压为 120V，试确定晶闸管的额定电压。

解 按最高正、反向阳极电压中的较大者 120V 选择额定电压，按式（1-9），有
$$U_{VN} = (2 \sim 3)U_{AKM} = 240 \sim 360(V)$$
按标准电压等级额定电压取 300V。

2. 额定电流 $I_{V(av)}$

晶闸管的额定电流是以通态平均电流 $I_{V(av)}$ 来标称的。

国标规定，通态平均电流是晶闸管在环境温度为 40℃和规定的冷却状态下，稳定结温不超过额定结温时所允许流过的最大工频正弦半波电流的平均值。与电力二极管的正向平均电流相同，这个参数是按照正向电流造成的器件本身的通态损耗的发热效应来定义的。因此，在使用时同样应像电力二极管那样，按照实际波形的电流与晶闸管所允许的最大工频正弦半波电流〔其平均值即通态平均电流 $I_{V(av)}$〕所造成的发热效应相等（即有效值相等）的原则来选取晶闸管的此项电流定额，并留有一定的裕量。一般取其通态平均电流为按此原则所得计算结果的 1.5～2 倍，即

$$I_{V(av)} = (1.5 \sim 2)\frac{I_V}{1.57} \tag{1-10}$$

式中：I_V 为晶闸管实际通过电流的有效值。

按式（1-10）确定了额定电流的范围后，再按表 1-2 所示的通态平均电流等级确定晶闸管的额定电流。

表 1 - 2　　　　　　　　　　　　普通晶闸管的主要参数

通态平均电流 $I_{V(av)}$（A）	断态重复峰值电压 U_{DRM}（V）、反向重复峰值电压 U_{RRM}（V）	断态重复峰值电流 I_{DRM}（mA）、反向重复峰值电流 I_{RRM}（mA）	维持电流 I_H（mA）	通态峰值电压 U_{TM}（V）	工作结温 T_J（℃）	断态电压临界上升率 du/dt（V·μs^{-1}）	通态电流临界上升率 di/dt（A·μs^{-1}）	浪涌电流 I_{TSM}（kA）	
								I_{TSML}（下限）	I_{TSMH}（上限）
1	50～1600	≤3	≤10	≤2.0		25～800	—	0.013	0.019
3		≤8	≤30					0.038	0.056
5	100～2000		≤60	≤2.2	−40～+100			0.064	0.09
10		≤10	≤100					0.13	0.19
20								0.24	0.38
30			≤150	≤2.4		50～1000		0.3	0.56
50	100～2400	≤20	≤200	≤2.6			25～50	0.64	0.94
70							25～100	0.91	1.21
100		≤40	≤200					1.3	1.9
200							50～200	2.5	3.8
300		≤50	≤300			100～1000		3.8	5.6
400								5.0	7.5
500	100～3000	≤60	≤400	≤2.6	−40～+125		50～300	6.4	9.4
600								7.6	11
800		≤80	≤500					10	15
1000		≤120						13	19
1250		≤150						16	23
1600		≤200	≤600			50～2000	50～500	20	29
2000				≤2.8				25	30
2500		≤300						31	45

【例 1 - 2】 晶闸管流过如图 1 - 15 所示波形的电流，试确定晶闸管的额定电流。

解 流过晶闸管电流的有效值为

$$I_V = \sqrt{\frac{1}{\pi}\int_{\frac{\pi}{4}}^{\pi}(100\sin\omega t)^2\,\mathrm{d}\omega t} = 100\sqrt{\frac{1}{\pi}\int_{\frac{\pi}{4}}^{\pi}\frac{1-\cos2\omega t}{2}\,\mathrm{d}\omega t}$$

$$= 100\sqrt{\frac{1}{\pi}\left(\frac{\omega t}{2} - \frac{\sin2\omega t}{4}\right)\Big|_{\frac{\pi}{4}}^{\pi}} = 100\sqrt{\frac{1}{\pi}\left(\frac{\frac{3\pi}{4}}{2} + \frac{1}{4}\right)}$$

$$= 100\sqrt{\frac{3}{8} + \frac{1}{4\pi}} = 67.4(\mathrm{A})$$

按式（1 - 10）得

$$I_{V(av)} = (1.5 \sim 2)\frac{I_V}{1.57} = 64.4 \sim 85.9(\mathrm{A})$$

按标准电流等级，取额定电流为 70A。

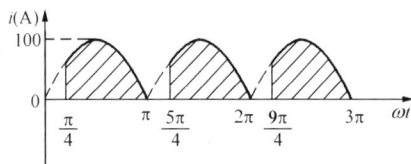

图 1 - 15 ［例 1 - 2］电流波形

3. 维持电流 I_H

维持电流是指使晶闸管维持导通所必需的最小电流，一般为几十到几百毫安。I_H 与结温有关，结温越高，则 I_H 越小。

4. 擎住电流 I_L

擎住电流是晶闸管刚从断态转入通态并移除触发信号后，能维持导通所需的最小电流。对同一晶闸管来说，通常 I_L 为 I_H 的 2～4 倍。

5. 浪涌电流 I_{TSM}

浪涌电流指由于电路异常情况引起的并使结温超过额定结温的不重复性最大正向过载电流。浪涌电流有上下两个级，见表 1 - 2，这个参数可作为设计保护电路的依据。

6. 通态（峰值）电压 U_{TM}

通态（峰值）电压是晶闸管通以某一规定倍数的额定通态平均电流时的瞬态峰值电压。

7. 断态电压临界上升率 $\mathrm{d}u/\mathrm{d}t$

在额定结温和门极开路的条件下，使晶闸管保持断态所能承受的最大电压上升率，称为断态电压临界上升率 $\mathrm{d}u/\mathrm{d}t$。使用中的实际电压上升率必须低于此临界值。

在正向关断状态下，晶闸管的 PN 结 J2 反偏，存在着一个结电容，如果突然受到正向电压，结电容充电，位移电流类似于触发电流。当正向电压上升率 $\mathrm{d}u/\mathrm{d}t$ 较大时，位移电流较大，会使晶闸管误导通。因此，作用于晶闸管的电压上升率应有一定的限制。

8. 通态电流临界上升率 $\mathrm{d}i/\mathrm{d}t$

在规定条件下，用门极触发信号使晶闸管导通时，晶闸管能够承受而不会导致损坏的通态电流最大上升率，称为通态电流临界上升率。

在晶闸管最初导通时，主电流集中在门极附近的区域，俗称初始导通区，随着时间的增长，导通区域才逐渐扩大，直至扩散到全部 PN 结为止，这个过程约需几微秒到几十微秒。如导通时电流上升率过大，则可能引起初始导通区过热，造成晶闸管损坏。因此，必须对晶闸管最初导通时的电流上升率 $\mathrm{d}i/\mathrm{d}t$ 有所限制。

1.3.4 晶闸管的派生器件

1. 快速晶闸管

快速晶闸管（Fast Switching Thyristor，FST）包括所有专为快速应用而设计的晶闸管，有常规的快速晶闸管和工作在更高频率的高频晶闸管，可分别应用于 400Hz 和 10kHz 以上的斩波或逆变电路中。由于对普通晶闸管的管芯结构和制造工艺进行了改进，快速晶闸管的开关时间以及 du/dt 和 di/dt 的耐量都有了明显改善。从关断时间来看，普通晶闸管一般为数百微秒，快速晶闸管为数十微秒，而高频晶闸管则为 10μs 左右。与普通晶闸管相比，高频晶闸管的不足在于，其电压和电流定额都不易做高。由于工作频率较高，选择快速晶闸管和高频晶闸管的通态平均电流时，不能忽略其开关损耗的发热效应。

2. 双向晶闸管

双向晶闸管（Triode AC Switch，TRIAC 或 Bidirectional Triode Thyristor）可以认为是一对反并联连接的普通晶闸管的集成，其电气图形符号和伏安特性如图 1-16 所示。它有两个主电极 T1 和 T2，一个门极 G。门极使器件在主电极的正反两个方向均可触发导通，所以双向晶闸管在第 I 和第 III 象限有对称的伏安特性。双向晶闸管与一对反并联晶闸管相比是经济的，而且控制电路简单，所以在交流调压电路、固态继电器（Solid State Relay，SSR）和交流电动机调速等领域应用较多。由于双向晶闸管通常用在交流电路中，因此不用平均值而用有效值来表示其额定电流值。

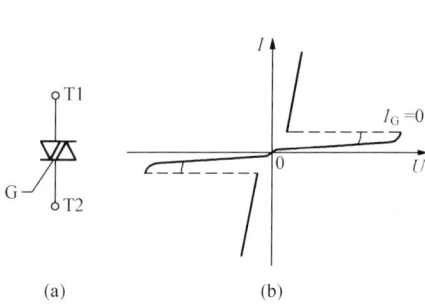

图 1-16　双向晶闸管的电气图形
符号和伏安特性
（a）电气图形符号；（b）伏安特性

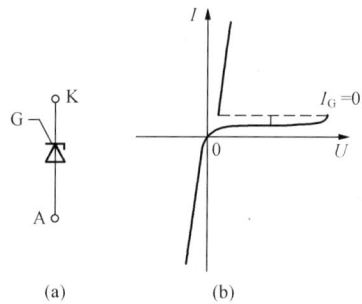

图 1-17　逆导晶闸管的电气图形
符号和伏安特性
（a）电气图形符号；（b）伏安特性

3. 逆导晶闸管

逆导晶闸管（Reverse Conducting Thyristor，RCT）是将晶闸管反并联一个二极管制作在同一管芯上的功率集成器件，这种器件不具有承受反向电压的能力，一旦承受反向电压即开通。其电气图形符号和伏安特性如图 1-17 所示。与普通晶闸管相比，具有正向压降小、关断时间短、高温特性好、额定结温高等优点，可用于不需要关断反向电压的电路中。逆导晶闸管的额定电流有两个，一个是晶闸管电流，一个是与之反并联的二极管的电流。

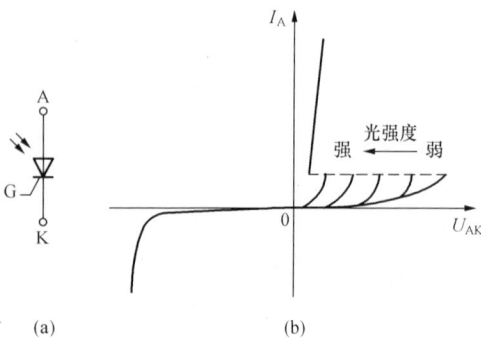

图 1-18　光控晶闸管的电气图形符号和伏安特性
（a）电气图形符号；（b）伏安特性

4. 光控晶闸管

光控晶闸管（Light Triggered Thyristor，LTT）又称光触发晶闸管，是利用一定波长的光照信号触发导通的晶闸管，其电气图形符号和伏安特性如图 1-18 所示。小功率光控晶闸管只有阳极和阴极两个端子，大功率光控晶闸管还带有光缆，光缆上装有作为触发光源的发光二极管或半导体激光器。由于采用光触发保证了主电路与控制电路之间的绝缘，而且可以避免电磁干扰的影响，因此光控晶闸管在高压大功率的工程应用（如高压直流输电和高压核聚变装置）中占据重要的地位。

1.4 绝缘栅双极晶体管

绝缘栅双极晶体管（Insulated Gate Bipolar Transistor，IGBT）是全控型电力电子器件的典型代表。除 IGBT 外，全控型器件还有门极可关断晶闸管（Gate Turn-Off Thyristor，GTO）、电力晶体管（Giant Transistor，GTR）、电力场效应晶体管（Power MOSFET），等等。

IGBT 是由 GTR 和 Power MOSFET 取长补短适当结合而成的复合器件。IGBT 综合了GTR 和 Power MOSFET 的优点，具有良好的特性。自 1986 年投入市场以来，迅速扩展了其应用领域，目前已取代了 GTR；IGBT 的硬开关频率达 20kHz，软开关频率可达 100kHz，在许多应用领域中取代了 Power MOSFET；高耐压、大电流 IGBT 的推出，也占领了 GTO 的部分应用领域，成为中、大功率电力电子设备的主导器件，是当前电力电子器件发展的重要方向。

IGBT 是由 GTR 和 Power MOSFET 取长补短适当结合而成的复合器件，为更好地理解和掌握其特性，本小节先对 GTR、Power MOSFET 作一简要介绍。

1.4.1 GTR

GTR 是一种耐高电压的大功率双极型电力电子器件，英文简称 GTR 或 Power BJT，即巨型晶体管或电力双极型晶体管。GTR 是一种具有线性放大特性的电力电子器件，但在电力电子技术领域，除了在少数场合如作为高稳定度电源的线性调整管外，GTR 都是被作为全控型大功率器件使用的。20 世纪 80 年代是 GTR 发展和应用的全盛期，尤其是电压等级AC 200～400V、功率等级有数千瓦至数百千瓦的各类逆变电源、变频调速器、UPS 等，主要选用 GTR。随着绝缘栅双极型晶体管（IGBT）的兴起，目前 GTR 作为大功率开关器件的地位已逐步被 IGBT 所取代。作为 IGBT 的基本构成部分，此处简要介绍 GTR 的基本特性，以便更好地理解 IGBT。

GTR 与普通双极结型晶体管（Bipolar Junction Transistor，BJT）的基本原理是一样的，但是对 GTR 来说，最主要的特性是耐压高、电流大、开关特性好，而不像小功率的用于信息处理的双极结型晶体管那样注重单管电流放大系数、线性度、频率响应以及噪声和温漂等性能参数。因此，GTR 通常采用至少由两个晶体管按达林顿接法组成的单元结构，同GTO 一样采用集成电路工艺将许多这种单元并联而成。单管的 GTR 结构与普通的双极结型晶体管是类似的。GTR 是由三层半导体（分别引出集电极、基极、发射极）形成的两个PN 结（集电结和发射结）构成，多采用 NPN 结构。图 1-19（a）、（b）分别给出了 NPN型 GTR 的内部结构断面示意图和电气图形符号。注意：半导体类型字母的右上角标"＋"表示高掺杂浓度，"－"表示低掺杂浓度。

可以看出，与信息电子电路中的普通双极结型晶体管相比，GTR 多了一个 N⁻ 漂移区（低掺杂 N 区）。这与电力二极管中低掺杂 N 区的作用一样，是用来承受高压的。而且，

GTR 导通时也是靠从 P 区向 N^- 漂移区注入大量的少子形成的电导调制效应来减小通态电压和损耗的。

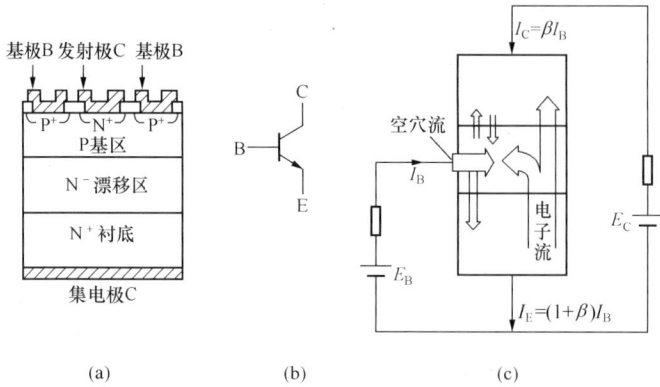

图 1-19 GTR 的结构、电气图形符号和内部主要载流子的流动

(a) 内部结构断面示意图；(b) 电气图形符号；(c) 内部主要载流子的流动

在应用中，GTR 一般采用共发射极接法，图 1-19（c）给出了在此接法下 GTR 内部主要载流子流动情况示意图。

GTR 存在二次击穿现象。GTR 的集—射极间最高电压 U_{CEO} 又称为一次击穿电压值，发生一次击穿时集电极电流迅速增加，这种击穿一般是雪崩击穿。如果有外接电阻限制电流的增长时，一般不会引起 GTR 特性变坏。

所谓 GTR 的二次击穿是指器件发生一次击穿后，集电极电流没有得到外接电阻的限制，集电极电流继续增加，在电流增大到某个临界点时，集电极电压突然降低，产生工作点向低阻抗区高速移动的负阻现象。

不同的基极条件下 GTR 的二次击穿特性不同，如图 1-20 所示。图 1-20 中，曲线 F、O、R 分别表示 GTR 在基极正向偏置（$I_B > 0$）、开路（$I_B = 0$）、反向偏置（$I_B < 0$）时的二次击穿特性。将各条曲线的转折点用虚线连接起来，就得到了 GTR 的二次击穿功率临界线，用 P_{SB} 表示。

这样，GTR 工作时不仅不能超过最高集电极—发射极电压 U_{CEM}、最大集电极电流 I_{CM} 和最大集电极耗散功率 P_{CM}，也不能超过二次击穿临界线。这些限制条件就决定了 GTR 的安全工作区（Safe Operating Area，SOA），如图 1-21 中的阴影区所示。

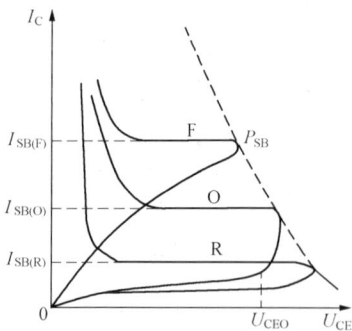

图 1-20 GTR 的二次击穿特性

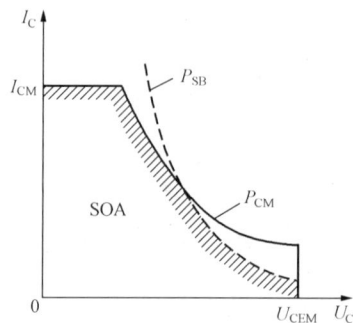

图 1-21 GTR 的安全工作区

1.4.2 Power MOSFET

Power MOSFET 是 20 世纪 80 年代发展起来的一种全控型电力电子器件。由于其是用栅极电压来控制漏极电流，因此所需驱动功率小、驱动电路简单；又由于是靠多数载流子导电，没有少数载流子导电所需的存储时间，因此具有较高的开关速度（是目前电力电子器件中开关速度最高的），可高频工作。这些优点使 Power MOSFET 在 20 世纪 90 年代迅速占领了相当大的中小功率电力电子器件市场，尤其是在逆变领域。

（1）Power MOSFET 的结构和特点。Power MOSFET 的种类和结构繁多，按导电沟道可分为 P 沟道和 N 沟道。当栅极电压为零时，漏源之间就存在导电沟道的称为耗尽型，当栅极上加电压才形成导电沟道的称为增强型。在 Power MOSFET 中，主要是 N 沟道增强型。

Power MOSFET 在导通时只有一种极性的载流子（多子）参与导电，属单极型晶体管。其结构大都采用垂直导电结构，以提高器件的耐压和耐电流能力。Power MOS-FET 也是多元集成结构，一个器件由许多个小 MOSFET 元组成，图 1-22（a）给出了 N 沟道增强型垂直导电双扩散 MOS 中的一个单元的断面示意图。Power MOSFET 的电气图形符号如图 1-22（b）所示。

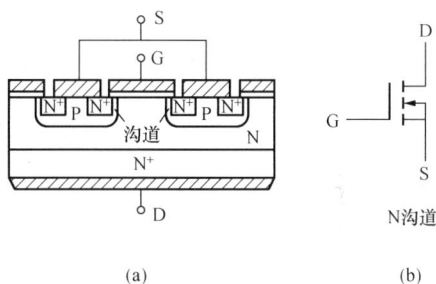

当漏极接电源正端、源极接电源负端、栅极和源极间电压为零时，P 基区与 N 漂移区之间形成的 PN 结 J1 反偏，漏源极之间无电流流过。如果在栅极和源极之间加一正电压 U_{GS}，由于栅极是绝缘的，因此不会有栅极电流流过。但栅极的正电压却会将其下面 P 区中的空穴推开，而将 P 区中的少子——电子吸引到栅极下面的 P 区表面。当 U_{GS} 大于某一电压 U_T 时，栅极下 P 区表面的电子浓度将超过空穴浓度，从而使 P 型半导体反型成 N 型半导体，成为反型层，该反型层形成 N 沟道而使 PN 结 J1 消失，漏极和源极导电。电压 U_T 称为开启电压（或阈值电压），U_{GS} 超过 U_T 越多，导电能力越强，漏极电流 I_D 越大。

同其他电力半导体器件与对应的信息电子器件的关系一样，与信息电子电路中的 MOSFET 相比，Power MOSFET 多了一个 N^- 漂移区（低掺杂 N 区），这是用来承受高电压的。不过，Power MOSFET 是多子导电器件，栅极和 P 区之间是绝缘的，无法像电力二极管和 GTR 那样在导通时靠从 P 区向 N^- 漂移区注入大量的少子形成的电导调制效应来减小通态电压和由此带来的损耗。因此，Power MOSFET 虽然可以通过增加 N^- 漂移区的厚度来提高承受电压的能力，但是由此带来的通态电阻增大和损耗增加也是非常明显的。所以目前一般 Power MOSFET 产品设计的耐压能力都在 1000V 以下。

（2）转移特性和输出特性。漏极直流电流 I_D 和栅源间电压 U_{GS} 的关系反映了输入电压和输出电流的关系，称为 Power MOSFET 的转移特性，如图 1-23（a）所示。从图中可知，I_D 较大时，I_D 与 U_{GS} 的关系近似线性，曲线的斜率定义为电力 MOSFET 的跨导 G_{fs}，即

$$G_{fs} = \frac{dI_D}{dU_{GS}} \tag{1-11}$$

图 1-22 Power MOSFET 的结构和电气图形符号

（a）内部结构断面示意图；（b）电气图形符号

Power MOSFET 是电压控制型器件，其输入阻抗极高，输入电流非常小。

图 1-23 （b）是 Power MOSFET 的漏极伏安特性，即输出特性。从图中同样可以看到所熟悉的截止区（对应于 GTR 的截止区）、饱和区（对应于 GTR 的放大区）、非饱和区（对应于 GTR 的饱和区）三个区域。这里饱和与非饱和的概念与 GTR 不同。饱和是指漏源电压增加时漏极电流不再增加，非饱和是指漏源电压增加时漏极电流相应增加。Power MOSFET 工作在开关状态，即在截止区和非饱和区之间来回转换。

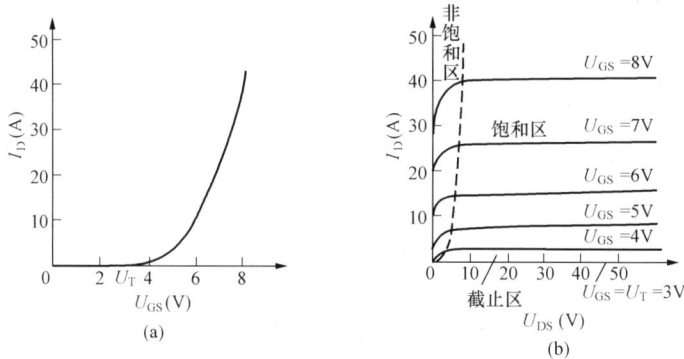

图 1-23　Power MOSFET 的转移特性和输出特性
(a) 转移特性；(b) 输出特性

由于 Power MOSFET 本身结构所致，在其漏极和源极之间由 P 区、N^- 漂移区和 N^+ 区形成了一个与 MOSFET 反向并联的寄生二极管，如图 1-24 所示。这个反向并联的寄生二极管具有与电力二极管一样的 PiN 结构，它与 Power MOSFET 构成了一个不可分割的整体，使得 Power MOSFET 不具有反向关断能力，在漏、源极间加反向电压时器件导通。因此，使用 Power MOSFET 时应注意这个寄生二极管的影响。

Power MOSFET 的通态电阻 R_{on} 具有正温度系数，这一点对器件并联时的均流有利。

（3）开关特性。Power MOSFET 是一个近似理想的开关，具有很高的增益和极快的开关速度。这是由于它是单极型器件，依靠多数载流子导电，没有少数载流子的存储效应，与关断时间相联系的存储时间大大减小。它的开通、关断只受到极间电容影响，和极间电容的充放电有关。

Power MOSFET 内寄生着两种类型的电容：一种是与 MOS 结构有关的 MOS 电容，如栅源电容 C_{GS} 和栅漏电容 C_{GD}；另一种是与 PN 结有关的电容，如漏源电容 C_{DS}。Power MOSFET 极间电容的等效电路如图 1-24 所示。

输入电容 C_{iss}、输出电容 C_{oss} 和反馈电容 C_{rss} 是应用中常用的参数，它们与极间电容的关系定义为

$$C_{iss} = C_{GS} + C_{GD} \tag{1-12}$$

$$C_{oss} = C_{DS} + C_{GD} \tag{1-13}$$

$$C_{rss} = C_{GD} \tag{1-14}$$

Power MOSFET 的开关波形如图 1-25 所示。开通时间 t_{on} 分为延迟时间 t_d 和上升时间 t_r 两部分，t_{on} 与 Power MOSFET 的开启电压 U_T 和输入电容 C_{iss} 有关，并受信号源的上升时间和内阻的影响。关断时间 t_{off} 可分为存储时间 t_s 和下降时间 t_f 两部分，t_{off} 则由 Power

MOSFET 漏源间电容 C_{DS} 和负载电阻决定。

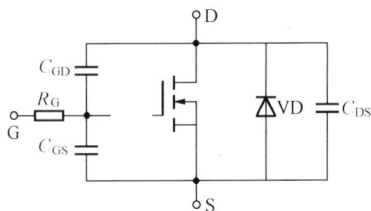

图 1 - 24　Power MOSFET 的寄生二极管　　图 1 - 25　Power MOSFET 开关过程
　　　　　极间电容的等效电路　　　　　　　　　　的电压波形

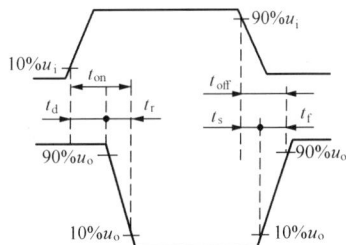

　　由于 Power MOSFET 只靠多子导电，不存在少子储存效应，因而其关断过程是非常迅速的。通常 Power MOSFET 的开关时间为 10～100ns，而双极型器件的开关时间则以微秒计，甚至达到几十微秒。其工作频率可达 100kHz 以上，是主要电力电子器件中最高的。此外，虽然 Power MOSFET 是场控器件，在静态时几乎不需要输入电流，但是，在开关过程中需要对输入电容充放电，仍需要一定的驱动功率。开关频率越高，所需要的驱动功率越大。

　　一般来说，Power MOSFET 不存在二次击穿问题，这是它的一大优点。但在实际使用中，仍应注意留有适当的裕量。

1.4.3　绝缘栅双极型晶体管的结构和工作原理

　　GTR 和 GTO 是双极型电流驱动器件，由于具有电导调制效应，其通流能力很强，但开关速度较慢，所需驱动功率大，驱动电路复杂。Power MOSFET 是单极型电压驱动器件，开关速度快，输入阻抗高，热稳定性好，所需驱动功率小且驱动电路简单。将这两类器件相互取长补短适当结合而成的复合型器件，通常称为 Bi - MOS 器件。IGBT 就是 Power MOS-FET 和 GTR 的复合器件。

　　IGBT 也是三端器件，具有栅（门）极 G、集电极 C 和发射极 E。图 1 - 26 给出了一种 N 沟道 Power MOSFET 与电力晶体管 GTR 组合而成的 N 沟道 IGBT 基本结构、简化电路和电气图形符号。

　　与 Power MOSFET 的基本结构对照可以看出，IGBT 比 Power MOSFET 多一层 P^+ 注

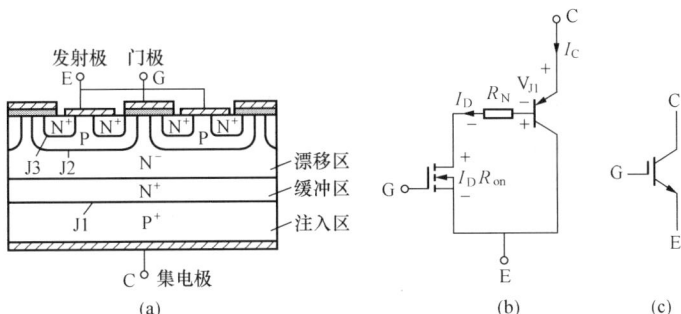

图 1 - 26　IGBT 的基本结构、简化等效电路和电气图形符号
（a）基本结构；（b）简化等效电路；（c）电气图形符号

入区，形成了一个大面积的 PN 结 J1。这样使 IGBT 导通时由于 J1 结的电导调制作用，具有很强的通流能力。IGBT 的栅极、发射极结构与 Power MOSFET 的栅极、源极结构完全相似，其简化等效电路如图 1-26（b）所示。可以看出，IGBT 是 GTR 与 Power MOSFET 组成的达林顿结构，相当于一个由 Power MOSFET 驱动的厚基区 PNP 型晶体管。图 1-26（b）中 R_N 为晶体管基区内的调制电阻。因此 IGBT 的驱动原理与 Power MOSFET 基本相同，是一种场控器件，其开通和关断由栅射极电压 U_{GE} 决定，即当 U_{GE} 大于开启电压 U_T 时，Power MOSFET 内部形成沟道，并为晶体管提供基极电流，使 IGBT 导通。由于 PN 结 J1 的电导调制效应，使 IGBT 的通态压降比 Power MOSFET 更小。

当栅射极间施加反压或不加信号时，Power MOSFET 内的沟道消失，晶体管的基极电流被切断，使得 IGBT 关断。

当 U_{GE} 为负时，J1 结处于反向偏置，类似于反偏二极管，器件呈反向关断状态，说明 IGBT 具有反向关断能力。

1.4.4　绝缘栅双极型晶体管的静态特性和动态特性

1. IGBT 的静态特性

图 1-27（a）所示为 IGBT 的转移特性，它描述的是集电极电流 I_C 与栅射电压 U_{GE} 之间的关系，与 Power MOSFET 的转移特性类似。开启电压 $U_{GE(th)}$ 是 IGBT 能实现电导调制而导通的最低栅射电压。$U_{GE(th)}$ 随温度升高而略有下降，温度每升高 1℃，其值下降 5mV 左右。在 25℃时，$U_{GE(th)}$ 的值一般为 2～6V。

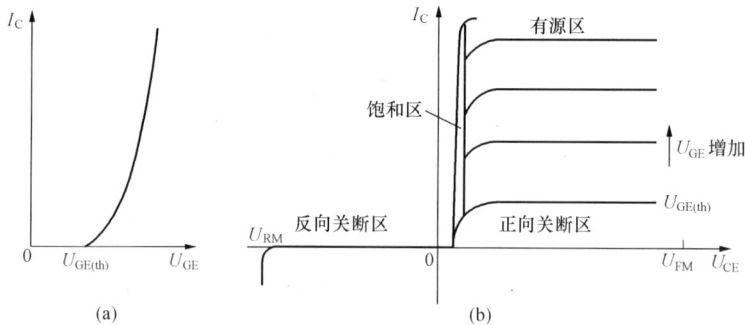

图 1-27　IGBT 的转移特性和输出特性
（a）转移特性；（b）输出特性

图 1-27（b）所示为 IGBT 的输出特性，也称伏安特性，描述的是以栅射电压为参考变量时，集电极电流 I_C 与集射极间电压 U_{CE} 之间的关系。此特性与 GTR 的输出特性相似，不同的是参考变量，IGBT 为栅射电压 U_{GE}，而 GTR 为基极电流 I_B。IGBT 的输出特性也分为三个区域：正向阻断区、有源区和饱和区。这分别与 GTR 的截止区、放大区和饱和区相对应。此外，当 $u_{CE}<0$ 时，IGBT 为反向关断工作状态。在电力电子电路中，IGBT 工作在开关状态，因而是在正向关断区和饱和区之间来回转换。

2. IGBT 的动态特性

IGBT 的动态特性包括开通过程和关断过程两个方面。IGBT 开通和关断时的瞬态过程如图 1-28 所示。

IGBT 在开通运行时，其电流、电压波形与功率 MOSFET 开通时的波形相似。这是因为 IGBT 在开通过程中大部分时间是作为 MOSFET 来运行的。图 1-28 中 $t_{d(on)}$ 为开通延迟时间，t_r 为电流上升时间，U_{GEM} 为栅射电压。集射电压的下降时间分为 t_{fv1} 和 t_{fv2} 两段：t_{fv1} 段曲线为 IGBT 中 MOSFET 单独工作时的电压下降时间；t_{fv2} 段曲线为 MOSFET 和 PNP 型晶体管两个器件同时工作时的电压下降时间。由上可知，只有 t_{fv2} 曲线的末尾集射电压才进入饱和阶段。IGBT 的开通时间 t_{on} 为开通延迟时间与电流上升时间之和，即

$$t_{on} = t_{d(on)} + t_r \qquad (1-15)$$

图 1-28 IGBT 的开关过程

在 IGBT 关断运行时，由图 1-28 可知，在最初阶段里，$t_{d(off)}$ 为关断的延迟时间，由 IGBT 中的 MOSFET 决定。关断时 IGBT 和 Power MOSFET 的主要差别是集电极电流下降波形，它分为 t_{fi1} 和 t_{fi2} 两部分：t_{fi1} 由器件内部的 MOSFET 的关断过程决定，这段时间内集电极电流下降较快；t_{fi2} 由器件内部的 PNP 型晶体管中存储电荷所决定，因为在 t_{fi1} 末尾 MOSFET 已关断，IGBT 又不能像 GTR 那样从基极反向抽出 PN 结电荷，体内的 PN 存储电荷难以被迅速消除，所以集电极电流有较长的下降时间，t_{fi2} 对应的集电板电流被称为拖尾电流。IGBT 的关断时间 t_{off} 为关断延迟时间与电流下降时间之和，即

$$t_{off} = t_{d(off)} + t_{fi1} + t_{fi2} \qquad (1-16)$$

可以看出，由于 IGBT 中双极型 PNP 晶体管的存在，虽然带来了电导调制效应的好处，但也引入了少子储存现象，因而 IGBT 的开关速度要低于 Power MOSFET。此外，IGBT 的击穿电压、通态压降和关断时间也是需要折中的参数。高压器件的 N 区必须有足够宽度和较高电阻率，这会引起通态压降增大和关断时间延长。

还应该指出的是，同 Power MOSFET 一样，IGBT 的开关速度受其栅极驱动电路内阻的影响，其开关过程波形和时序的许多重要细节（如 IGBT 所承受的最大电压和电流、器件能量损耗等）也受到主电路结构、控制方式、缓冲电路以及主电路寄生参数等条件的影响，应该在设计采用这些器件的实际电路时都加以注意。

1.4.5 绝缘栅双极型晶体管的主要参数

1. IGBT 的主要参数

根据有关国家标准，IGBT 的主要参数如下。

（1）集电极—发射极关断电压 U_{CES}：栅极—发射极短路情况下，允许的断态集电极—发射极最高电压。

（2）栅极—发射极电压 U_{GES}：集电极—发射极短路情况下，允许的栅极—发射极最高电压。

（3）集电极电流 I_C：最大允许的直流电流。

（4）集电极峰值电流 I_{CM}：最大允许的集电极峰值电流（$T_J \leqslant 150℃$）。

（5）集电极功耗 P_C：在 25℃ 条件下，每个 IGBT 开关最大允许的功率损耗。

（6）结温 T_J：工作期间 IGBT 的结温。

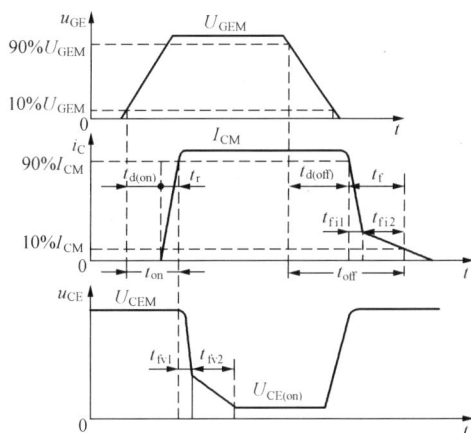

（7）储存温度 T_{STG}：无电源供应下的允许温度。

（8）绝缘耐压 U_{ISO}：所有外接端子短路条件下，基板与模块端子间最大绝缘电压。

（9）扭矩 F：端子—固定螺栓间最大允许扭矩。

目前三菱公司的 IGBT 最高耐压的是 6500V，这个系列最大电流的为 1200A，1700V 系列中最大电流的是 2400A。表 1-3 是富士公司的 2MB100-120 型 IGBT 的最大额定值。型号"2MB100-120"中的"100-120"分别表示集电极额定直流电流 I_C 是 100A，集电极—发射极关断电压 U_{CES} 是 1200V。

表 1-3　　　　　　　　　　富士公司 2MB100-120 的最大额定值（$T_c = 25℃$）

符号	参数	额定值
U_{CES}	集电极—发射极关断电压（V）	1200
U_{GES}	栅极—发射极电压（V）	±20
I_C	集电极电流（A）	100
I_{CM}	集电极峰值电流（A）	200（1ms）
P_C	集电极功耗（W）	800
T_J	结温（℃）	150
T_{STG}	储存温度（℃）	$-40 \sim 125$
U_{ISO}	绝缘耐压（V）	2500（AC，1min）
F	扭矩（N·cm）	350

IGBT 的特性和参数可以总结如下：

（1）开关速度高，开关损耗小。有资料表明，在电压为 1000V 以上时，IGBT 的开关损耗只有 GTR 的 1/10，与 Power MOSFET 相当。

（2）在相同电压和电流定额的情况下，IGBT 的安全工作区比 GTR 大，而且具有耐脉冲电流冲击的能力。

（3）高压时 IGBT 的通态压降比 Power MOSFET 低，特别是在电流较大的区域。

（4）IGBT 的输入阻抗高，其输入特性与 Power MOSFET 类似。

（5）与 Power MOSFET 和 GTR 相比，IGBT 的耐压和通流能力还可以进一步提高，同时可保持开关频率高的特点。

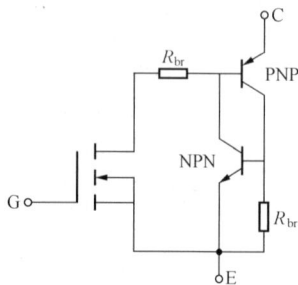

图 1-29　IGBT 的寄生晶闸管等效电路

2. IGBT 的擎住效应和安全工作区

观察 IGBT 的结构可以发现，除上述 IGBT 的正常工作情况外，IGBT 结构中寄生着一个由 $N^- PN^+$ 晶体管和作为主开关器件的 $P^+ N^- P$ 型晶体管组成的 PNPN 四层结构，即存在寄生晶闸管，IGBT 的寄生晶闸管等效电路如图 1-29 所示。在 NPN 型晶体管的基极与发射极之间有一个体区电阻 R_{br}，在该电阻上，P 区的横向电流会产生一定压降，对 NPN 型晶体管来说，相当于在基极加一个正向偏置电压。在规定的集电极电流范围内，这个正偏压不大，NPN 型晶体管不起作用。当集电极电流大到一定程度时,这个正偏压足以使 NPN 型晶体管导通,进而使 NPN 型和 PNP 型晶体管互锁,进入饱和状态,于是寄生晶体管开通,栅极失去控制作用,这就是擎住效应或自锁效应。发生擎住效应后,集电极电流增大造成过高的功耗,最后导致器件损坏。产生擎住效应的原因有以下几个。

(1) 集电极电流有一个临界值 I_{CM},集电极通态连续电流大于此值后 IGBT 就会产生擎住效应,这种现象被称为静态擎住效应。

(2) IGBT 在关断时,内部 MOSFET 的关断十分迅速,IGBT 总电流很快下降,在主电流的分布电感上会产生很高的电压加在 IGBT 的集射极上,使 IGBT 承受很高的电压上升率 du_{CE}/dt,该电压上升率在 IGBT 的 J2 结电容上产生充电电流(即位移电流)$C_{J2}\,du_{CE}/dt$。当位移电流流过电阻 R_{br} 时,可产生足以使 NPN 型晶体管开通的正向偏置电压,使寄生晶闸管满足开通的条件而产生擎住效应,这种现象被称为动态擎住效应。动态擎住效应比静态擎住效应所允许的集电极电流还要小,因此制造厂家所规定的 I_{CM} 值是按动态擎住所允许的最大集电极电流而确定的。

(3) 温度升高也会加重 IGBT 发生擎住现象的危险。资料表明,当器件结温升高时,产生擎住效应所需要的集电极电流会有显著的下降。

曾经限制 IGBT 电流容量的提高,随着工艺制造水平的提高,自 20 世纪 90 年代中后期擎住效应问题逐渐得到解决。为了避免 IGBT 发生擎住效应,设计电路时应保证 IGBT 中的电流不超过 I_{CM} 值;此外可用加大栅极电阻 R_G 的办法延长 IGBT 的关断时间,减小关断 du_{CE}/dt。总之,IGBT 的使用必须避免擎住效应的产生,否则就有烧坏 IGBT 的危险。

根据最大集电极电流、最大集射极间电压和最大集电极功耗可以确定 IGBT 在导通工作状态的参数极限范围,即正向偏置安全工作区(Forward Biased Safe Operating Area,FB-SOA);根据最大集电极电流、最大集射极间电压和最大允许电压上升率 du_{CE}/dt,可以确定 IGBT 在关断工作状态下的参数极限范围,即反向偏置安全工作区(Reverse Biased Safe Operating Area,RBSOA)。

1.4.6 绝缘栅双极型晶体管的模块结构

自 20 世纪 80 年代中后期开始,在电力电子器件研制和开发中的一个共同趋势是模块化。IGBT 模块种类繁多,基本上覆盖了 IGBT 的各种应用场合,给使用带来了很大的方便。

在这些模块中,有常见的一单元、二单元、四单元和六单元的模块。在一单元模块中,有些是带有一个或两个续流二极管或者阻塞二极管的斩波器专用模块。二单元、四单元和六单元模块主要是用于单相桥和三相桥的模块。

除上述常见类型的模块外,还有多种类型的混合封装的 IGBT 模块,这些模块中,有些模块把三相整流管整流桥或单相整流管整流桥和三相 IGBT 逆变桥封装在同一模块中,有些模块在此基础上,还增加了制动用 IGBT 斩波管、温度传感器及直流侧电流传感器等,使用户极为方便地实现过热保护、过电流及短路保护,或在进行启动中的电流限制等功能。图 1-30

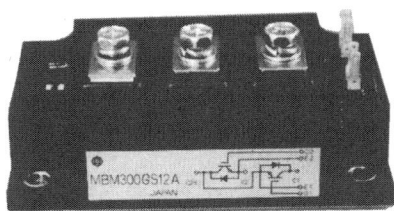

图 1-30 IGBT 模块外形图

为二单元 IGBT 模块日立 MBM300GS12A 的外形图(集电极额定直流电流 I_C 为 300A,集电极—发射极电压 U_{CES} 为 1200V),图 1-31 所示为部分 IGBT 模块内部结构图。

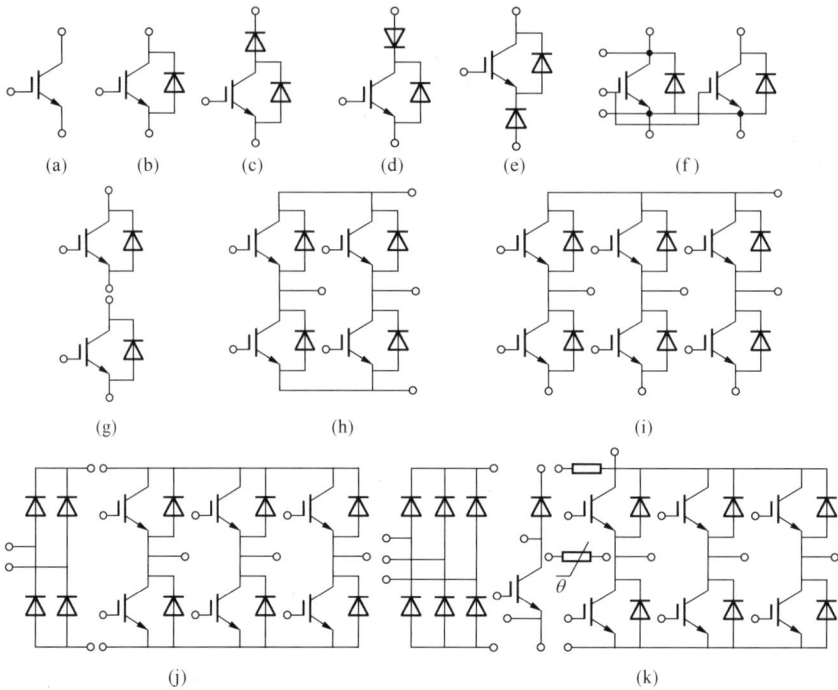

图 1-31　部分 IGBT 模块内部结构图

（a）～（e）一单元封装模块；（f）、（g）两单元封装模块；（h）四单元封装模块；

（i）六单元封装模块；（j）带单相整流桥的六单元封装模块；

（k）同时带有温度传感器、直流侧电流传感器及独立三相整流桥的六单元封装模块

1.4.7　绝缘栅双极型晶体管设计、使用和保管注意事项

1. IGBT 栅极电路设计中的注意事项

IGBT 的栅极驱动条件与其静态和动态特性密切相关。栅极电路的正偏压 U_{GE}、负偏压 $-U_{GE}$ 和栅极电阻 R_G 的大小，对 IGBT 的通态电压、开关时间、开关损耗、承受短路能力等参数有不同程度的影响。在栅极电路的设计中，为了安全使用 IGBT，有如下几点需要注意。

（1）正向驱动电压 U_{GE}。一般 IGBT 的正向驱动电压应在 12～18V 之间，应用中推荐 $U_{GE}=15V$，允许波动率小于±10％，在这一点通态电压接近饱和值，通态损耗小，是 IGBT 工作的最佳点。虽然 U_{GE} 增加时，对减小通态电压和开通损耗有利，但是 U_{GE} 不能随意增加，如果栅射极电压 U_{GE} 超过±20V，有可能击穿栅极绝缘层造成器件损坏。

（2）负驱动电压 $-U_{GE}$。使 IGBT 关断的栅极负驱动电压 $-U_{GE}$ 应不小于 5V，这是因为集电极电压变化率 du/dt 的作用会使管子误导通或不能关断，如图 1-32 所示。在 IGBT 的栅射极间、栅集极间分别存在一个等效电容，当器件由导通变为截止时，集电极电压上升，使 C-G-E 间有一个小的充电电流 i_d，它可能使栅射极间电压上升而导致 IGBT 误导通。如果栅射极间有一个 -10～$-5V$ 的负偏压，则能有效地避免管子的误导通。

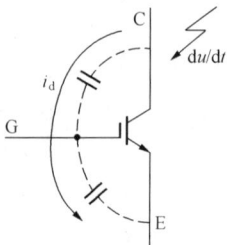

图 1-32　IGBT 的误导通

（3）栅极电阻 R_G。使用 IGBT 时，应该在栅极和驱动信号之间加一个栅极电阻 R_G。当管子导通时，R_G 可以减小集电极电

流上升率 di_c/dt，防止栅极电流振荡；当管子关断时，R_G 可以减小集电极电压上升率 du/dt，避免动态擎住效应的发生。但是，R_G 会增大 IGBT 的开通、关断时间，增加 IGBT 开关损耗。因此应当根据 IGBT 的电压、电流定额，选择合适的 R_G 阻值。栅极电阻 R_G 的阻值通常可使用表 1-4 所列的推荐值。如果工作频率较低，也可采用前一档电阻较大的值。表 1-4 中的高频一般为大于 15kHz 的工作频率，低频为小于 5kHz 的工作频率，如工作频率在这两个频率之间可取折中值。

表 1-4　　　　　　　　　　　　　　栅极电阻 R_G 的推荐值

额定电流（A）	600V	50	100	150	200	300	400	600	800
	1200V	25	50	75	100	150	200	300	400
R_G（Ω）	高频	51	25	15	10	6.2	4.7	3.0	2.2
	低频	150	75	51	30	20	15	10	6.8

（4）当设备发生短路时，电流 I_C 会急剧上升，它的影响会使栅极电压 U_{GE} 产生一个尖峰脉冲，这个尖峰脉冲会进一步增加电流 I_C，形成正反馈效果。为了保护器件，可在栅射极间加一对反向串联的稳压二极管，钳制 U_{GE} 的突然上升。当驱动电压为 15V 时，二极管的稳压值可以为 16V，如图 1-33 所示。稳压管还同时起到防止栅极绝缘层被击穿的作用。

（5）IGBT 多用于高压场合，故驱动电路应与整个控制电路在电位上严格隔离。可以采用光耦合隔离或磁隔离。

（6）驱动电路与 IGBT 之间的引线应为采用双绞合线或同轴电缆屏蔽线，并应尽量短，以减少寄生电感。在应用中有时虽然保证了栅极驱动电压没有超过栅极最大额定电压，但栅极连线的寄生电感和栅极与集电极间的电容耦合，也会产生使氧化层损坏的振荡电压。

不同的 IGBT 栅极驱动线不应捆扎在一起。

图 1-33　IGBT 的栅极稳压保护

（7）栅极驱动电路应尽可能简单实用，具有对 IGBT 的保护功能，并有较强的抗干扰能力。

2. IGBT 使用中的注意事项

由于 IGBT 模块为 MOSFET 结构，IGBT 的栅极通过一层氧化膜与发射极实现电隔离。由于此氧化膜很薄，其击穿电压一般达到 20～30V，因此因静电而导致栅极击穿是 IGBT 失效的常见原因之一。使用中要注意以下几点：

（1）在使用模块时，尽量不要用手触摸驱动端子部分。当必须要触摸模块端子时，要先将人体或衣服上的静电用大电阻接地进行放电后，再触摸。

（2）在用导电材料连接模块驱动端子时，在配线未接好之前先不要接上模块。

（3）尽量在底板良好接地的情况下操作。

（4）在安装或更换 IGBT 模块时，应十分重视 IGBT 模块与散热片的接触面状态和拧紧程度。为了减少接触热阻，最好在散热器与 IGBT 模块间涂抹导热硅脂。一般散热片底部安装有散热风扇，当散热风扇损坏或散热片散热不良时将导致 IGBT 模块发热，而发生故障。因此，应对散热风扇定期进行检查，一般在散热片上靠近 IGBT 模块的地方安装有温度感应器，当温度过高时将报警或停止 IGBT 模块工作。

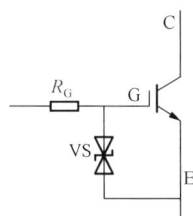

3. IGBT 保管中的注意事项

（1）一般保存 IGBT 模块的场所，应保持常温常湿状态，不应偏离太大。常温的规定为 5～35℃，常湿的规定在 45%～75%。在冬天特别干燥的地区，需用加湿机加湿。

（2）尽量远离有腐蚀性气体或灰尘较多的场合。

（3）在温度发生急剧变化的场所 IGBT 模块表面可能有结露水的现象，因此 IGBT 模块应放在温度变化较小的地方。

（4）保管时，须注意不要在 IGBT 模块上堆放重物。

（5）装 IGBT 模块的容器，应选用不带静电的容器。

1.4.8 其他全控型电力电子器件

除前述 IGBT、GTR、Power MOSFET 外，GTO 也是一种重要的全控型电力电子器件。

GTO 是晶闸管的一种派生器件，在晶闸管问世后不久就已经出现。GTO 可以通过在门极施加负的脉冲电流使其关断，故属于全控型器件。经过几十年的发展，商品化的 GTO 可以做到耐压 6kV、电流 6kA 的水平，目前在特大功率的场合仍发挥重要作用。

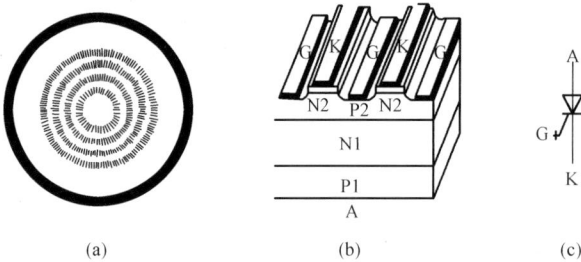

图 1-34 GTO 的内部结构和电气图形符号
（a）各单元阴极、门极间隔排列的图形；（b）并联单元结构断面示意图；（c）电气图形符号

GTO 的内部结构与晶闸管相同，都是 PNPN 四层三端结构，外部引出阳极 A、阴极 K 和门极 G。和普通晶闸管不同，GTO 是一种多元功率集成器件，内部包含数十个甚至数百个共阳极的小 GTO 元胞，这些 GTO 元胞的阴极和门极在器件内部并联在一起，使器件的功率可以达到相当大的数值。图 1-34（a）、（b）所示分别为 GTO 的各单元的阴极、门极间隔排列的图形和并联单元结构断面示意图。图 1-34（c）所示为其电气图形符号。

GTO 的导通机理与 SCR 是完全一样的。GTO 一旦导通之后，门极信号是可以撤除的，但在制作时采用特殊工艺使管子导通后处于临界饱和，而不像普通晶闸管那样处于深饱和状态，这样就可以用门极负脉冲电流破坏临界饱和状态使其关断，因此在关断机理上与 SCR 是不同的。

与普通晶闸管一样，GTO 的工作原理仍然可用图 1-35 所示的双晶体管模型来分析。

（1）静态特性。在设计制造 GTO 时，应使图 1-35 中等效晶体管 VT2 的共基极电流放大系数 α_2 较大。由图可知

$$I_{B2} + I_{C2} = I_K$$
$$I_{C2} = \alpha_2 I_K$$
$$I_K = I_{B2}/(1-\alpha_2)$$

当 GTO 处于通态时，$I_G=0$，$I_{B2}=I_{C1}$，如果突加一个负脉冲电流 $-I_G$，则有以下变化：

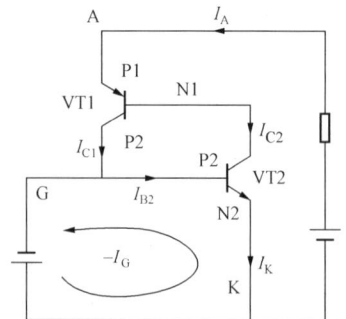

图 1-35 GTO 的关断原理

$$I_{B2}(=I_{C1}-I_G)\downarrow\rightarrow I_{C2}\downarrow\rightarrow\alpha_2\downarrow\rightarrow(1-\alpha_2)\uparrow\rightarrow I_K\downarrow\downarrow\rightarrow I_A\downarrow\downarrow\rightarrow\alpha_1,\alpha_2\downarrow\rightarrow I_K,I_A继续减小$$

由此可见，加上一I_G后，将引起I_K、I_A持续减小的正反馈，最终导致 GTO 阳极电流减小到维持电流I_H以下，使 GTO 从通态转入断态。

（2）GTO 的动态特性。图 1-36 给出了 GTO 关断过程中门极电流i_G和阳极电流i_A的波形。与普通晶闸管类似，开通过程中需要经过延迟时间t_d和上升时间t_r。关断过程有所不同，需要经历抽取饱和导通时储存的大量载流子的时间——储存时间t_s，从而使等效晶体管退出饱和状态；然后则是等效晶体管从饱和区退至放大区，阳极电流逐渐减小时间——下降时间t_f；最后还有残存载流子复合所需时间——尾部时间t_t。

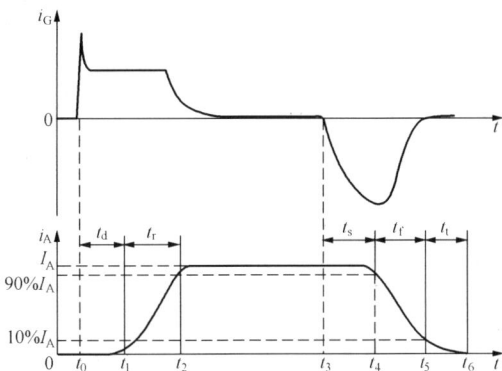

图 1-36　GTO 的开通和关断过程电流波形

通常t_f比t_s小得多，而t_t比t_s要长。门极负脉冲电流幅值越大，前沿越陡，t_s就越短。使门极负脉冲的后沿缓慢衰减，在t_t阶段仍能保持适当的负电压，则可以缩短尾部时间。

（3）GTO 的主要参数。GTO 的许多参数都和普通晶闸管相应的参数意义相同。这里只简单介绍一些意义不同的参数。

1）最大可关断阳极电流I_{ATO}：这也是用来标称 GTO 额定电流的参数。这一点与普通晶闸管用通态平均电流作为额定电流是不同的。

2）电流关断增益β_{off}：最大可关断阳极电流与门极负脉冲电流最大值I_{GM}之比称为电流关断增益，即

$$\beta_{off}=\frac{I_{ATO}}{I_{GM}} \tag{1-17}$$

β_{off}一般很小，只有 5 左右，这是 GTO 的一个主要缺点。一个 1000A 的 GTO，关断时门极负脉冲电流峰值达 200A，这是一个相当大的数值。

3）开通时间t_{on}：延迟时间与上升时间之和。GTO 的延迟时间一般为 1～2μs，上升时间则随通态阳极电流值的增大而增大。

4）关断时间t_{off}：一般指储存时间和下降时间之和，而不包括尾部时间。GTO 的储存时间随阳极电流的增大而增大，下降时间一般小于 2μs。

另外需要指出的是，不少 GTO 都制造成逆导型，类似于逆导晶闸管。当需要承受反向电压时，应和电力二极管串联使用。

1.5　电力电子器件的新发展

电力电子器件的发展是电力电子技术发展的基础，一代新型电力电子器件的出现，总是带来一场电力电子技术的革命。因此，新型电力电子器件及其相关新型半导体材料的研究，一直是该领域极为活跃的主要课题之一。

一个理想的电力电子器件，应当具有下列理想的静态和动态特性：在关断状态时能承受

高电压；在导通状态时，具有高的电流密度和低的导通压降；在开关状态转换时，具有短的开、关时间，能承受高的 di/dt 和 du/dt，以及具有全控功能。

自从 20 世纪 50 年代，硅晶闸管问世以后，电力电子器件的研究工作者为达到上述理想目标做出了不懈的努力，并已取得了使世人瞩目的成就；60 年代后期，可关断晶闸管 GTO 实现了栅极可关断功能，并使斩波工作频率扩展到 1kHz 以上；70 年代中期，大功率晶体管和 Power MOSFET 问世，功率器件实现了场控功能，打开了高频应用的大门；80 年代，绝缘栅控双极晶体管（IGBT）问世，它综合了 Power MOSFET 和双极型功率晶体管两者的功能。它的迅速发展，又激励了人们对综合 Power MOSFET 和晶闸管两者功能的新型功率器件——MOSFET 门控晶闸管的研究。因此，当前功率器件研究工作的重点主要集中在研究现有功率器件的性能改进、MOS 门控晶闸管以及采用新型半导体材料制造新型的功率器件上。下面对近几年来上述功率器件的最新发展加以简介。

1.5.1　功率晶闸管的新发展

1. 超大功率晶闸管

SCR 自问世以来，其功率容量已提高了近 3000 倍。现在许多国家已能稳定生产 6 英寸，8500V/（4000~4750A）的电控晶闸管以及 5 英寸 7500V/3125A 的光控晶闸管。日本现在已能稳定生产 8000V/4000A 和 6000V/6000A 的光触发晶闸管（Light Triggered Thyristor, LTT）。美国和欧洲主要生产电触发晶闸管（Electric Triggered Thyristor, ETT）。近十几年来，由于自关断器件的飞速发展，晶闸管的应用领域有所缩小，但是，由于它的高电压、大电流特性，其在 HVDC、静止无功补偿（SVC）、大功率直流电源及超大功率和高压变频调速应用方面仍然占有十分重要的地位。预计在今后若干年内，晶闸管仍将在高电压、大电流应用场合得到继续发展。

1982 年日本日立公司首先研制成功 2500V、1000A 的 GTO。许多生产商可提供额定开关功率 36MVA（6000V，6000A）的高压大电流 GTO。2001 年有文献表明当时 GTO 的最高研究水平为 6 英寸、6000V/6000A 以及 9000V/10000A，为了满足电力系统对 1GVA 以上的三相逆变功率电压源的需要，当时有可能开发出 12kV/10kA 的 GTO。

2. 脉冲功率闭合开关晶闸管（Pulse Power Closing Switch Thyristor, PPCST）

A. H. Craig 首次提出的一种新型的晶闸管，该器件特别适用于传送极强的峰值功率（数兆瓦）、极短的持续时间（数百纳秒）的放电点火、电磁发射器和雷达调制器等。该器件能在数千伏的高压下快速开通，不需要放电电极，具有很长的使用寿命，体积小、价格比较低，可望取代目前尚在应用的高压离子闸流管、引燃管、火花间隙开关或真空开关等。

3. 新型 GTO 器件——集成门极换流晶闸管（Integrated Gate Commutated Thyristor, IGCT）

当前已有两种常规 GTO 的替代品，高功率的 IGBT 模块和新型 GTO 派生器件——IGCT。IGCT 晶闸管实质上是将一个平板型的 GTO、由很多个并联的电力 MOSFET 器件和其他辅助元件组成的 GTO 门极驱动电路，采用精心设计的互联结构和封装工艺集成在一起。IGCT 的容量与普通 GTO 相当，但开关速度比普通的 GTO 快 10 倍，而且可以简化普通 GTO 应用时庞大而复杂的缓冲电路，只不过其所需的驱动功率仍然很大。在 IGCT 产品刚推出的几年中，由于其电压和电流的容量大于当时 IGBT 的水平而很受关注，但 IGBT 的电压和电流容量很快赶了上来，而且市场上一直只有个别厂家在提供 IGCT 产品。

1.5.2 新型大功率 IGBT 模块——电子注入增强栅晶体管（Injection Enhanced Gate Transistor，IEGT）

电子注入增强栅晶体管 IEGT 是日本东芝公司近年来开发出的一种 IGBT 派生器件，它综合了 IGBT 的电压驱动、控制功率小、安全工作区宽、开关损耗小及 GTO 的输出功率大、通态压降低、载流子密度高等优点，而摒弃了 IGBT 的高饱和压降、发射极载流子密度低及 GTO 的安全工作区窄、电流驱动功率大、开关损耗大等缺点，在高载波频率工作条件下具有明显的优势。该产品近年来已经形成了商用产品，其额定容量已达到 3kA/4.5kV。IEGT 的栅极驱动功率比 GTO 小两个数量级，吸收回路的功耗为 GTO 的 1/10 以下。

1.5.3 MOS 控制晶闸管（MOS Controlled Thyristor，MCT）

MCT 是将 MOSFET 与晶闸管组合而成的复合型器件。MCT 将 MOSFET 的高输入阻抗、低驱动功率、快速的开关过程和晶闸管的高电压大电流、低导通压降结合起来，也是 Bi-MOS 器件的一种。一个 MCT 器件由数以万计的 MCT 元组成，每个元的组成为：一个 PNPN 晶闸管、一个控制该晶闸管开通的 MOSFET 和一个控制该晶闸管关断的 MOSFET。

MCT 具有高电压、大电流、高载流密度、低通态压降的特点。其通态压降只有 GTR 的 1/3 左右，硅片的单位面积连续电流密度在各种器件中是最高的。另外，MCT 可承受极高的 du/dt 和 di/dt，使得其保护电路可以简化。MCT 的开关速度超过 GTR，开关损耗也小。

总之，MCT 曾一度被认为是一种最有发展前途的电力电子器件。因此 20 世纪 80 年代以来一度成为研究的热点。但经过十多年的努力，其关键技术问题没有大的突破，电压和电流容量都远未达到预期的数值，未能投入实际应用。

1.5.4 采用新型半导体材料制造的新型电力电子器件

从晶闸管问世到 IGBT 的普遍应用，电力电子器件经过近几十年的发展，基本上都是表现为对器件原理和结构的改进和创新，在材料的使用上则始终没有突破硅的范围。无论是功率 MOSFET 还是 IGBT，它们与晶闸管和整流二极管一样都是硅制造的器件。但是，随着硅材料和硅工艺的日趋完善，各种硅器件的性能逐步趋近其理论极限，而电力电子技术的发展却不断对电力电子器件的性能提出更高的要求，尤其是希望器件的功率和频率能得到更高程度的兼顾。因此，越来越多的电力电子器件研究工作转向了应用新型半导体材料制造。新型电力电子器件的研究结果表明，就电力电子器件而言，硅材料并不是最理想的材料，比较理想的材料应当是临界雪崩击穿电场强度、载流子饱和漂移速度和热导率都比较高的宽禁带半导体材料。

宽禁带半导体材料是指禁带宽度在 3.0eV 及以上的半导体材料。我们知道，固体中电子的能量具有不连续的量值，电子都分布在一些相互之间不连续的能带（Energy Band）上。价电子所在能带与自由电子所在能带之间的间隙称为禁带或带隙（Energy Gap 或 Band Gap）。所以禁带的宽度实际上反映了被束缚的价电子要成为自由电子所必须额外获得的能量。硅的禁带宽度为 1.12eV。典型的宽禁带半导体材料是碳化硅（SiC）、氮化镓（GaN）、金刚石等。目前，随着这些材料的制造技术和加工工艺日渐成熟，使用宽禁带半导体材料制造性能更加优越的电力电子新器件已成为可能。特别是碳化硅肖特基二极管（SBD）在 21 世纪初投放市场并获得良好的实际应用效果。

在各种宽禁带半导体材料中，碳化硅是一种性能优越的材料，它的性能指标较氮化镓还要高一个数量级，与其他材料比较，它具有高的禁带宽度、高的饱和电子漂移速度、高的击穿强度、低的介电常数和高的热导率等特征。使用碳化硅制造的电力电子器件，有可能将半导体器件的极限工作温度提高到 $600℃$ 以上，至少可以在硅器件难以承受的高温下长时间稳定工作。不仅如此，在额定关断电压相同的前提下，碳化硅器件不但通态电阻很低，工作频率也比硅器件高 10 倍以上。所以，碳化硅器件在高温、高频、高功率容量的应用场合是极为理想的电力电子器件。

1. 碳化硅肖特基势垒二极管

21 世纪初，碳化硅肖特基势垒二极管（SBD）首先揭开了碳化硅器件在电力电子领域替代硅器件的序幕。由于肖特基二极管的制造工艺相对比较简单，因此对碳化硅肖特基二极管的研究也已较为成熟。美国 Cree 公司和德国 Infineon 公司率先推出耐压 600V、电流分别为 12A 和 10A 以下的系列产品。普渡大学最近制造出了关断电压高达 4.9kV 的 4H-SiC 肖特基二极管，特征导通电阻为 $43m\Omega/cm^2$，这是目前碳化硅肖特基二极管的最高水平。市面上的 SBD 最高耐压可达 1200V，最大电流可达 20A。

碳化硅 SBD 器件具有预期的反向漏电流极小、几乎没有反向恢复时间等优点，同时，高温性能异常优越，于是一些大公司在其 IGBT 变频或逆变装置中采用这种二极管替代硅快恢复二极管，取得了提高工作频率、大幅度降低开关损耗的明显效果，总体效益大大超过由于替换器件所增加的成本。

2. 碳化硅场效应器件

碳化硅场效应器件的开发优势在于能够兼顾阻断电压和通态电阻，而且结构与硅场效应器件没有太大区别，因而可以充分利用硅 MOS 的成熟技术。1994 年首次报道的碳化硅场效应器件，耐压只有 260V，通态比电阻为 $18m\Omega \cdot cm^3$。虽然目前碳化硅场效应器件还未能实现商业化，但其研发工作进展很快，在 2004 年其耐压已经达到了硅器件无法达到的 10kV水平，通态比电阻也向理论极限大大靠近了一步，可达 $123m\Omega \cdot cm^3$。

在 2012 年 8 月召开的第 44 届国际大电网会议上，日本的专家介绍了利用新一代电力电子器件 SiC 研制的 100kVA 的配电网静止同步补偿器（D-STATCOM）。该 D-STATCOM样机采用三电平 H 桥子模块构成的多电平换流器拓扑，其电力电子开关采用了 1.2kV 的SiC J-FET 器件，在无滤波器情况下利用器件的高速开断能力得到了理想的电压波形。

3. 碳化硅 IGBT

虽然碳化硅场效应器件的关断电压可以做到硅器件所无法达到的 10000V，但更高关断电压也面临通态电阻问题，所以人们对碳化硅 IGBT 寄予厚望。

对碳化硅 IGBT 的研发工作起步较晚，1999 年才出现关断电压只有 790V 的 P 沟道 4H-SiC IGBT，且其通态压降很高，在电流密度为 $75A/cm^2$ 时就高达 15V，这说明碳化硅 IGBT 在关断电压不高的情况下，相对于硅场效应器件没有什么优势，其优越性只体现在 10000V 以上的高压领域。近年来，碳化硅高压 IGBT 的研发工作已有较大进展，目前遇到的主要困难在于：P 沟道 IGBT 的源极接触电阻偏高，而 N 沟道 IGBT 又需要用 P 型碳化硅材料做衬底。因此，碳化硅 IGBT 研发工作的实质性进展，还有待于材料和工艺技术的进一步发展。

4. 碳化硅双极型器件

用碳化硅可以制造关断电压很高的双极型器件，比如高压二极管和晶闸管等。

2000 年 5 月，美国 Cree 公司与日本关西电力公司（KEPCO）联合研制成功世界上第一只耐压超过万伏的碳化硅 PN 结二极管，其反向关断电压为 12300V，正向压降在电流密度为 $100A/cm^2$ 时只有 4.9V。到 2001 年，碳化硅二极管的关断电压可达到 20000V 水平，相应的反向漏电流密度为 2.7mA/cm^2，正向压降在电流密度为 100 A/cm^2 时只有 6.5V。碳化硅 PN 结二极管的关断电压在 2001 年后，没有新进展，研究人员把研究重点转移到提高器件承受大电流能力方面。2002 年，Sugawara 等人研制成功了 100 A/5200V 大功率碳化硅 PN 结二极管，在 $300℃$ 和 100 A 正向电流下的压降为 4.2V。而利用碳化硅材料研制的晶闸管、GTO、GCT 等器件近年来均有相关报道，但这些器件离实际工业应用还有一段距离。

2011 年，有研究者通过对碳化硅材料的特性进行推算得出碳化硅 KPD5000 - 400 晶闸管的部分参数，与常规的商业硅器件即株洲 KPE5000 - 72 晶闸管进行对比，见表 1 - 5。由表 1 - 5 可见碳化硅晶闸管的耐压比硅晶闸管的耐压高得多，对于耐压 200 kV 的单阀，需要硅晶闸管的串联数为 67 个，而碳化硅晶闸管的串联数仅为 12 个，极大地减少了系统的晶闸管串联数。同时碳化硅晶闸管的额定结温比硅晶闸管的额定结温高得多，可以极大地提高换流阀的电流容量，并极大地降低对冷却设备的要求。

表 1 - 5　硅晶闸管和碳化硅晶闸管的主要参数对比

参数名称	Si 晶闸管	SiC 晶闸管
断态重复峰值电压 U_{DRM}（kV）	7.0	40.0
反向重复峰值电压 U_{RRM}（kV）	7.2	40.0
额定结温（℃）	120	250

通过计算和仿真实验得到碳化硅晶闸管和硅晶闸管的通态损耗、开通损耗、关断损耗比较分别见表 1 - 6～表 1 - 8。仿真结果还表明，碳化硅晶闸管的断态损耗只有 2kW 左右，可以忽略不计。

表 1 - 6　碳化硅晶闸管和硅晶闸管通态损耗比较

触发角 α（°）	碳化硅晶闸管		硅晶闸管
	通态损耗计算结果（kW）	通态损耗仿真结果（kW）	通态损耗计算结果（kW）
15	109.3	118.8	194.4
35	113.7	122.2	202.4
88	116.4	124.1	207.4

表 1 - 7　碳化硅晶闸管和硅晶闸管开通损耗比较

触发角 α（°）	碳化硅晶闸管		硅晶闸管
	开通损耗计算结果（kW）	开通损耗仿真结果（kW）	开通损耗仿真结果（kW）
15	8.40	6.92	14.10
35	6.10	4.89	10.20
88	4.30	3.85	7.20

表 1 - 8　碳化硅晶闸管和硅晶闸管关断损耗比较

触发角 α（°）	碳化硅晶闸管		硅晶闸管
	关断损耗计算结果（kW）	关断损耗仿真结果（kW）	关断损耗仿真结果（kW）
15	6.70	7.20	15.10
35	10.50	10.43	20.50
88	17.70	14.80	26.80

表 1-6～表 1-8 都表明，碳化硅晶闸管的损耗要比硅晶闸管的损耗低得多。

采用碳化硅等新型材料制造电力电子器件，预示在不远的将来会诞生集高耐压、大电流、高工作频率、无吸收电路、简单门极驱动、低损耗等优点于一身的新型器件，实现人们对"理想器件"的追求，这也是未来电力电子器件发展的主要趋势。总之，新型器件的出现与电力电子技术向纵深发展是相辅相成的，应用的需求促进了新器件的发明，新器件的出现又给电力电子技术注入了新的活力，这一发展趋势无疑仍将继续下去。

1.5.5 功率集成电路与集成电力电子模块

自 20 世纪 80 年代中后期开始，在电力电子器件研制和开发中的一个共同趋势是模块化。就器件内部结构而言，功率 MOSFET、IGBT 和 IGCT 都是功率集成器件（PID），例如一只 IGBT 是由 10^5 个单胞集成而来的。但就这些器件的外部结构而言，早期却都是分立式的，因而在实用时必须为每一个器件安置独立的散热器，这自然影响电路和系统功率密度的提高。模块技术的应用解决了这一问题。所谓器件模块化是指多个 PID 按电路拓扑安置在一起以构成功率模块（PM），PM 的外壳是导热的绝缘体，因而可共用一个散热器，这就明显提高了电路的功率密度。

随着集成技术的进步，功率模块逐渐向智能化方向发展，也即模块内部除主电路功率器件之外，还包含相应的各种接口电路、保护电路（含过电流、过电压、欠电压和过热保护等保护）和驱动电路，故称智能模块（IPM）。若进一步将控制电路也包含在内便称为功率集成电路（PIC）。由器件的集成发展到电路的集成，是电力电子技术的一大进步，说明集成电路已由信息电子技术领域扩展到功率电子技术领域，或者说，在功率电子领域也正经历着昔日信息电子领域曾经走过的道路：器件和电路融为一体，器件的生产实际上也就是电路的生产。

同一芯片上高低压电路之间的绝缘问题以及温升和散热的有效处理，是功率集成电路的主要技术难点，短期内难以有较大的突破。因此，目前功率集成电路的研究、开发和实际产品应用主要集中在小功率的场合，如便携式电子设备、家用电器、办公设备电源等。在这种情况下，前面所述的功率模块中所采用的将不同器件和电路通过专门设计的引线或导体连接起来并封装在一起的思路，则在很大程度上回避了这两个难点，有人称之为电力电子电路的封装集成。

采用封装集成思想的电力电子电路也有许多名称，也是各有所侧重。智能功率模块（Intelligent Power Module，IPM）往往专指 IGBT 及其辅助器件与其保护和驱动电路的封装集成，也称智能 IGBT（Intelligent IGBT）。电力 MOSFET 也有类似的模块。若是将电力电子器件与其控制、驱动、保护等所有信息电子电路都封装在一起，则往往称之为集成电力电子模块（Integrated Power Electronics Module，IPEM）。对中、大功率的电力电子装置来讲，往往不是一个模块就能胜任的，通常需要像搭积木那样由多个模块组成，这就是所谓的电力电子积块（Power Electronics Building Block，PEBB）。封装集成为处理高低压电路之间的绝缘问题以及温升和散热问题提供了有效思路，许多电力电子器件生产厂家和科研机构都投入到有关的研究和开发中，因而最近几年获得了迅速发展。目前最新的智能功率模块产品已大量用于电机驱动、汽车电子乃至高速子弹列车牵引这样的大功率场合。

1.6 电力电子器件应用中需要解决的问题

电力电子器件是电力电子主电路的核心，正是由于电力电子器件工作在不同的电路拓扑中，并受到不同的控制，就组成了各种不同功能的电力电子电路，以实现对电能的控制和变换，进而组成具有各种功能的电力电子系统。为了使系统稳定工作，必须解决好电力电子器件的驱动、保护、散热、串并联等问题。

1.6.1 电力电子器件的驱动

电力电子器件的驱动电路是电力电子主电路与控制电路之间的接口，是电力电子装置的重要环节，对整个装置的性能有很大影响。采用性能良好的驱动电路，可使电力电子器件工作在较理想的开关状态，缩短开关时间，减小开关损耗，对装置的运行效率、可靠性和安全性都有重要的意义。另外，对电力电子器件或整个装置的一些保护措施也往往就近设在驱动电路中，或者通过驱动电路来实现，这时的驱动电路的设计更为重要。

简单地说，驱动电路的基本任务，就是将信息电子电路传来的信号按照其控制目标的要求，转换为加在电力电子器件控制端和公共端之间，可以使其开通或关断的信号。对半控型器件只需提供开通控制信号，对全控型器件则既要提供开通控制信号，又要提供关断控制信号，以保证器件可靠导通或关断。

驱动电路还要提供控制电路与主电路之间的电气隔离环节。一般采用光隔离或磁隔离。光隔离一般采用光耦合器。光耦合器由发光二极管和光敏晶体管组成，封装在一个外壳内。磁隔离的元件通常是脉冲变压器。当脉冲较宽时，为避免铁心饱和，常采用高频调制和解调的方法。

按照驱动电路加在电力电子器件控制端和公共端之间信号的性质，可以将电力电子器件分为电流驱动型和电压驱动型两类。晶闸管是半控型的电流驱动型器件，它的驱动电路常称为触发电路。

理想的晶闸管触发脉冲电流波形如图 1-37 所示。

采用磁隔离的晶闸管触发电路如图 1-38 所示。当控制系统发出的高电平驱动信号加至晶体管放大器后，变压器 Tr 输出电压经 VD2 输出脉冲电流 I_G 触发 SCR 导通。当控制系统发出的驱动信号为零后，VD1、VDZ 续流，Tr 的一次电压迅速降为零，防止变压器饱和。

采用光隔离的晶闸管触发电路如图 1-39

图 1-37 理想晶闸管触发脉冲电流波形

$t_1 \sim t_2$—脉冲前沿上升时间（$<1\mu s$）；$t_1 \sim t_3$—强脉冲宽度；I_M—强脉冲幅值（$3I_{GT} \sim 5I_{GT}$）；$t_1 \sim t_4$—脉冲宽度；I—脉冲平顶幅值（$1.5I_{GT} \sim 2I_{GT}$）

所示。当控制系统发出驱动信号到光耦输入端时，光耦输出电路中 R 上的电压产生脉冲电流 I_G 触发晶闸管导通。

目前晶闸管的产品型号很多，其触发电路的种类也多，尤其是各种专用触发集成电路获得了广泛的应用。

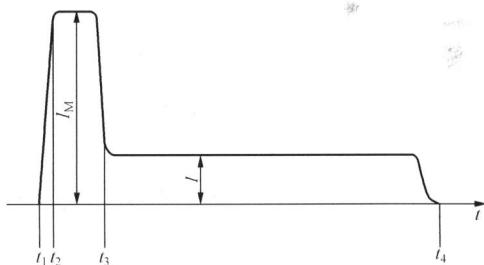

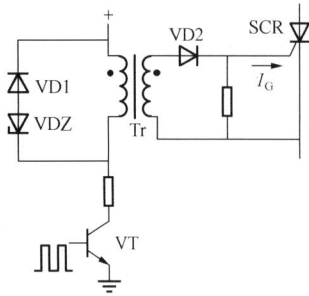

图 1-38 带隔离变压器的 SCR 驱动电路

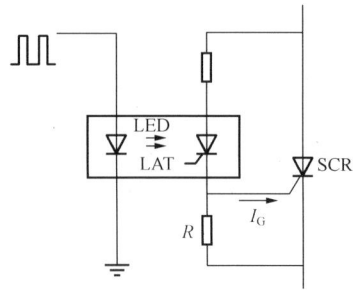

图 1-39 光耦隔离的 SCR 驱动电路

Power MOSFET 和 IGBT 是电压驱动型器件。Power MOSFET 的栅源极之间和 IGBT 的栅射极之间都有数千皮法的极间电容，为快速建立驱动电压，要求驱动电路具有较小的输出电阻。使 Power MOSFET 开通的栅源极间驱动电压一般取 10～15V，使 IGBT 开通的栅射极间驱动电压一般取 15～20V。同样，关断时施加一定幅值的负驱动电压（一般取 -5～ -15V）有利于减小关断时间和关断损耗。在栅极串入一只低阻值电阻（数十欧左右）可以减少寄生振荡，该电阻阻值应随被驱动器件电流额定值的增大而减小。

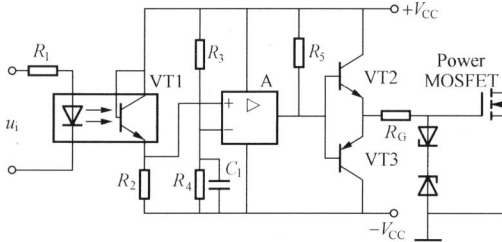

图 1-40 Power MOSFET 的一种驱动电路

图 1-40 给出了 Power MOSFET 的一种驱动电路，也包括电气隔离和晶体管放大电路两部分。当无输入信号时高速放大器 A 输出负电平，VT3 导通输出负驱动电压。当有输入信号时 A 输出正电平，VT2 导通输出正驱动电平。

常见的专为驱动 Power MOSFET 而设计的集成驱动电路芯片或混合集成电路种类很多，三菱公司的 M57918L 就是其中之一，其输入信号电流幅值为 16mA，输出最大脉冲电流为 +2A 和 -3A，输出驱动电压 +15V 和 -10V。

IGBT 的驱动多采用专用的混合集成驱动器，例如三菱公司的 M579 系列（如 M57962L 和 M57959L）和富士公司的 EXB 系列（如 EXB840、EXB841、EXB850 和 EXB851）。同一系列的不同型号其引脚和接线基本相同，只是适用被驱动器件的容量和开关频率以及输入电流等参数有所不同。图 1-41 给出了 M57962L 型 IGBT 驱动器的原理和接线图。这些混合集成驱动器内部都具有退饱和检测和保护环节，当发生过电流时能快速响应但慢速关断 IGBT，并向外部电路给出故障信号。M57962L 输出的正驱动电压均为 +15V 左右，负驱动电压为 -10V。对大功率 IGBT 器件来讲，一般采用由专业厂家或生产该器件的厂家提供的专用驱动模块。

1.6.2 电力电子器件的保护

电力电子系统在发生故障时可能会发生过电流、过电压，造成开关器件的永久性损坏。过电流、过电压保护包括器件保护和系统保护两个方面。器件保护主要是指检测开关器件的电流、电压，保护主电路中的开关器件，防止过流、过压损坏开关器件。

1. 过电流保护

因电力电子器件抗浪涌电流能力差，所以当发生短路或过载故障，器件中流过大于额定值

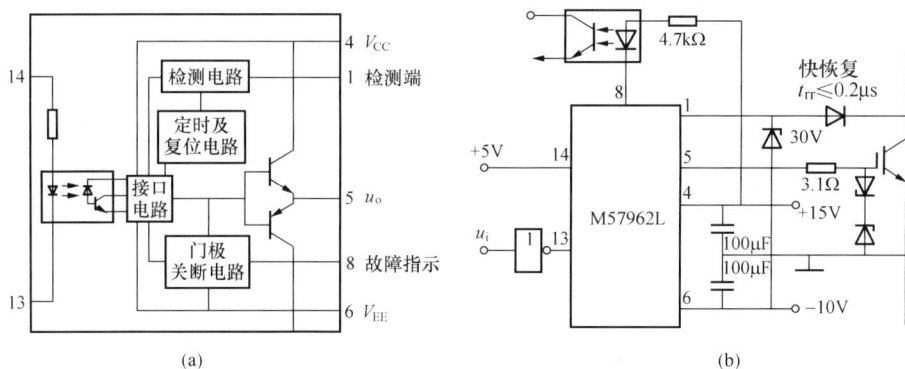

图 1-41 M57962L 型 IGBT 驱动器工作原理图和接线图

（a）工作原理图；（b）接线图

的电流时，极易使器件管芯结温迅速升高，导致器件烧坏。应用实践表明，过电流是电力电子电路中经常发生的故障和器件损坏最主要的原因之一，因此，过电流保护应当被首先考虑。

通常电力电子系统同时采用电子电路、快速熔断器、断路器和过电流继电器等几种过电流保护措施，以提高保护的可靠性和合理性。图 1-42 所示为电力电子系统中常用的过电流保护方案。由于过电流包括过载和短路两种情况，图中电子电路作为第一保护措施，快速熔断器仅作为过流保护时的部分区段的保护，当发生过流故障时，电子保护电路发出触发信号使 SCR 导通，则电路短路迫使熔断器快速熔断而切断供电电源。短路器整定在电子电路动作之后实现保护，过电流继电器整定在过载时动作。无论是快速熔断器还是断路器，其动作电流值一般远小于电子保护电路的动作电流整定值，其延迟的动作时间则应根据实际应用情况决定。

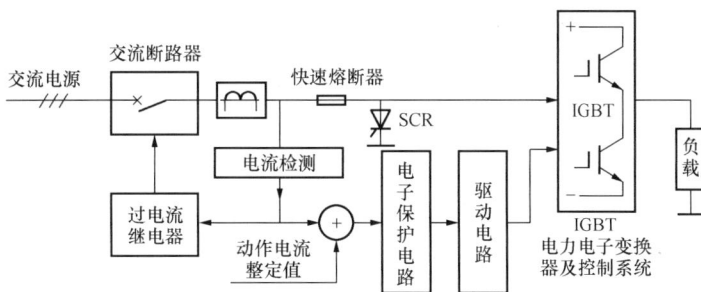

图 1-42 电力电子系统中常用的过电流保护方案

目前在许多全控型器件的集成驱动电路中能够自身检测过流状态而封锁驱动信号，实现过流保护。

2. 过电压保护

电力电子器件对电压非常敏感，一旦外加电压超过器件所允许的最大额定值，器件将立即损坏。因此，应分析过电压产生的原因，予以抑制。

电力电子装置可能的过电压有外因过电压和内因过电压两种。外因过电压主要来自雷击和系统中的操作过程（由分闸、合闸等开关操作引起）等外因。内因过电压主要来自电力电子装置内部器件的开关过程，其中包括：

（1）换相过电压。晶闸管以及与全控型器件反向并联的二极管在换相结束后不能立即恢复关断，因而有较大的反向电流流过，当恢复了关断能力时，该反向电流急剧减小，会由线路电感在器件两端感应出过电压。

（2）关断过电压。全控型器件关断时，正向电流迅速降低而由线路电感在器件两端感应出的过电压。

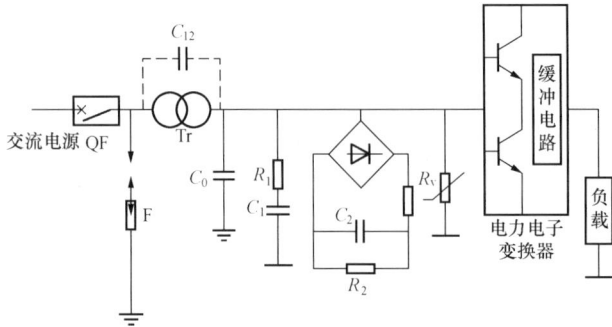

图 1-43 电力电子系统中常用的过电压保护方案

图 1-43 所示为电力电子系统中常用的过电压保护方案。图中交流电源经交流断路器 QF 送入降压变压器 Tr，当雷电过电压进入电网时，避雷器 F 将对地放电防止雷电进入变压器。C_0 为静电感应过电压抑制电容，当交流断路器合闸时，过电压经 C_{12} 耦合到 Tr 的二次侧，C_0 将静电感应过电压对地短路，保护了后面的电力电子开关器件不受操作过电压的冲击。C_1R_1 是过电压抑制环节，当变压器 Tr 的二次侧出现过电压时，过电压对 C_1 充电，由于电容上的电压不能突变，因此 C_1R_1 能抑制过电压。C_2R_2 也是过电压抑制环节，电路上出现过电压时，二极管导通对 C_2 充电，过电压消失后 C_2 对 R_2 放电，二极管不导通，放电电流不会送入电网，实现了系统的过压保护。

3. 电压电流变化率的抑制——缓冲电路

因电力电子器件工作于高频开关状态，开关过程中电压、电流变化率极大，容易造成过电压、过电流，并增加开关损耗。故缓冲电路（也称吸收电路）是器件合理使用、安全运行的重要环节。缓冲电路的作用主要是：①减小开关过程应力，即抑制 du/dt、di/dt；②改变器件的开关轨迹，使器件工作于安全工作区内，避免过电压、过电流损坏；③减小其间的开关损耗。

（1）du/dt 抑制电路即关断缓冲电路，用于吸收器件关断过电压与换相过电压，抑制 du/dt，减小关断损耗。缓冲电路可接在器件输出级，进行单独缓冲；也可接在功率回路直流母线上，进行整体缓冲。四种常用关断缓冲电路如图 1-44 所示。

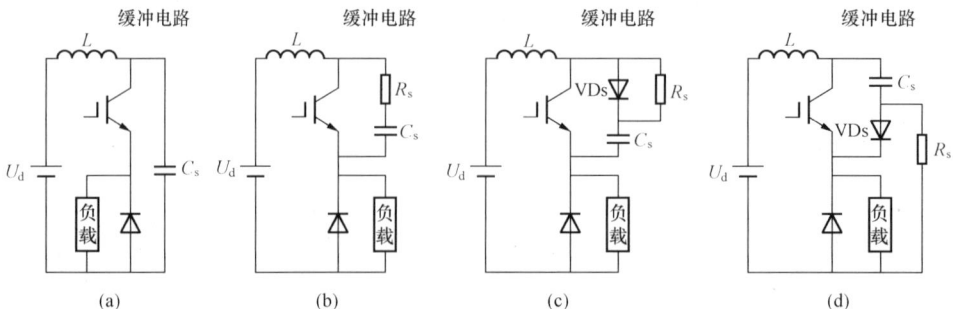

图 1-44 四种常用关断缓冲电路

（a）C 型；（b）RC 型；（c）RC-VD 充放电型；（d）RC-VD 放电阻止型

（2）$\mathrm{d}i/\mathrm{d}t$ 抑制电路即开通缓冲电路，用于抑制器件开通时电流过冲和 $\mathrm{d}i/\mathrm{d}t$，减小器件开通损耗，最常用的方法是串联电感，如图 1-45 所示。器件开通时，电感吸收能量、抑制 $\mathrm{d}i/\mathrm{d}t$；器件关断时，电感中能量通过二极管 VD 续流作用，消耗在 VD 和电感本身电阻上。如果电感储能较大，也可在续流支路串入一定电阻。L_s 的值可由器件开通前承受的电压值除以所能承受的 $\mathrm{d}i/\mathrm{d}t$ 值，再减去线路电感得到。

1.6.3 电力电子器件的散热

所有的电力电子器件在运行中会有通态功率损耗和开关功率损耗发生。这些功耗通常表现为热，必须采用散热器把这些热量从功率芯片传导到外部环境。如果所选用的散热系统设计不当，将会导致电力电子器件结温 T_j 超过

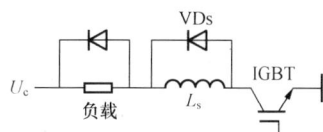

图 1-45 开通缓冲电路原理图

允许最大值 T_{JM} 而损坏。另外，合理的散热设计也可保证器件在允许的结温下工作并输出最大功率。

目前按标准生产的散热器已有多种类型、规格、冷却方式和安装方式，因此在一般情况下，只要进行与负载能力有关的热设计，并按设计要求选配相应的成品散热器即可。只有当必须采用特殊散热器时，例如当散热器与成套设备在结构上做统一考虑时，才有必要考虑散热器本身的设计问题。散热器的应用设计，直接影响电力电子设备的整体结构、经济指标和技术水平，是电力电子设备工作中的重要一环。

电力电子器件常用的冷却方式及特点见表 1-9。

表 1-9　　　　　　　　　　电力电子器件常用的冷却方式及特点

序号	冷却方式	热交换系数（散热效率）$\alpha[\mathrm{kJ}/(\mathrm{h}\cdot\mathrm{m}^2\cdot\mathrm{K})]$	特点	用途	备注
1	自然对流冷却（自冷）	25～54	结构简单，噪声小，维护方便，但单位功率的体积大	20A 以下的器件，或安装于过载度很高的装置中的中大功率器件	散热器叶片应垂直空气自然对流方向
2	强迫空气冷却（风冷）	147～218	单位功率的体积小，但噪声大，维护量较大，装置结构相对复杂	额定电流 50～500A 的器件，以及额定电流 50～800A 的 IGBT 模块	风速 2～6m/s
3	循环水冷却	837～8374	单位功率的体积很小，噪声小，但易凝露，维护量大，需水处理和循环设备，易在低温环境冻结	400V 以上的中高压设备，及大电流低电压的装置，如铝电解设备等	对水质有要求
4	流水冷却	837～8374	与循环水冷却相比，设备较简单，不需水处理和循环设备，但耐压低，冷却水耗量大	在 400V 以下的低压设备（如电镀、电解设备等）中使用	
5	循环油冷却	2930～3349	与水冷相比，不易冻结，不需水处理设备，但冷却效率比水冷差	用于电解设备	流速 2～3m/s

序号	冷却方式	热交换系数 （散热效率） $a[kJ/(h \cdot m^2 \cdot K)]$	特点	用途	备注
6	油浸自冷却 （变压器油）	$837 \sim 1256$	与循环油冷却相比，不需循环设备，但冷却效率相对较差	用于电解设备	
7	热管散热器		一种外部散热片，采用自冷或风冷的沸腾散热器，结构简单、可靠、噪声小、冷却效率高，可用于分立器件或模块	可用于各种功率等级的器件，目前国内已有输出 2000A 整流柜采用热管散热器	目前多采用水为工作媒质的重力回流式热管散热器

1.6.4 电力电子器件的串并联

对较大型的电力电子装置，当单个电力电子器件的电压或电流定额不能满足要求时，往往需要将电力电子器件（或装置）串联或并联起来工作。

1. 晶闸管的串联

当晶闸管的额定电压小于实际要求时，可以用两个以上同型号器件相串联。理想的串联希望各器件承受的电压相等，但实际上因器件特性的分散性，即使是标称定额相同的器件之间其特性也会存在差异，一般都会存在电压分配不均匀的问题。

串联的器件流过的漏电流总是相同的，但由于静态伏安特性的分散性，各器件所承受的电压是不等的。如图 1-46 (a) 所示，两个晶闸管串联，在同一漏电流 I_R 下所承受的正向电压是不同的。若外加电压继续升高，则承受电压高的器件将首先达到转折电压而导通，使另一个器件承担全部电压也导通，两个器件都失去控制作用。同理，反向时，因伏安特性不同而不均压，可能使其中一个器件先反向击穿，另一个随之击穿。这种由于器件静态特性不同而造成的均压问题称为静态不均压问题。

为达到静态均压，首先应选用参数和特性尽量一致的器件，此外可以采用电阻均压，如图 1-46 (b) 中的 R_P。R_P 的阻值应比任何一个器件关断时的正、反向电阻小得多，这样才能使每个晶闸管分担的电压决定于均压电阻的分压。

类似的，由于器件动态参数和特性的差异造成的不均压问题称为动态不均压问题。为达到动态均压，同样首先应选择动态参数和特性尽量一致的器件，另外，还可以用 RC 并联支路作动态均压，如图 1-46 (b) 所示。对于晶闸管来讲，采用门极强脉冲触发可以显著减小器件开通时间上的差异。

2. 晶闸管的并联

大功率晶闸管装置中，常用多个器件并联来承担较大的电流。同样，晶闸管并联就会分别因静态和动态特性参数的差异而存在电流分配不均匀

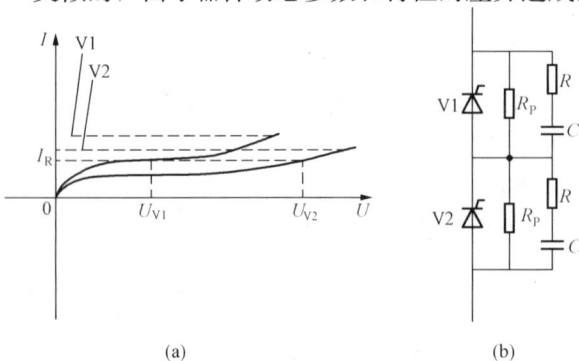

(a)　　　　　　(b)

图 1-46　晶闸管的串联
(a) 伏安特性差异；(b) 串联均压措施

的问题。均流不佳，有的器件电流不足，有的过载，有碍提高整个装置的输出，甚至造成器件和装置损坏。

均流的首要措施是挑选特性参数尽量一致的器件，此外还可以采用均流电抗器。同样，用门极强触发脉冲也有助于动态均流。

当需要同时串联和并联晶闸管时，通常采用先串后并的方法连接。

3. Power MOSFET 及 IGBT 的并联

Power MOSFET 的通态电阻 R_{ON} 具有正的温度系数，并联使用时具有一定的电流自动均衡的能力，因而并联使用比较容易。但也要注意选用通态电阻 R_{ON}、开启电压 U_T、跨导 G_{fs} 和输入电容 C_{iss} 尽量相近的器件并联；并联的 Power MOSFET 及其驱动电路的走线和布局应尽量做到对称，散热条件也要尽量一致；为了更好地动态均流，有时可以在源极电路中串入小电感，起到均流电抗器的作用。

IGBT 的通态压降一般在 1/3~1/2 额定电流以下的区段具有负的温度系数，在以上的区段则具有正的温度系数，因而 IGBT 在并联使用时也具有一定的电流自动均衡能力，与 Power MOSFET 类似，易于并联使用。当然，不同的 IGBT 产品其正、负温度系数的具体分界点不一样。实际并联使用 IGBT 时，在器件参数和特性选择、电路布局和走线、散热条件等方面也应尽量一致。不过，近年来许多厂家都宣称他们最新 IGBT 产品的特性一致性非常好，并联使用时只要是同型号的产品都不必再进行特性一致性挑选。

小 结

以硅为基础的电力电子器件和集成电路技术的发展经历如图 1-47 所示。早期的电力电子器件是双极功率晶体管、晶闸管以及 GTO 主导着电能处理。主导信息处理的 MOSFET 及其集成电路技术迅速发展和成熟后，出现了 Power MOSFET 和基于 MOS 技术的 IGBT，以及功率集成电路和功率模块。集成技术的进步将推动系统集成、绝缘层上硅（Silicon On Insulator，SOI）、集成电力电子模块 IPEM 的发展。

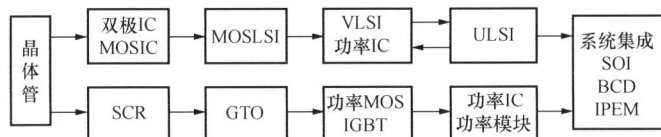

图 1-47 信息处理半导体器件和电力电子器件的发展经历

目前各类电力电子器件拥有各自特有的功率容量和工作频率区域，占有特定的主要应用领域和市场份额，如图 1-48 所示。例如，功率容量 1MW 以上主要用于 HVDC 和电力机车，它们需要耐压几千伏至几百千伏范围，导通电流高达数千安，但频率可以较低。传统上此区域是采用 SCR、GTO，不过 IGBT 模块已闯入。

本章介绍了电力电子器件的主要特征以及常用的三种分类方法；较详细地介绍了不可控器件二极管和半控型器件晶闸管的结构及工作原理、基本特性、主要参数、主要类型等；对全控型器件中的 GTO、GTR 和 Power MOSFET 作了简要介绍，目的是引出 IGBT；对 IG-BT 的结构和工作原理、静态特性和动态特性、主要参数、擎住效应问题、模块结构、在设

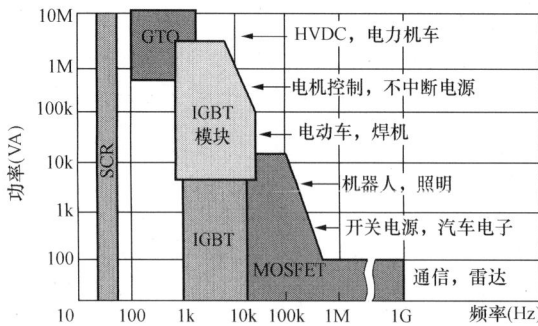

图 1-48　各类电力电子器件的功率容量、
开关频率区域以及各主要应用领域

计使用和保管中的注意事项等作了重点介绍。

本章介绍了功率晶闸管的新发展、新型大功率 IGBT 模块 IEGT，重点介绍了宽禁带半导体材料以及目前已经出现的使用碳化硅制造的电力电子器件，并介绍了功率集成电路与集成电力电子模块。

电力电子装置是由电力电子器件构成一定的电路拓扑，并受到不同的控制，以实现对电能的控制和变换，进而组成具有各种功能的电力电子系统。为了使系统稳定工作，必须解决好电力电子器件的驱动、保护、散热、串并联等问题，本章对此进行了介绍。

习　题

1-1　按受控程度，电力电子器件分为哪几类？其主要区别是什么？

1-2　电力电子器件导通时，流过它的电流大小取决于什么？电力电子器件关断时，承受的电压大小取决于什么？

1-3　电力电子器件工作时都会产生哪些损耗？

1-4　为什么电力二极管所承受的电压和电流要比信息电子电路中的二极管大得多？

1-5　晶闸管的额定电流是怎样定义的？试推导工频正弦半波电流的有效值与平均值之间的关系。

1-6　额定电流为 10A 的晶闸管能否承受长期通过 15A 的直流电流而不过热？

1-7　晶闸管承受正向阳极电压，门极开路，它会导通吗？若真的导通，是什么原因？

1-8　单相正弦交流电源电压有效值为 220V。晶闸管和负载电阻串联连接。试计算晶闸管实际承受的最大正反向电压。若考虑晶闸管的安全裕量，其额定电压应如何选取？

1-9　图 1-49 中阴影部分为晶闸管处于通态区间的电流波形，各波形的电流最大值均为 I_m，试计算各波形的电流平均值 I_d、电流有效值 I。

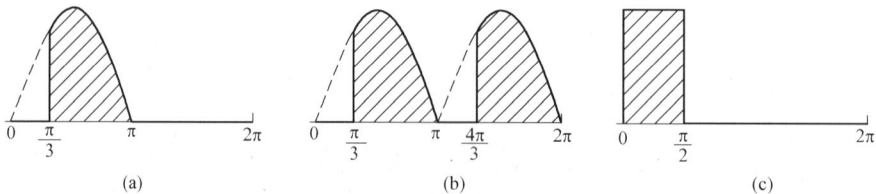

图 1-49　题 1-9 图

1-10　一个 100A 的晶闸管，分别流过图 1-49（a）～（c）所示波形的周期性电流，若不考虑安全裕量，各波形所允许的电流平均值是多少？相应的电流最大值 I_m 是多少？

1-11　如何防止 Power MOSFET 因静电感应引起的损坏？

1-12 IGBT 与 GTR、Power MOSFET 相比有哪些特点?

1-13 什么是 IGBT 的擎住效应?产生擎住效应的原因有哪些?

1-14 IGBT 门极电路设计中的注意事项有哪些? IGBT 使用中的注意事项有哪些? IGBT 保管中的注意事项有哪些?

1-15 一个理想的电力电子器件,应当具有哪些理想的静态和动态特性?

1-16 典型的宽禁带半导体材料有哪些?宽禁带半导体材料与硅材料相比优势有哪些? 本章介绍了哪些宽禁带半导体器件?

1-17 驱动电路的作用是什么?

1-18 电力电子器件为什么要进行过电压保护?为什么要进行过电流保护?

1-19 电力电子器件关断缓冲电路的作用是什么?开通缓冲电路的作用是什么?

1-20 什么情况下使用晶闸管需要串联?晶闸管串联时会出现什么问题?应采取哪些 措施?什么情况下使用晶闸管需要并联?晶闸管并联时会出现什么问题?应采取哪些措施?

1-21 为什么说 IGBT 和 Power MOSFET 易于并联使用?

第 2 章 交流—直流（AC‐DC）变换

交流—直流（AC‐DC）变换又称整流，是将交流电变换成直流电的变流过程。实现AC‐DC变换的电路称为整流电路。

2.1 整流电路概述

整流电路利用电力电子器件的单向导通特性将交流电变换为直流电。若电力电子器件采用不控型的电力二极管，则整流输出是大小固定的直流电压，称为不控整流。若电力电子器件采用半控型的晶闸管，则可通过控制门极触发脉冲施加的时刻来控制输出整流电压的大小，称为可控整流，也称为相控整流。若电力电子器件采用全控型的IGBT，通过PWM控制技术改变输出电压的大小，称为PWM斩控式整流电路。相控整流电路是所有电力电子变流电路中历史最长、技术最成熟且应用最广泛的一种。PWM斩控式整流电路是20世纪80年代发展起来的电路，是PWM控制技术在整流领域的延伸，是所有电力电子变流电路中历史最短的一种新型电路。本书主要讨论相控整流。

目前人们消耗的电能主要由交流电网提供，因此所有直流用电设备几乎都要用到整流电路，如直流电动机、电解、电镀设备、同步发电机励磁、通信系统电源等。风力发电的并网逆变器、高压直流输电、蓄电池充电器、变频器等装置中都要用到整流电路。因此，说整流电路是四种电力变换中最基本的、用量最大、用途最多的一种变流电路，在电力电子变流技术的知识体系中占据重要地位。

整流电路的分析方法主要是波形分析法，根据交流电源的电压波形、电力电子器件的通断状态和负载的性质，分析电路中各点的电压、电流波形，从而分析计算各个电量的大小及其与移相控制角的关系，确定电力电子器件的电压定额和电流定额。对于一个实际的整流电路，可通过检测电路中各点电压、电流的波形，判断电路的工作是否正常。若电路工作异常，则通过对有关波形的分析，判断导致电路工作异常的原因所在。通过本章的学习要求掌握波形分析法。

设定电网电压为正弦电压。相控整流电路在将交流电变换为直流电的同时，使交流侧电流的波形不同于电网电压的波形，产生了畸变，畸变的电流中含有大量谐波。谐波是所有电力电子电路都伴有的现象，在本章中先对相控整流电路的谐波情况进行分析。

2.2 单相可控整流电路

根据原电力工业部发布的《供电营业规则》，当用电设备的容量小于10kW时，采用单相供电，相应地整流电路为单相。典型的单相可控整流电路有单相半波可控整流电路、单相桥式全控整流电路、单相桥式半控整流电路、单相全波可控整流电路等。其中，单相半波可控整流电路结构最简单，本节先以该电路为载体，介绍整流电路的分析方法，研究电阻性负载、电感性负载时整流电路的工作特性，引入移相控制角、导通角等概念。在此基础上讨论其他几种单相可控整流电路。

2.2.1　单相半波可控整流电路

1. 电阻性负载

在工业用电设备中，很多用电设备都呈现为电阻特性，如电阻炉，电解、电镀装置等。电阻性负载的特点是其电流与电压成比例，二者波形相同。

单相半波可控整流带有电阻性负载的电路如图 2‑1（a）所示。图中 T 为整流变压器，起电压变换和隔离的作用，其一次侧电压为 u_1，当交流电源为电网时，u_1 即为 220V 工频交流电，$u_1 = 220\sqrt{2}\sin314t\,V$。整流变压器二次侧电压为 u_2，其波形如图 2‑1（b）所示，$u_2 = \sqrt{2}U_2\sin\omega t$，其角频率 ω 与一次电压 u_1 的相同，为 314rad/s，其有效值 U_2 的大小根据直流侧输出电压的需要确定。整流电路各个电量的大小几乎都与 U_2 有关。晶闸管 V 的工作原理如 1.3 节所述，根据图2‑1（a），在 u_2 的正半周，V 承受正向阳极电压，可以受触发导通。故 V 的门极触发脉冲 u_g 在 u_2 的正半周施加，如图 2‑1（c）所示。

在分析整流电路工作时，将晶闸管视为理想器件，即晶闸管导通时其管压降为零，晶闸管关断时漏电流为零，且晶闸管的导通与关断过程瞬间完成。

据此，图 2‑1（a）所示电路中的晶闸管 V，其管压降 u_V 为

图 2‑1　单相半波可控整流
电路及工作波形

$$u_V = \begin{cases} 0, & V\ \text{导通} \\ u_2, & V\ \text{关断} \end{cases} \qquad (2\text{-}1)$$

这是由于 V 关断时其漏电流为零，故负载电压即整流输出电压 u_d 也为零，由此得到整流输出电压 u_d 的表达式为

$$u_d = \begin{cases} u_2, & V\ \text{导通} \\ 0, & V\ \text{关断} \end{cases} \qquad (2\text{-}2)$$

在 V 关断时，u_2 的正半周，在图 2‑1（b）所示的 ωt_1 时刻有触发脉冲 u_g 施加在晶闸管 V 的门极和阴极之间，V 具备导通的条件而导通，整流输出电压 $u_d = u_2$。由于负载为电阻性，故整流输出电流

$$i_d = \frac{u_d}{R} \qquad (2\text{-}3)$$

i_d 波形与 u_d 相同。

在 $\omega t = \pi$ 时刻，u_2 降至零，则 $u_d = 0$，$i_d = 0$，晶闸管 V 因阳极电流降至维持电流以下而关

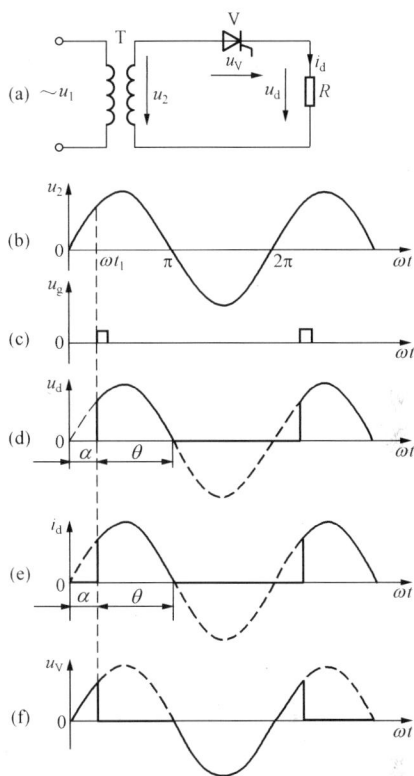

断。整流输出电压 u_d、输出电流 i_d、晶闸管两端电压 u_V 的波形如图 2 - 1（d）～（f）所示。

由图 2 - 1（d）可知，整流输出电压 u_d 为极性不变但瞬时值变化的脉动直流，其波形只在 u_2 的正半周出现，故称为"半波整流"。由于 u_d 在一个电源周期中只脉动一次，该电路又称为单脉波整流电路。

从晶闸管开始承受正向阳极电压起，到施加触发脉冲止的电角度称为触发延迟角，用 α 表示，也称触发角或控制角。晶闸管在一个电源周期中处于通态的电角度称为导通角，用 θ 表示，单相半波可控整流电路带有电阻性负载时，$\theta = \pi - \alpha$。

由图 2 - 1（d）可知，直流输出电压平均值为

$$U_d = \frac{1}{2\pi}\int_0^{2\pi} u_d \, d(\omega t) = \frac{1}{2\pi}\int_\alpha^\pi \sqrt{2}U_2 \sin\omega t \, d(\omega t) = \frac{\sqrt{2}U_2}{2\pi}(1 + \cos\alpha) = 0.45 U_2 \frac{1 + \cos\alpha}{2}$$

$$(2 - 4)$$

$\alpha = 0$ 时，整流输出电压平均值为最大，用 U_{do} 表示，$U_d = U_{do} = 0.45 U_2$。随着 α 增大，U_d 减小，当 $\alpha = \pi$ 时，$U_d = 0$，可见，调节 α 角即可控制 U_d 的大小。该电路中 V 的 α 调节范围（又称移相范围）为 $0° \sim 180°$。这种通过控制触发脉冲的相位来控制直流输出电压大小的方式称为相位控制方式，简称相控方式。

2. 阻感性负载

一些工业用电设备，既有电阻的特性，也有电感的特性，如各种电动机，其励磁绕组就兼有电阻和电感的特性，这种负载称为阻感性负载。

单相半波可控整流电路带有阻感性负载的电路如图 2 - 2（a）所示。

根据电路分析原理，图 2 - 2（a）所示电路整流输出电压和电流的关系为

$$u_d = L\frac{di_d}{dt} + i_d R \qquad (2 - 5)$$

式中：$L\dfrac{di_d}{dt}$ 是电感两端的电压，方向与 i_d 相同。

由式（2 - 5）可知，阻感性负载的电压与电流不是比例关系，故 i_d 与 u_d 的波形不会相同。

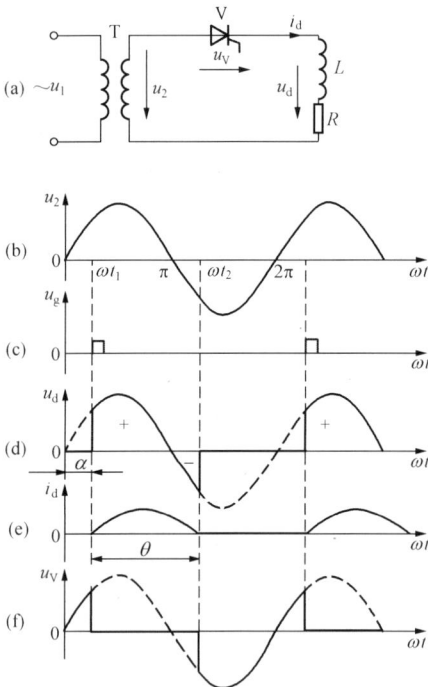

图 2 - 2　带阻感性负载的单相半波
可控整流电路及其波形

电感是储能元件，其存储有磁场能量，大小为 $\dfrac{1}{2}Li_d^2$，i_d 是流过电感的电流大小。由于电路的功率有限，故能量不能跃变，即电感中电流 i_d 不能跃变。

电感具有阻碍电流变化的作用，当电感中电流增加时，电感两端电压的极性如图 2 - 3（a）所示；当电感中电流减小时，电感两端电压的极性如图 2 - 3（b）所示。

图 2 - 2（a）所示带阻感性负载的单相半波可控整流电路，其晶闸管两端电压 u_V、整流输出电压 u_d 的表达式

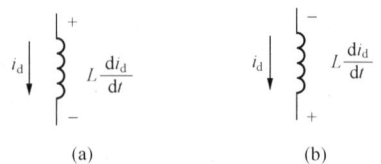

图 2 - 3　电流变化时电感
两端电压的极性
（a）i_d 增加；（b）i_d 减小

与带电阻性负载时完全相同，如式（2‑1）、式（2‑2）所示。晶闸管的开通规律也与带电阻性负载时相同。与带电阻性负载电路的不同之处在于，整流输出电流的波形不同，如图2‑2（e）所示，在晶闸管开始导通时，负载电流从零逐渐增加，电感储存能量，交流电源提供电感储能及电阻消耗的能量，能量由整流电路的交流测向直流侧传递，如图2‑4（a）所示。当 $\omega t = \pi$ 时，$u_d = u_2 = 0$，但 $i_d \neq 0$，且由于 i_d 不能跃变，i_d 不会降到零，故晶闸管 V 继续导通，使得整流输出电压出现负值，如图2‑2（d）所示。

图 2‑4　整流电路的阻感性负载向交流电源反馈能量

(a) $u_d > 0$，$i_d > 0$；(b) $u_d < 0$，$i_d > 0$

在 $\omega t > \pi$、$u_2 < 0$ 这段时间内，能量由整流电路的直流侧向交流侧传递，如图2‑4（b）所示。电感将所储存的磁场能量释放，提供给交流电源及负载电阻，负载电流减小，电感两端电压如图2‑5所示，晶闸管两端电压、负载电阻电压、交流电压 u_2 都由电感电压提供与平衡，即

$$L \frac{\mathrm{d}i_d}{\mathrm{d}t} = i_d R + u_V - u_2 \qquad (2\text{-}6)$$

当负载电流 i_d 减小至零时，晶闸管 V 关断。

由图2‑2（e）可知，单相半波可控整流电路带阻感性负载时，晶闸管的导通角 $\theta > \pi - \alpha$。下面介绍导通角 θ 的定量计算方法。

在晶闸管 V 导通期间，忽略 V 的导通压降，并设电感电压的参考方向与整流输出电流的参考方向相同，则

$$\sqrt{2}U_2 \sin\omega t = L \frac{\mathrm{d}i_d}{\mathrm{d}t} + i_d R \qquad (2\text{-}7)$$

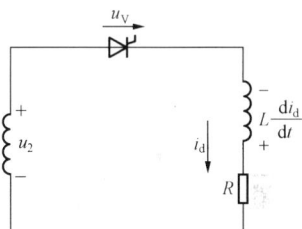

图 2‑5　负载电流 i_d 减小时电感电压实际极性

式（2‑7）所示一阶线性微分方程的初始条件为：$\omega t = \alpha$ 时，$i_d = 0$。由此解得

$$i_d = -\frac{\sqrt{2}U_2}{Z} \sin(\alpha - \varphi) \mathrm{e}^{\frac{R}{\omega L}(\omega t - \alpha)} + \frac{\sqrt{2}U_2}{Z} \sin(\omega t - \varphi) \qquad (2\text{-}8)$$

式（2‑8）中 $Z = \sqrt{R^2 + (\omega L)^2}$，$\varphi = \arctan \dfrac{\omega L}{R}$。式（2‑8）即图2‑2（e）所示整流输出电流 i_d 的数学表达式。

当 $\omega t = \alpha + \theta$ 时，$i_d = 0$，代入式（2‑8）并整理得

$$\sin(\alpha - \varphi)\mathrm{e}^{-\frac{\theta}{\tan\varphi}} = \sin(\theta + \alpha - \varphi) \qquad (2\text{-}9)$$

当 α、φ 已知时，可由式（2‑9）求出 θ。式（2‑9）是一超越方程，可采用迭代法借助计算机求解。

导通角 θ 的变化规律为：

（1）负载阻抗角 φ 一定时，控制角 α 越大，导通角 θ 越小。这一方面是由于 θ 与 α 成反

比；另一方面晶闸管导通时间晚使电感在 u_2 正半周储能少，则在 u_2 负半周很快将能量放光。反之，控制角 α 越小，导通角 θ 越大。

（2）控制角 α 一定时，负载阻抗角 φ 越大，导通角 θ 越大，这是由于电感 L 相对较大，储能多，且放电慢，在 u_2 负半周放出能量的时间较长。反之，φ 越小，导通角 θ 越小。

电感性负载使整流输出 u_d 出现负值，平均电压降低、平均电流也降低。为解决这一问题，在整流电路的负载两端并联一个二极管，称为续流二极管，用 VDR 表示，如图 2-6（a）所示。图 2-6（b）～（g）为该电路的典型工作波形。

与没有续流二极管的情况相比，在 u_2 正半周时两者工作情况是一样的。当 u_2 过零变负时，VDR 导通，忽略 VDR 的导通压降，u_d 为零。此时为负值的 u_2 通过 VDR 向 V 施加反压使其关断，电感 L 储存的能量保证了电流 i_d 在 $L—R—VDR$ 回路中流通，此过程通常称为续流。u_d 波形如图 2-6（c）所示，由于续流二极管的作用，u_d 中不再出现负的部分，这与电阻负载时基本相同。但与电阻负载相比，i_d 的波形是不一样的。若 L 足够大，$\omega L \gg R$，即负载为电感负载，在 V 关断期间，VDR 可持续导通，使 i_d 连续，且 i_d 波形接近一条水平线，如图 2-6（d）所示。在一周期内，$\omega t = \alpha \sim \pi$ 期间，V 导通，其导通角为 $\pi - \alpha$，i_d 流过 V，晶闸管电流 i_V 的波形如图 2-6（e）所示，其余时间 i_d 流过 VDR，续流二极管电流 i_{VDR} 波形如图 2-6（f）所示，VDR 的导通角为 $\pi + \alpha$。

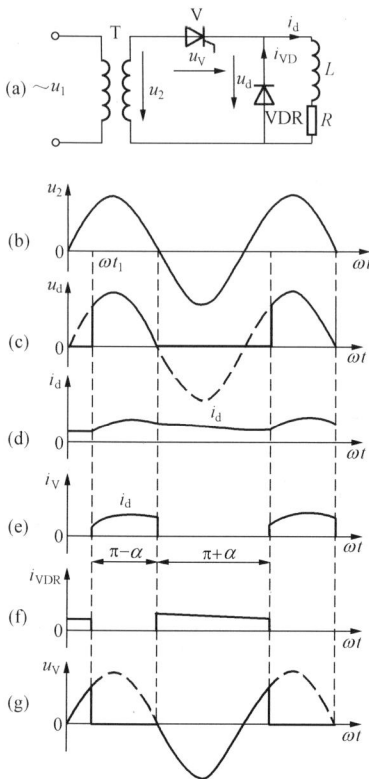

图 2-6　单相半波带阻感性负载
有续流二极管的电路及波形

单相半波可控整流电路的特点是简单，但输出脉动大，变压器二次电流中含有直流分量，造成变压器铁芯直流磁化。为使变压器铁芯不饱和，需增大铁心截面积，从而增大了设备的容量。实际上很少应用此种电路。分析该电路的主要目的在于利用其简单的特点，建立起整流电路的基本概念。

2.2.2　单相桥式全控整流电路

1. 电阻性负载

单相桥式全控整流电路带电阻性负载的电路如图 2-7（a）所示，其 H 型等效电路如图 2-7（b）所示。

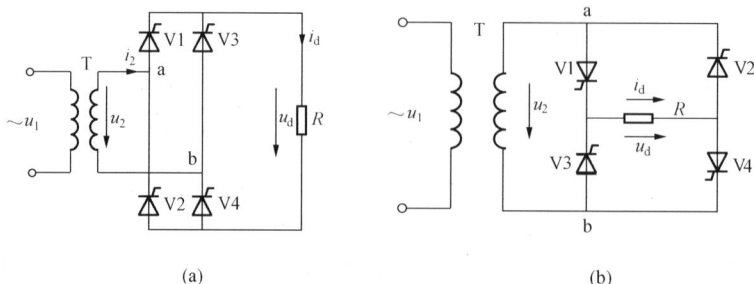

(a)　　　　　　　　　　　　　(b)

图 2-7　单相桥式全控整流电路带电阻性负载

（a）单相桥式全控整流电路；（b）H 型等效电路

由图 2 - 7（b）可见，在 u_2 正半周，V1 与 V4 承受正向阳极电压，可受触发导通；在 u_2 负半周，V2 与 V3 承受正向阳极电压，可受触发导通。因此，单相桥式全控整流电路的控制规律为：在 u_2 正半周，产生触发脉冲给 V1 与 V4，在 u_2 负半周，产生触发脉冲给 V2 与 V3，两组触发脉冲相位相差 $180°$。图 2 - 9（b）、（c）显示了这种控制规律下 4 个晶闸管触发脉冲的时序。

因此，单相桥式全控整流电路的工作规律为：整流桥 4 个晶闸管分为两组，V1 与 V4 一组，V2 与 V3 一组，分别在 u_2 的正、负半周导通。其等效电路如图 2 - 8 所示。

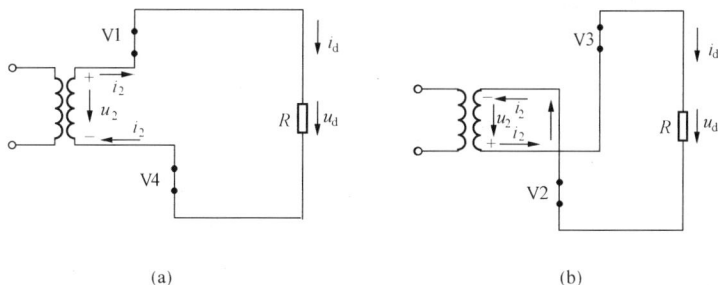

图 2 - 8　晶闸管分别在 u_2 的正、负半周导通时的等效电路

(a) $u_2 > 0$ 时，V1、V4 导通，V2、V3 关断；

(b) $u_2 < 0$ 时，V2、V3 导通，V1、V4 关断

由图 2 - 8 可见，在 u_2 正半周，$u_2 > 0$，$u_d = u_2$；在 u_2 负半周，$u_2 < 0$，$u_d = -u_2$。整流电路的交流侧，u_2 与 i_2 正负交替，而在整流电路的直流侧，电流 i_d 是单方向的。通过整流桥两组开关的交替工作，将正负交替的交流电整流成单方向的直流电。

由于是电阻性负载，电压与电流成比例，当 u_2 变化到零时，$u_d = 0$，$i_d = 0$，晶闸管关断。晶闸管的导通角与单相半波可控整流电路带电阻性负载时相同，$\theta = \pi - \alpha$；控制角 α 的移相范围也与单相半波可控整流电路带电阻性负载时相同，即 $0° \sim 180°$。

根据图 2 - 7（b）及理想开关的特性，晶闸管两端的电压为（以 V1 为例）

$$u_{V1} = \begin{cases} 0, & \text{V1 导通} \\ u_2, & \text{V2 和 V3 导通} \\ \dfrac{u_2}{2}, & \text{所有晶闸管都不导通} \end{cases} \quad (2 - 10)$$

晶闸管 V1 两端电压波形如图 2 - 9（d）所示。整流变压器二次电流 i_2 的波形如图 2 - 9（e）所示。

2. 阻感性负载

单相桥式全控整流电路带阻感性负载的电路如图 2 - 10 所示。

单相桥式全控整流电路带阻感性负载时的工作规律与前述带电阻性负载时相同：整流桥 4 个晶闸管分为两组，V1 与 V4 一组，V2 与 V3 一组，分别在 u_2 的正、负半周受触发导通。等效电路也如图 2 - 8

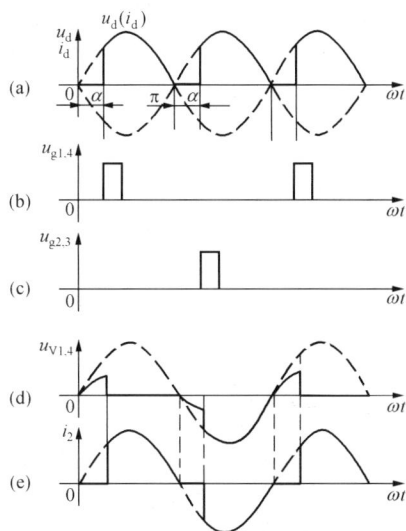

图 2 - 9　单相桥式全控整流电路带电阻负载时的波形

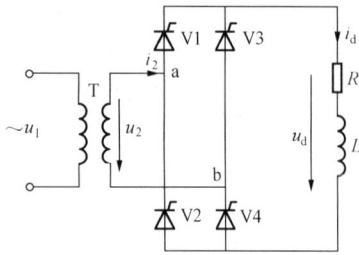

图 2-10　单相桥式全控整流
电路带阻感性负载

所示。

与带电阻性负载的不同之处，如 2.2.1 节所述，由于电感的存在，使整流输出电流 i_d 不能跃变，且 i_d 不与整流输出电压 u_d 成比例。因此，当电网电压 u_2 过零时，$u_d = u_2 = 0$，但 $i_d \neq 0$，晶闸管电流 $\neq 0$，使得原先导通的晶闸管继续导通，整流输出电压出现负值，晶闸管的导通角 $\theta > \pi - \alpha$。

如 2.2.1 节所述，θ 的大小与控制角 α 和负载阻抗角 φ 有关。图 2-11 所示为单相桥式全控整流电路带阻感性负载时的仿真测试结果，其中图 2-11（a）是电源正弦电压 u_2，图 2-11（b）、（c）是两种负载参数下的整流输出电压 u_d。图 2-11（b）对应的负载电阻为 10Ω、电感为 10mH；图 2-11（c）对应的负载电阻为 10Ω、电感为 100mH。控制角都是 45°。图 2-11（b）对应的负载电感相对较小，使得导通角 $\pi - \alpha < \theta < \pi$；而图 2-11（c）对应的负载电感相对较大，使得导通角 $\theta = \pi$。

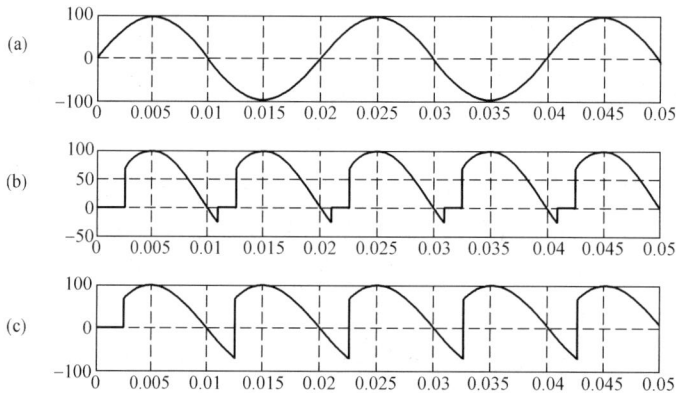

图 2-11　θ 的大小与控制角 α、负载阻抗角 φ 的关系

实际上，根据式（2-9），在单相半波可控整流电路的情况下，当负载电感相对较大时导通角 $\theta > \pi$。单相桥式全控整流电路的控制规律使得每组晶闸管只能导通 180°。

假设 V1、V4 在 u_2 的正半周受触发导通，其等效电路如图 2-12 所示。$\alpha > 0°$，电感 L 相对较大而使 $\theta > \pi$，即在 u_2 的负半周 V1、V4 依然导通，而在 V1、V4 受触发导通 180°时，V2、V3 接收到了触发脉冲。由于此时 V2、V3 承受的阳极电压 $u_{V2} = u_{V3} = -u_2 > 0$，故 V2、V3 受触发导通。V2、V3 导通后，V1、V4 承受的阳极电压 $u_{V1} = u_{V4} = u_2 < 0$，V1、V4 被迫关断，整流输出电流 i_d 从原先导通的 V1、V4 转移到后来导通的 V2、V3 中，这一过程称为换流或换相。V2、V3 导通后，整流输出电压 $u_d = -u_2$。同样在 V2、V3 受触发导通 180°时，V1、V4 接收到了触发脉冲而受触发导通。各个电量的波形如图 2-13 所示。假设电感 L 无穷大，使得整流输出电流 i_d 基本不脉动。

采用晶闸管的相控整流电路，借助于电网电压使原先导通的晶闸管关断从而实现换相，这种换相方式称为电网换相。

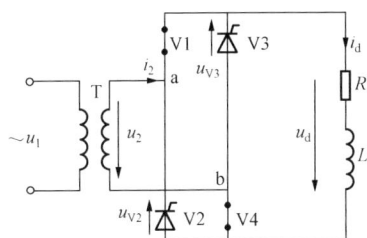

图 2 - 12 V1、V4 导通，
V2、V3 关断时的等效电路

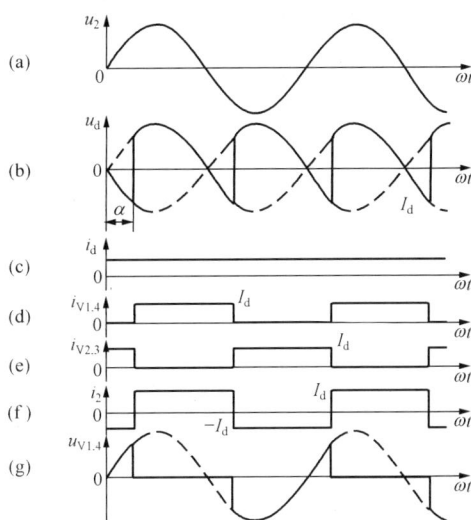

图 2 - 13 单相桥式全控整流电路
带阻感性负载时的波形

3. 数值计算

（1）整流输出电压平均值。根据图 2 - 9（a），单相桥式全控整流电路带电阻性负载时，整流输出电压平均值为

$$U_d = \frac{1}{\pi} \int_\alpha^\pi \sqrt{2} U_2 \sin\omega t \, d(\omega t) = 0.9 U_2 \frac{1+\cos\alpha}{2} \qquad (2 - 11)$$

根据图 2 - 13（a），单相桥式全控整流电路带阻感性负载，输出连续的情况下，整流输出电压平均值为

$$U_d = \frac{1}{\pi} \int_\alpha^{\pi+\alpha} \sqrt{2} U_2 \sin\omega t \, d(\omega t) = 0.9 U_2 \cos\alpha \qquad (2 - 12)$$

由于整流输出电压 $U_d \geqslant 0$，故单相桥式全控整流电路带阻感性负载时，控制角 α 的取值范围即晶闸管触发脉冲的移相范围是 0°～90°。

（2）整流输出电流平均值。无论是电阻性负载还是阻感性负载，整流输出电流平均值皆为

$$I_d = \frac{U_d}{R} \qquad (2 - 13)$$

（3）晶闸管电流平均值。整流输出电流由两组晶闸管交替提供，每个晶闸管电流平均值为

$$I_{dV} = \frac{1}{2} I_d \qquad (2 - 14)$$

（4）晶闸管电流有效值。设整流输出电流的有效值为 I，则晶闸管电流有效值为

$$I_V = \frac{1}{\sqrt{2}} I \qquad (2 - 15)$$

（5）晶闸管承受的最高阳极电压。根据图 2 - 9（d），单相桥式全控整流电路带电阻性负载时，晶闸管承受的最高正向阳极电压和最高反向阳极电压分别为 $\frac{\sqrt{2}U_2}{2}$、$\sqrt{2}U_2$；根据图

2-13（g），带阻感性负载时，晶闸管承受的最高正向阳极电压和最高反向阳极电压皆为$\sqrt{2}U_2$。

4. 反电动势负载

单相桥式全控整流电路带反电动势负载的电路如图 2-14（a）所示。被充电的蓄电池、正在运行的直流电动机的电枢（电枢旋转时产生感应电动势）可视为反电动势负载。"反电动势"的得名是由于电动势的方向与整流输出电流的方向相反。

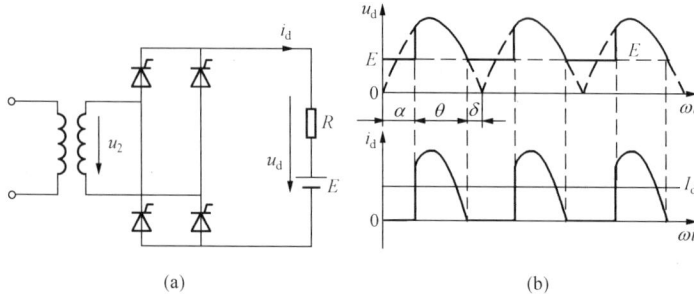

图 2-14　单相桥式全控整流电路带反电动势负载的电路与波形
（a）电路；（b）波形

假设主电路中无电感，电阻 R 是主电路的等效电阻。参照图 2-8 所示等效电路，只有当 $|u_2|>E$ 时，才有晶闸管承受正向阳极电压，才可以受触发导通。无晶闸管导通时整流输出电压 $u_d=E$，有晶闸管导通时 $u_d=u_2$ 或 $u_d=-u_2$，可表示为

$$u_d = \begin{cases} E,\text{无晶闸管导通} \\ u_2,\text{有晶闸管导通 } u_2>0 \\ -u_2,\text{有晶闸管导通 } u_2<0 \end{cases} \qquad (2\text{-}16)$$

u_d 的波形如图 2-14（b）所示。有晶闸管导通时整流输出电流 $i_d = \dfrac{u_d-E}{R}$，当 u_d 降到 E 时，$i_d=0$，晶闸管关断。i_d 波形如图 2-14（b）所示。与电阻性负载相比，晶闸管提前了 δ 角度关断，δ 称为提前关断角。

$$\delta = \arcsin\frac{E}{\sqrt{2}U_2} \qquad (2\text{-}17)$$

单相桥式全控整流电路带反电动势负载，主电路中无电感时存在下述问题：

（1）控制角 $\alpha<\delta$ 的情况下，触发脉冲到来时晶闸管承受反向电压不能导通。为使晶闸管能可靠导通，要求触发脉冲有足够的宽度，保证在 $\omega t=\delta$ 时刻有晶闸管承受正向电压时，触发脉冲仍存在。因此，要求最小控制角为 δ，即要求 $\alpha\geqslant\delta$。

（2）电流 i_d 断续，对于直流电动机负载，将使其机械特性很软。由于导通角 θ 小，当要求一定的平均电流时，电流峰值大，因而电流有效值比平均值大很多。较大的电流峰值使直流电动机换向时易产生电火花；较大的电流有效值要求晶闸管的电流定额大、整流变压器的容量大。

为解决这一问题，通常给反电动势负载串联一个平波电抗器（见图 2-15），只要电感足够大就可使电流连续。电流 i_d 连续的情况下，整流输出电压 u_d、输出电流 i_d 的波形与电感负载电流连续时的波形相同，整流输出电压平均值 U_d 的计算公式也相同，整流输出电流平均值的

计算式为

$$I_d = \frac{U_d - E}{R} \qquad (2-18)$$

针对直流电动机在低速轻载运行时电流 i_d 连续的临界情况，所需电感量为

$$L = \frac{2\sqrt{2}U_2}{\pi\omega I_{dmin}} \qquad (2-19)$$

式中：I_{dmin} 为电流临界连续时的平均值，A；L 为主电路总电感量，H。

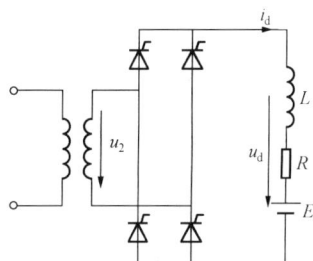

图 2-15　单相桥式全控整流电路带反电动势阻感负载

2.3　三相可控整流电路

大容量变流装置采用三相整流电路，小容量变流装置要求直流输出电压脉动小、易滤波时，也采用三相整流电路。应用最广泛的三相可控整流电路是三相桥式全控整流电路，诸如高压直流输电系统中的换流阀、直流可逆拖动系统中的变流器、大容量变流、电动机变频调速装置中的变流器，等等，其基本整流电路都采用三相桥式可控整流电路。三相桥式可控整流电路的组成基础是三相半波可控整流电路，它是由两个三相半波可控整流电路串联组成的。三相半波可控整流电路是三相可控整流电路的重要基础。

2.3.1　三相半波可控整流电路

1. 电阻性负载

三相半波可控整流电路带电阻性负载时的电路如图 2-16（a）所示。整流变压器的一次侧接成三角形，以防止整流电路产生的零序（$3k$ 次，$k=1,2,3,\cdots$）谐波电流注入电网；其二次侧接成星形，以得到中性线。三个晶闸管分别接入 a、b、c 三相电源，它们的阴极连接在一起，称为共阴极接法。

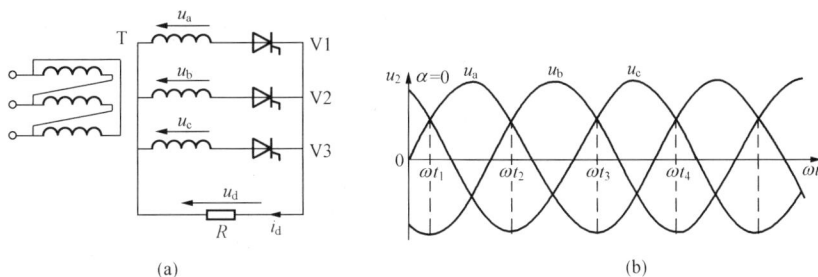

(a)　　　　　　　　　　　　(b)

图 2-16　共阴极接法三相半波可控整流电路带电阻性负载
（a）主电路；（b）三相二次电压

整流变压器的二次电压为三相对称电压

$$\begin{cases} u_a = \sqrt{2}U_2\sin\omega t \\ u_b = \sqrt{2}U_2\sin(\omega t - 120°) \\ u_c = \sqrt{2}U_2\sin(\omega t + 120°) \end{cases} \qquad (2-20)$$

如图 2-16（b）所示。由于三相半波可控整流电路的对称性以及三相交流电压的对称性，决

定了三相半波可控整流电路工作的对称性。其对称性表现为：在每个交流电源周期中，a、b、c 三相整流晶闸管依次交替工作，各工作 1/3 周期。

下面介绍每个晶闸管各在电源周期的哪 1/3 时间工作，整流输出电压 u_d 如何。

依然将晶闸管视为理想开关，由图 2-16（a）可知，当所有晶闸管都不导通时，整流输出电压 $u_d = 0$，晶闸管的电压 u_V 即为其所在相的相电压 u_1，即

$$u_V = u_1 \tag{2-21}$$

当有一个晶闸管导通时，由图 2-17 所示等效电路可知，所研究晶闸管两端的电压 u_V 为其所在相的相电压 u_1 与导通相的相电压 u_2 之差，即

$$u_V = u_1 - u_2 \tag{2-22}$$

整流输出电压为导通相的相电压

$$u_d = u_2 \tag{2-23}$$

为讨论问题方便，定义三相相电压的交点为自然换相点，图 2-16（b）中的 ωt_1、ωt_2、ωt_3 等处，即为共阴极三相半波可控整流电路的自然换相点。之所以称为"自然换相点"，是因为当整流开关选用不可控器件二极管时，在每两相相电压的交点处会发生导通相的滞后相二极管两端电压极性的变化，从而发生二极管的自然换相。

观察图 2-16（b），自然换相点 ωt_1 后，a 相电压最高，在有其他晶闸管导通的情况下，a 相晶闸管 V1 开始承受正向阳极电压，可以受触发导通；而 ωt_2 后，b 相电压最高，V2 可以受触发导通；ωt_3 后，c 相电压最高，V3 可以受触发导通。也就是，自然换相点是各相晶闸管能受触发导通的最早时刻，因此将自然换相点作为计算各晶闸管控制角 α 的起点，即 $\alpha = 0°$。且每相晶闸管在自然换相点后受触发导通开始工作 1/3 周期。

在 $\alpha = 0°$ 的条件下讨论晶闸管的换相过程。三相半波整流电路有一个晶闸管导通时的等效电路如图 2-17 所示。

设原来 V3 导通，等效电路如图 2-18 所示，输出电压 $u_d = u_c$。根据式（2-22），晶闸管 V1 两端电压为

$$u_{V1} = u_a - u_c \tag{2-24}$$

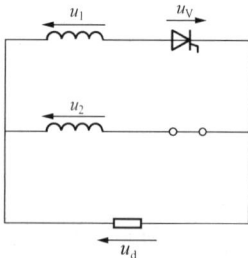

图 2-17 三相半波整流电路有一个晶闸管导通时的等效电路

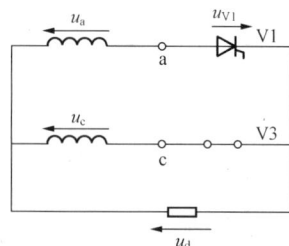

图 2-18 三相半波整流电路晶闸管 V3 导通时的等效电路

自然换相点 ωt_1 后，u_{V1} 开始大于零，在 ωt_1 时刻经 V1 门极施加触发脉冲 u_{g1}，V1 导通。V1 导通后，V3 两端电压

$$u_{V3} = u_c - u_a < 0 \tag{2-25}$$

V3 承受反向电压，根据 2.2 节的假设（晶闸管的导通和关断都在瞬间完成），V3 立即关断，负载电流由原先导通的 V3 转移到后导通的 V1，完成换相。整流输出电压变为 $u_d = u_a$。

从 V1 到 V2 的换相，以及从 V2 到 V3 的换相，原理与上述 V3 到 V1 的换相相同。

三相半波可控整流电路带电阻性负载，控制角 $\alpha=0°$ 时有关的工作波形如图 2-19 所示。当控制角增加，触发脉冲沿时间坐标轴右移时，换相时刻跟着右移，工作规律不变。

综上所述，三相半波可控整流电路的工作规律为：

（1）在每个电源周期中每相晶闸管工作 1/3 周期。

（2）每相晶闸管在自然换相点后受触发导通，自然换相点是控制角的起点。三相触发脉冲彼此间隔 120°。

（3）整流输出电压为导通相相电压，即由三相相电压组成。

（4）晶闸管两端的电压为其所在相的相电压与导通相的相电压之差，即此两相间的线电压。

【例 2-1】　三相半波可控整流电路带电阻性负载的电路如图 2-19 所示。请画出控制角 $\alpha=30°$ 时输出电压 u_d、输出电流 i_d、晶闸管 V1 两端电压 u_{V1} 及 V1 中电流 i_{V1} 的波形。

解　三相半波可控整流电路交流侧的三相对称电压如图 2-20（a）所示。由控制及驱动电路给出的触发信号如图 2-20（b）~（d）所示，三个晶闸管的触发脉冲 u_{g1}、u_{g2}、u_{g3} 依次间隔 120°，在自然换相点后 30° 出现。按照三相半波可控整流电路的工作规律，整流输出电压 u_d 的波形如图 2-20（e）所示。因为是电阻性负载，有 $i_d=\dfrac{u_d}{R}$，故 i_d 波形与 u_d 波形一致，如图 2-20（f）所示。V1 仅在其导通的 1/3 周期内有电流通过，其他时间电流为零，故电流 i_{V1} 波形如图 2-20（g）所示，根据式（2-22），晶闸管 V1 两端电压为

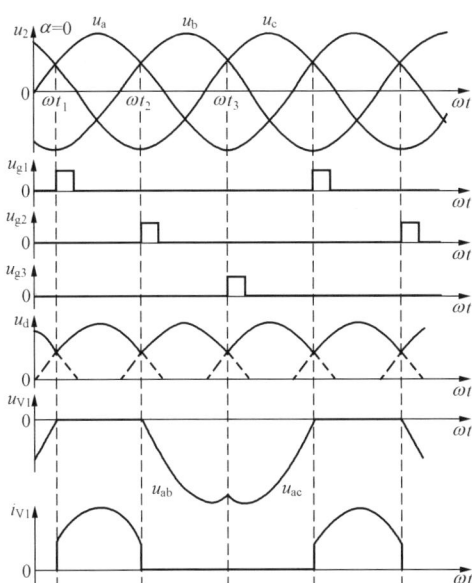

图 2-19　三相半波可控整流电路
带电阻性负载，$\alpha=0°$ 时的工作波形

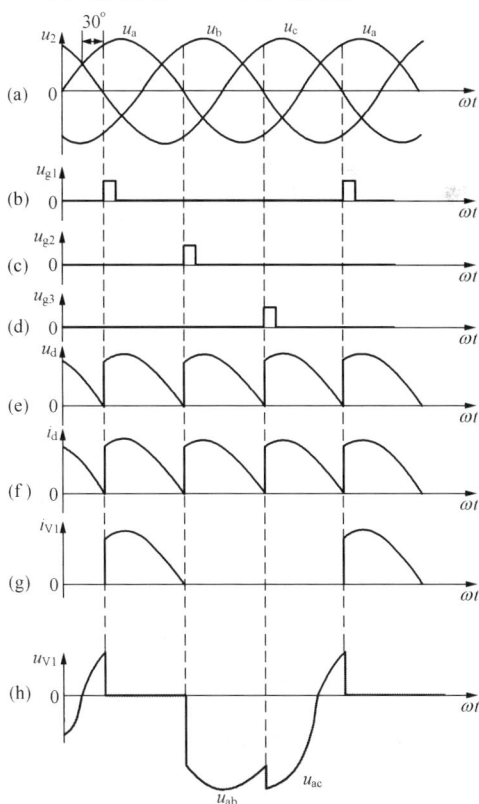

图 2-20　三相半波可控整流电路带
电阻负载，$\alpha=30°$ 时的工作波形

$$u_{V1} = \begin{cases} 0, & V1\ 导通 \\ u_a - u_b = u_{ab}, & V2\ 导通 \\ u_a - u_c = u_{ac}, & V3\ 导通 \end{cases}$$

如图 2-20（h）所示。

由图 2-20（f）可见，i_d 出现了零值。

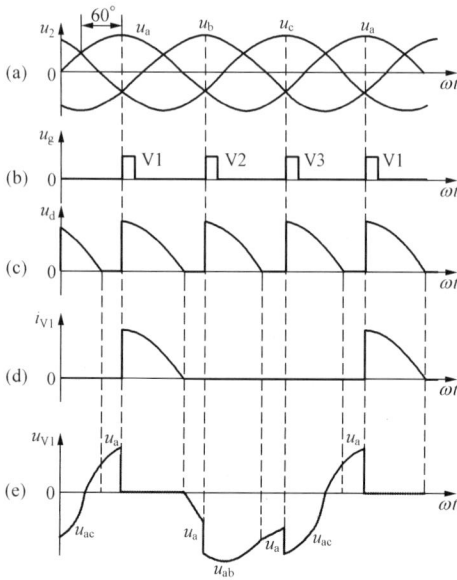

图 2-21 三相半波可控整流电路带
电阻负载，$\alpha = 60°$时的工作波形

当 $\alpha > 30°$，如 $\alpha = 60°$时，［例 2-1］所述各电量的波形如图 2-21 所示，当导通相的相电压由正变负过零时，由于 $i_d = \dfrac{u_d}{R} = 0$，导通的晶闸管关断，整流输出电流为零，直到下一个晶闸管的触发脉冲出现为止。由 i_d 波形（与 u_d 波形一致）可见输出电流断续。$\alpha = 30°$是 i_d 连续与断续的临界点。

由式（2-21）可知，当所有晶闸管都不导通时，晶闸管两端电压为其所在相的相电压，故图 2-21（e）中 u_{V1} 的波形出现了第 4 个取值：$u_{V1} = u_a$。由 u_{V1} 波形，当控制角增大到 150°时，由于晶闸管两端电压为零而不能导通。故三相半波可控整流电路电阻性负载情况下，控制角 α 的移相范围为 0°～150°。

由图 2-21（e）可知，三相半波可控整流电路电阻性负载情况下，晶闸管承受的最高反向阳极电压为线电压的幅值，即

$$U_{RM} = \sqrt{3} \times \sqrt{2} U_2 = \sqrt{6} U_2 \tag{2-26}$$

晶闸管承受的最高正向阳极电压为相电压的幅值，即

$$U_{FM} = \sqrt{2} U_2 \tag{2-27}$$

2. 阻感性负载

三相半波可控整流电路带阻感性负载的电路如图 2-22 所示，其工作原理与电阻性负载时基本相同：

（1）在每个电源周期中每相晶闸管工作 1/3 周期。

（2）每相晶闸管在自然换相点后受触发导通，自然换相点是控制角的起点。三相触发脉冲彼此间隔 120°。

（3）整流输出电压为导通相相电压，即由三相相电压组成。

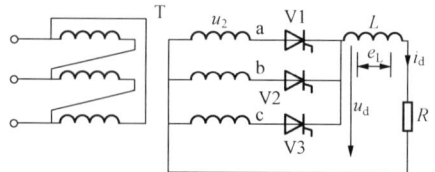

图 2-22 三相半波可控整流电路
带电感性负载时的电路图

（4）晶闸管两端的电压为其所在相的相电压与导通相的相电压之差，即此两相间的线电压。

它们的不同之处在于：由于电感的存在，整流输出电流 i_d 与输出电压 u_d 不成比例，且

i_d 不能跃变，当导通相的交流电源电压降至零时，电流不为零，原来导通的晶闸管会继续导通，使整流输出电压出现负值。

当然，在控制角 $\alpha \leqslant 30°$ 时，u_d 不会小于零，u_d 波形与电阻性负载时相同；在 $\alpha > 30°$ 时，u_d 出现负值。图 2‑23 所示为 $\alpha = 60°$ 时三相半波可控整流电路带阻感性负载时各电量的波形。其中 i_d 的波形连续且脉动较小，这是负载中电感 L 值相对较大的情况，导通角 $\theta = 120°$。根据 2.2.1 节的讨论，若 L 相对较小，负载阻抗角小，则控制角一定时导通角小，会使导通角小于 $120°$，整流输出电流 i_d 断续；电感 L 值相对大到一定程度，i_d 连续，且 L 越大，i_d 脉动越小。若假定 $L \to \infty$，则 i_d 可视为无脉动。本节中的讨论都假定电感 L 相对很大。控制角 $\alpha = 90°$ 时整流输出电压 u_d 及晶闸管 V1 两端电压 u_{V1} 的波形如图 2‑24 所示。根据 2.2.2 节的讨论，阻感性负载时控制角 α 的移相范围是 $0° \sim 90°$。由图 2‑24（b）可知，由于输出 i_d 连续，三相半波可控整流阻感性负载时，晶闸管承受的最高正、反向阳极电压都是线电压的幅值，即

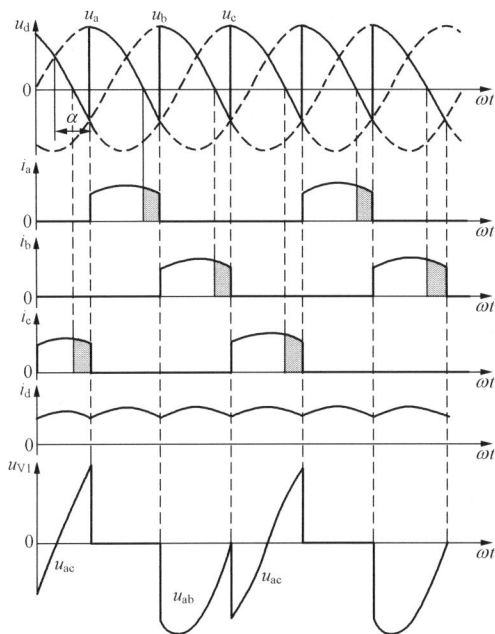

图 2‑23　三相半波可控整流电路，
阻感性负载，$\alpha = 60°$ 时的波形

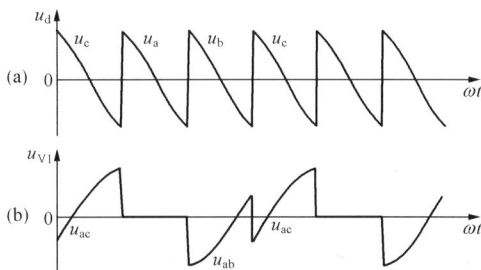

图 2‑24　三相半波可控整流电路，
阻感性负载，$\alpha = 90°$ 时的波形

$$U_{RM} = U_{FM} = \sqrt{6}U_2 \tag{2-28}$$

3. 数值计算

三相半波可控整流电路，电阻性负载控制角 $\alpha \leqslant 30°$、阻感性负载（电感 L 相对较大）$\alpha \leqslant 90°$ 的情况下，整流输出电流 i_d 连续，整流输出电压的平均值为

$$U_d = \frac{1}{\frac{2\pi}{3}} \int_{\frac{\pi}{6}+\alpha}^{\frac{5\pi}{6}+\alpha} \sqrt{2}U_2 \sin\omega t \, \mathrm{d}(\omega t) = \frac{3\sqrt{6}}{2\pi}U_2 \cos\alpha = 1.17U_2 \cos\alpha \tag{2-29}$$

电阻性负载 $30° < \alpha \leqslant 150°$ 的情况下，整流输出电流 i_d 断续，整流输出电压平均值为

$$U_d = \frac{1}{\frac{2\pi}{3}} \int_{\frac{\pi}{6}+\alpha}^{\pi} \sqrt{2}U_2 \sin\omega t \, \mathrm{d}(\omega t) = \frac{3\sqrt{2}}{2\pi}U_2 \left[1 + \cos\left(\frac{\pi}{6} + \alpha \right) \right]$$

$$= 0.675U_2 \left[1 + \cos\left(\frac{\pi}{6} + \alpha \right) \right] \tag{2-30}$$

无论何种负载，无论整流输出连续与否，整流输出电流平均值皆为

$$I_{d} = \frac{U_{d}}{R} \qquad (2 - 31)$$

每个晶闸管中电流平均值为

$$I_{dV} = \frac{1}{3} I_{d} \qquad (2 - 32)$$

设整流输出电流的有效值为 I，则每个晶闸管电流有效值为

$$I_{V} = \frac{1}{\sqrt{3}} I \qquad (2 - 33)$$

【例 2 - 2】　三相半波可控整流电路，阻感性负载，$U_2 = 100\text{V}$，$R = 1\Omega$，$L = 100\text{ mH}$，控制角 $\alpha = 60°$。试计算整流输出电压平均值 U_d，整流输出电流平均值 I_d，晶闸管电流平均值 I_{dV}，确定晶闸管的额定电压 U_{VN}、额定电流 $I_{V(av)}$。

　　解　负载的工频感抗 $\omega L = 2 \times \pi \times 50 \times 0.1 = 31.4\Omega \gg R$，故输出连续。

　　由式（2-29），得

$$U_{d} = 1.17 U_2 \cos\alpha = 58.5 (\text{V})$$

　　由式（2-31），得

$$I_{d} = \frac{U_{d}}{R} = 58.5 (\text{A})$$

　　由式（2-32），得

$$I_{dV} = \frac{1}{3} I_{d} = 19.5 (\text{A})$$

　　$\omega L \gg R$，可认为电感 L 相对很大，整流输出电流 i_d 几乎无脉动，则其有效值即为平均值，即 $I = I_d$。

　　由式（2-33），晶闸管电流有效值为

$$I_{V} = \frac{1}{\sqrt{3}} I = 33.77 (\text{A})$$

　　由式（1-10），晶闸管额定电流为

$$I_{V(av)} = (1.5 \sim 2) \frac{I_{V}}{1.57} = 32.264 \sim 42.019 (\text{A})$$

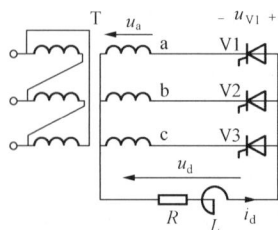

图 2 - 25　共阳极接法三相半波
可控整流电路带阻感负载

　　由式（2-28）及式（1-9），晶闸管的额定电压为

$$U_{VN} = (2 \sim 3) \sqrt{6} U_2 = 489.898 \sim 734.847 (\text{V})$$

　　上述 $I_{V(av)}$、U_{VN} 究竟取多大，需要参考有关晶闸管的数据手册。"表 1 - 1 晶闸管额定电压标准等级"和"表 1 - 2 普通晶闸管的主要参数"表明，$I_{V(av)}$、U_{VN} 是有系列标称值的。

　　4. 共阳极接法三相半波可控整流电路

　　共阳极接法三相半波可控整流电路带阻感性负载的电路如图 2 - 25 所示。

　　共阳极接法与共阴极接法三相半波可控整流电路的区别，仅仅在于晶闸管的阴极阳极位置相反。这一特点，决定了共阳极接法三相半波可控整流电路的工作特性与共阴极接法三相半波可控整流电路基本相同：

（1）在每个电源周期中每相晶闸管工作 1/3 周期。

（2）每相晶闸管在自然换相点后受触发导通，自然换相点是控制角的起点。三相触发脉冲彼此间隔 120°。

（3）整流输出电压为导通相相电压，即由三相相电压组成。

由于图 2 - 25 所示电路晶闸管两端电压 u_V 的方向与图 2 - 16 所示正好相反，因此

$$u_{V共阳} == u_{V共阴} \qquad\qquad (2 - 34)$$

由此造成共阳极接法与共阴极接法三相半波可控整流电路存在下述不同：

（1）共阳极接法三相半波可控整流电路所涉及的自然换相点是三相相电压在负半周的交点。

（2）整流输出电压取三相交流电源电压负半周的一部分。

（3）晶闸管两端的电压为导通相的相电压与其所在相的相电压之差。

图 2 - 26 所示为共阳极接法三相半波可控整流电路控制角为 30° 时各电量的波形。带阻感性负载的情况下，当控制角 $\alpha > 30°$ 时，u_d 出现正值。

无论是共阳极接法还是共阴极接法的三相半波可控整流电路，由于变压器二次绕组仅与一个晶闸管串联，使得二次侧电流中含有直流分量，该直流分量会使整流变压器发生直流磁化，因此这两种整流电路的应用都少。

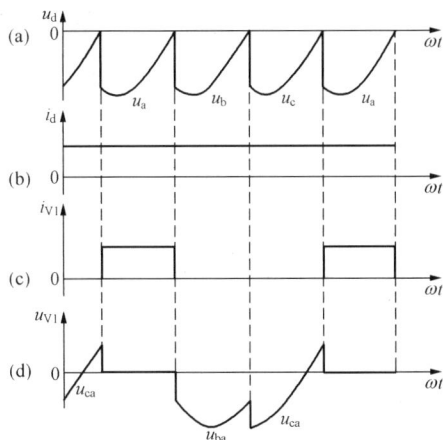

图 2 - 26　共阳极接法三相半波可控整流电路，阻感性负载，$\alpha = 30°$ 时的波形

2.3.2　三相桥式全控整流电路

三相桥式全控整流电路是目前应用最为广泛的整流电路，其原理电路如图 2 - 27 所示，可以认为三相桥式全控整流电路是由晶闸管 V1、V3、V5 组成的共阴极三相半波可控整流电路与由晶闸管 V4、V6、V2 组成的共阳极三相半波可控整流电路串联组成。

在三相桥式全控整流电路中，每个晶闸管的工作特性与其在三相半波可控整流电路中的工作特性完全相同：

（1）共阴极组的 V1、V3、V5，每 2π 中 3 个晶闸管轮流工作 $2\pi/3$，总是自然换相点后相电压最大相的晶闸管受触发导通。

（2）共阳极组的 V4、V6、V2 工作过程与共阴极组基本相同，不同之处在于，总是自然换相点后相电压最低相的晶闸管受触发导通。

每个晶闸管开始受触发导通的时刻如图 2 - 28 中竖虚线所示，图 2 - 28 同时表明了控制角 $\alpha = 0°$ 时每个晶闸管导通区间。其中的实线 u_{d1}、u_{d2} 分别对应共阴极、共阳极三相半波可控整流电路在 $\alpha = 0°$ 时的整流输出电压。

为使整流电路能从交流侧向直流侧传输能量，任意时刻，共阴极组和共阳极组中必须各有一个晶闸管导通，且这两个晶闸管不接在同一相，为能量传输提供通道，图 2 - 27 所示三相桥式全控整流电路共有六种通道，如图 2 - 29 所示。

图 2 - 29 所示三相桥式全控整流电路的六种通道与图 2 - 28 所示每个晶闸管的导通区间是一致的。

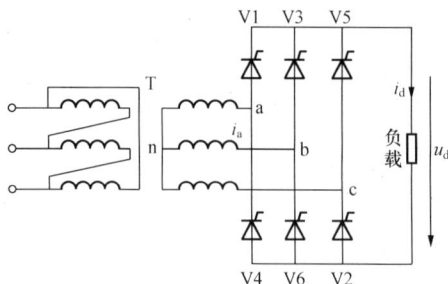

图 2-27　三相桥式全控整流电路原理图

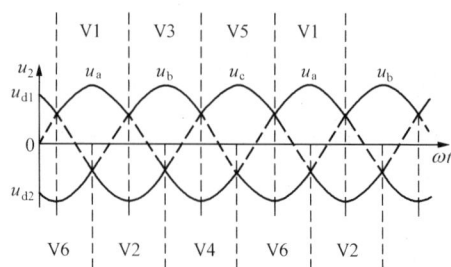

图 2-28　$\alpha=0°$时每个晶闸管导通区间

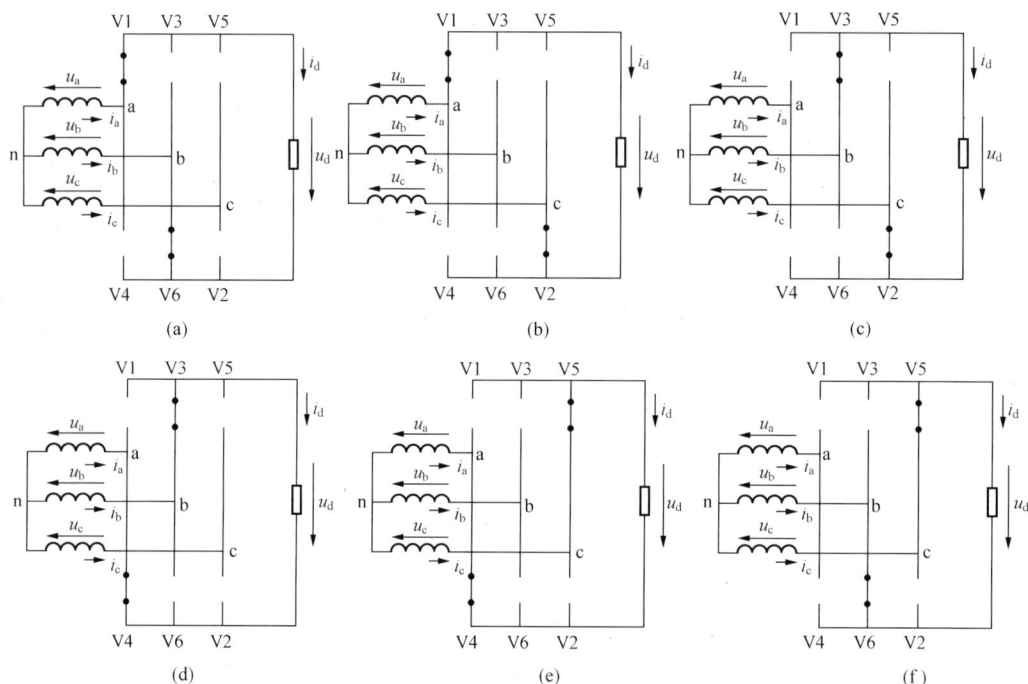

图 2-29　三相桥式全控整流电路的六种通道

(a) V1 与 V6 导通；(b) V1 与 V2 导通；(c) V3 与 V2 导通；

(d) V3 与 V4 导通；(e) V5 与 V4 导通；(f) V5 与 V6 导通

根据图 2-28 和图 2-29，得到三相桥式全控整流电路的工作特点如下：

（1）每个时刻均需要两个晶闸管同时导通，形成向负载供电的回路，其中一个晶闸管是共阴极组的，一个是共阳极组的，且不能为同一相的晶闸管。

（2）对触发脉冲的要求：6 个晶闸管的触发脉冲按 V1—V2—V3—V4—V5—V6 的顺序，相位依次差 60°；共阴极组 V1、V3、V5 的触发脉冲依次差 120°，共阳极组 V4、V6、V2 也依次差 120°；同一相的上下两个桥臂，即 V1 与 V4，V3 与 V6，V5 与 V2，触发脉冲相差 180°。

（3）整流输出电压 u_d 为两个导通相之间的线电压。如图 2-29（a）所示，当 V1 与 V6 导通时输出电压 $u_d=u_a-u_b$。

（4）整流输出电压 u_d 一周期脉动 6 次，每次脉动的波形都一样，故该电路为六脉波整流电路。

（5）在整流电路合闸启动过程中或电流断续时，为确保电路的正常工作，需保证同时导通的两个晶闸管均有脉冲。为此，可采用两种方法：一种是使脉冲宽度大于 60°（一般取 80°～100°），称为宽脉冲触发；另一种是在触发某个晶闸管的同时，给前一个晶闸管补发脉冲，即用两个窄脉冲代替宽脉冲，两个窄脉冲的前沿相差 60°，脉宽一般为 20°～30°，称为双触发脉冲。双脉冲电路较为复杂，但要求的触发电路输出功率小。宽脉冲触发电路虽可少输出一半脉冲，但为了不使脉冲变压器饱和，需将铁芯体积做得较大，绕组匝数较多，导致漏感增大，脉冲前沿不够陡，对于晶闸管串联使用不利。虽可用去磁绕组改善这种情况，但又使触发电路复杂化。因此，常用的是双脉冲触发。

（6）以 V1 为例，由图 2 - 29 可得晶闸管两端的电压

$$u_{V1} = \begin{cases} 0, V1 \text{ 导通} \\ u_a - u_b = u_{ab}, V3 \text{ 导通} \\ u_a - u_c = u_{ac}, V5 \text{ 导通} \end{cases} \quad (2 - 35)$$

与三相半波整流电路共阴极接法中的完全相同。

控制角 $\alpha = 0°$ 时整流输出电压 u_d 及晶闸管 V1 两端电压波形如图 2 - 30 所示。由 u_{V1} 的波形可见，晶闸管承受的最高反向阳极电压也与三相半波可控整流电路中完全相同，即

$$U_{RM} = \sqrt{6} U_2 \quad (2 - 36)$$

关于晶闸管承受的最高正向阳极电压，与整流输出是否连续有关。若整流输出不连续，式（2 - 35）不适用，它没有包括 V1、V3、V5 都不导通的情况，下文将讨论这一情况。

【例 2 - 3】 画出三相桥式全控整流电路在控制角 $\alpha = 30°$ 时 6 个晶闸管 V1～V6 的触发脉冲 u_{g1}～u_{g6} 的波形，整流输出电压 u_d、晶闸管 V1 两端电压 u_{V1} 的波形，电阻性负载情况下整流输出电流 i_d、晶闸管 V1 中电流 i_{V1}、变压器二次电流 i_a 的波形。交流电源三相相电压已知，如图 2 - 31 （a）所示。

解 首先确定共阴极三个晶闸管 V1、V3、V5 及共阳极三个晶闸管 V4、V6、V2 受触发导通的时刻，并用竖虚线标出。

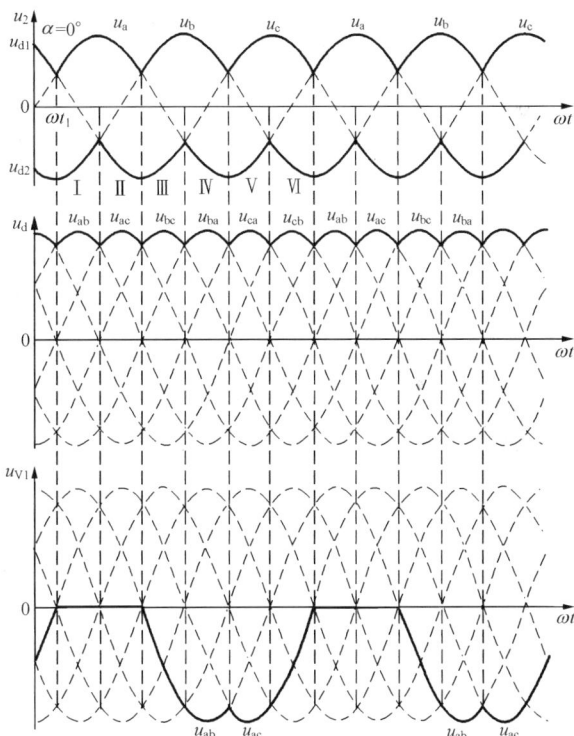

图 2 - 30 三相全控桥整流电路带
电阻负载 $\alpha = 0°$ 时的波形

如图 2 - 31 （a）所示，并由此确定六个晶闸管 V1～V6 的触发脉冲 u_{g1}～u_{g6}，如图 2 - 31 （c）～（h）所示。

图 2 - 31 （a）所示两条相邻竖虚线之间的区间，就是所标晶闸管的可导通区间。整流输出电压 u_d 即为两个导通相之间的线电压，如图 2 - 31 （i）所示。按式（2 - 22）可知，晶闸管 V1 两端电压表达式如式（2 - 35）所示，波形如图 2 - 31 （j）所示。

在负载为电阻性的情况下，整流输出电流 i_d 与电压 u_d 成比例，其波形如图 2 - 31 （k）

所示。如图 2-29 所示，i_d 分别流经六种组合的晶闸管，每个晶闸管导通 1/3 电源周期，V1 的电流波形如图 2-31（l）所示；对于变压器二次 a 相绕组而言，其中的电流 i_a 在晶闸管 V1 导通时为正，而在 V4 导通时为负，故 i_a 波形如图 2-31（m）所示。

如果控制角 α 增加，触发脉冲会沿时间轴右移，各晶闸管受触发导通时刻（或换相时刻）右移。在电阻性负载情况下，$\alpha=60°$ 各电量的波形如图 2-32 所示。

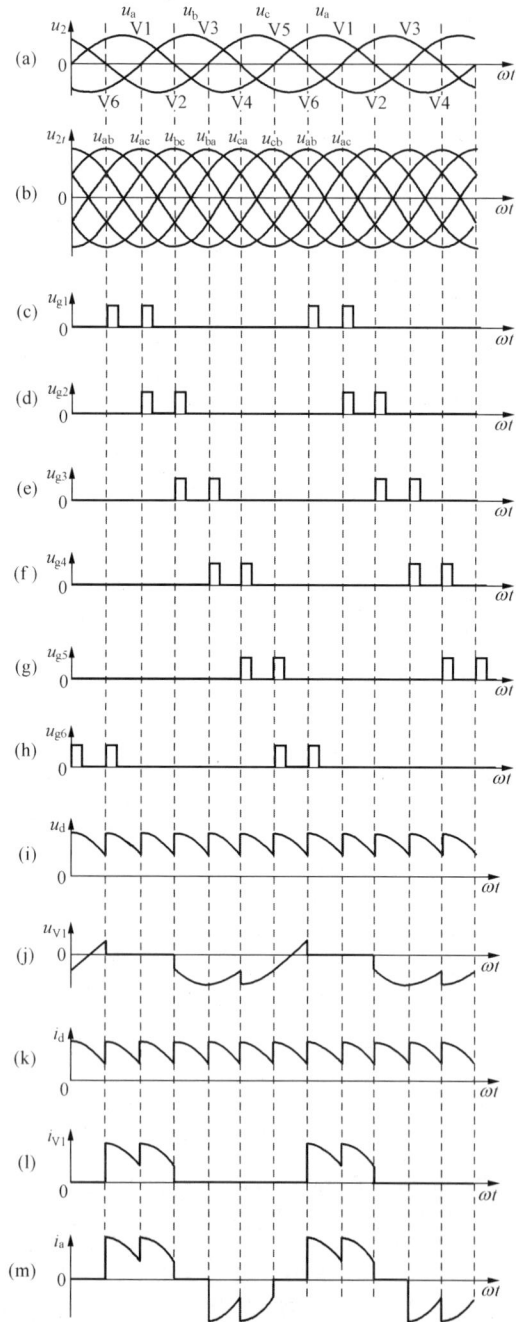

图 2-31　三相全控桥整流电路带电阻性负载
$\alpha=30°$ 时的波形图

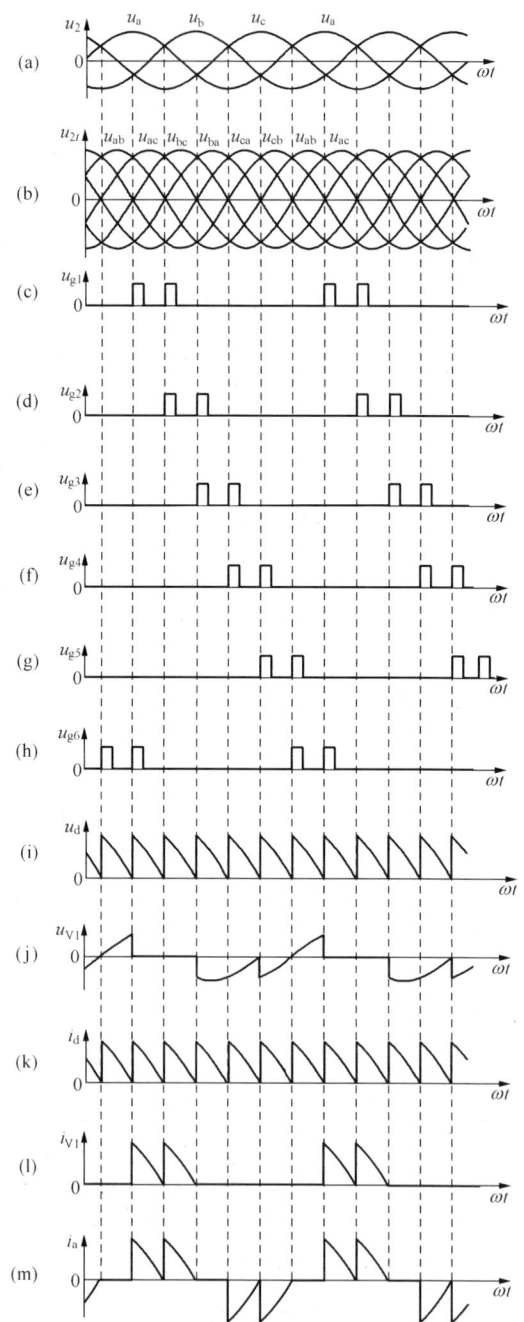

图 2-32　三相全控桥整流电路带电阻性负载
$\alpha=60°$ 时的波形图

由图 2 - 32（k）可知，i_d 出现了零值，若 α 继续增大，i_d 将会断续。$\alpha=60°$ 是电阻性负载情况下 i_d 连续与断续的临界点。$\alpha=90°$ 时，三相桥式全控整流电路电阻性负载的工作波形如图 2 - 33 所示。

与三相半波可控整流电路电阻性负载时相同的原因，当整流输出电压 u_d 降为零时，i_d 为零，原先导通的晶闸管关断，输出断续。在图 2 - 33（i）中的 ωt_1 时刻，原先导通的 V1 和 V6 关断，到 ωt_2 时刻，V2 的触发脉冲出现，为使共阴极与共阳极各有一个晶闸管导通，必须在 ωt_2 时刻给 V1 补加一个触发脉冲，使 V1 与 V2 同时导通，整流输出线电压 u_{ac}，这就是为什么三相桥式全控整流电路采用双脉冲触发（或宽脉冲触发）的原因，且两个窄脉冲间隔 60°。

观察图 2 - 33（i），当控制角 α 增加到 120° 时，晶闸管将不会被触发导通。故三相桥式全控整流电路带电阻性负载时控制角 α 的移相范围为 0°～120°。

如果负载为阻感性，三相桥式全控整流电路的工作情况与电阻性负载基本相同。其区别和三相半波可控整流电路中电感性负载与电阻性负载的区别一致。

在控制角 $\alpha=30°$ 时，三相桥式全控整流电路带阻感性负载的工作波形如图 2 - 34 所示。其触发脉冲的情况与电阻性负载时完全相同，此处未画出。

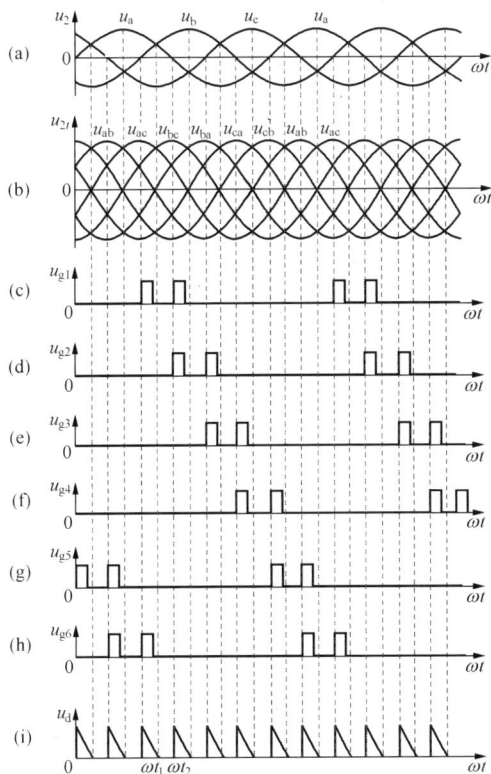

图 2 - 33　三相全控桥式整流电路
带电阻性负载 $\alpha=90°$ 时的波形

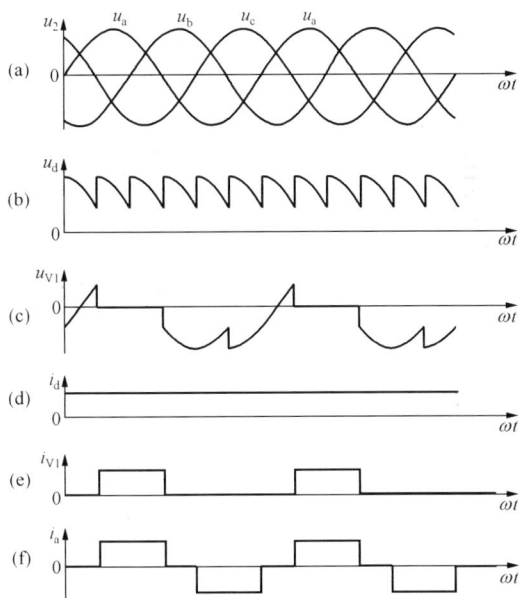

图 2 - 34　三相全控桥式整流电路
带阻感性负载 $\alpha=30°$ 时的波形

图 2 - 34 与图 2 - 31 的区别仅仅在于电流的波形不同。假定电感 L 相对很大，电流几乎无脉动。控制角 $\alpha>60°$ 时，由于大电感的作用，输出电流 i_d 连续。整流输出电压出现负值。

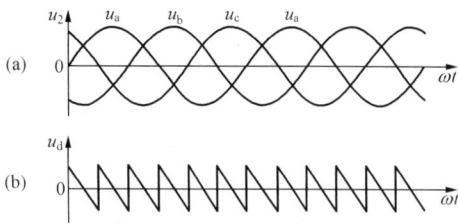

图 2 - 35　三相全控桥式整流电路
带阻感性负载 α＝90°时的波形

图 2 - 35 所示是三相桥式全控整流电路带阻感性负载时控制角 $\alpha=90°$ 整流输出电压 u_d 的工作波形（理想情况）。

与单相桥式全控整流电路带阻感性负载时相同的情况，控制角的移相范围为 $0°\sim90°$。

由上述讨论可知，三相桥式整流电路带阻感负载时，控制角 α 的取值上限是 90°，若电感 L 足够大，能使输出连续，根据图 2 - 30 推断，晶闸管承受的最高正向阳极电压为交流电源的线电压，即

$$U_{FM} = \sqrt{6}U_2$$

若负载为电阻，则使整流输出连续的控制角 α 取值上限为 60°。理想情况下，设 $\alpha \to 60°$ 时，U_2 连续，则根据图 2 - 30 推断，晶闸管承受的最高正向阳极电压为 $\sqrt{6}U_2\sin60°$，即

$$U_{FM} = \sqrt{6}U_2\frac{\sqrt{3}}{2} = \frac{3}{\sqrt{2}}U_2$$

下面定量计算三相桥式全控整流电路各电量的大小。

根据图 2 - 31～图 2 - 35 可知，在整流输出 i_d 连续的情况下（电阻性负载 $\alpha\leqslant60°$，阻感性负载 $\alpha\leqslant90°$），整流输出电压 u_d 的平均值为

$$U_d = \frac{1}{\frac{\pi}{3}}\int_{\frac{\pi}{3}+\alpha}^{\frac{2\pi}{3}+\alpha}\sqrt{6}U_2\sin\omega t\,\mathrm{d}(\omega t) = 2.34U_2\cos\alpha \tag{2-37}$$

根据图 2 - 33，在整流输出电流 i_d 断续的情况下（电阻性负载 $60°<\alpha<120°$），整流输出电压平均值为

$$U_d = \frac{3}{\pi}\int_{\frac{\pi}{3}+\alpha}^{\pi}\sqrt{6}U_2\sin\omega t\,\mathrm{d}(\omega t)$$
$$= 2.34U_2\left[1+\cos\left(\frac{\pi}{3}+\alpha\right)\right] \tag{2-38}$$

无论何种情况，整流输出电流平均值为

$$I_d = \frac{U_d}{R} \tag{2-39}$$

根据晶闸管电流的波形，其平均值为

$$I_{dV} = \frac{I_d}{3} \tag{2-40}$$

在整流输出电流 i_d 的有效值为 I 的情况下，晶闸管电流有效值为

$$I_V = \frac{I}{\sqrt{3}} \tag{2-41}$$

根据整流变压器二次电流 i_2 的波形，其有效值为

$$I_2 = \sqrt{\frac{2}{3}}I \tag{2-42}$$

三相桥式全控整流电路接反电动势负载时，情况与单相桥式全控整流电路接反电动势负载时完全相同。

2.4 变压器漏感对整流电路的影响

整流变压器存在漏磁电感（简称漏感），漏感会对电流的变化产生阻碍作用。在 2.2 节与 2.3 节的讨论中，均未考虑包括整流变压器漏感在内的交流侧电感的影响，观察图 2 - 34（e）、（f）晶闸管中的电流及整流变压器二次侧电流，其变化都是在瞬间完成的，亦即整流电路的换相是在瞬间完成。整流变压器实际存在的漏感使得换相过程不能瞬间完成，这就是变压器漏感对整流电路最主要的影响。

本节以三相半波可控整流电路为例，分析考虑变压器漏感时的换相过程，并计算有关电量。

整流变压器的漏感用一个集中参数 L_B 表示，并将其折算到变压器二次侧。考虑变压器漏感时的三相半波可控整流电路如图 2 - 36 所示，负载为阻感性，并设电感 L 相对很大，整流输出电流 i_d 为一条直线，其大小为 I_d。

以 a 相晶闸管 V1 与 b 相晶闸管 V2 的换相过程为例进行分析。V1 导通时流过负载电流 I_d，V2 被触发导通后，变压器漏磁电感的作用使 V1 中的电流由 I_d 逐渐降至零，而 V2 中的电流由零逐渐升至 I_d，此过程的等效电路如图 2 - 37 所示。

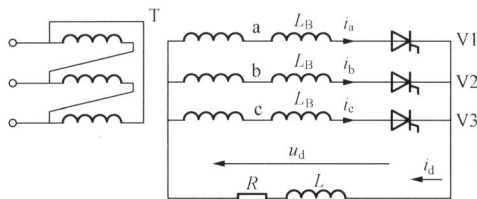

图 2 - 36 考虑变压器漏感时的
三相半波可控整流电路

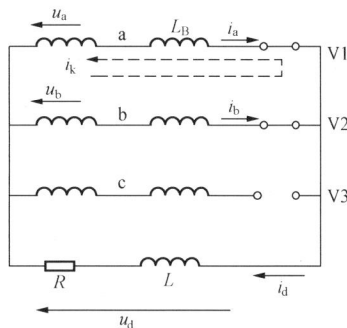

图 2 - 37 考虑变压器漏感时
V1 与 V2 换相过程

由于 V1、V2 同时导通，可以看作 a、b 两相间发生短路，相间电压 $u_b - u_a$ 将在两相漏感回路中产生假想的短路电流 i_k，如图 2 - 37 所示。

$$u_b - u_a = 2L_B \frac{di_k}{dt} \tag{2 - 43}$$

电感 L_B 的阻滞作用使 i_k 逐渐增大，b 相电流即为 i_k，$i_b = i_k$，a 相电流则为 $i_a = I_d - i_k$。当 i_k 增大到 I_d 时，$i_a = 0$，V1 关断，$i_b = I_d$，换相过程结束，如图 3 - 38（c）、（d）所示。换相过程这段时间对应的电角度称为换相重叠角，用 γ 表示。

在上述换相期间，整流输出电压的瞬时值为

$$u_d = u_a + L_B \frac{di_k}{dt} = u_b - L_B \frac{di_k}{dt} = \frac{u_a + u_b}{2} \tag{2 - 44}$$

即为换相的两个晶闸管所在相的相电压平均值，由此可得整流输出电压波形如图 2 - 38（a）所示，整流输出电流 i_d 及 a、b 相电流 i_a、i_b 分别如图 2 - 38（b）～（d）所示。

与不考虑变压器漏感时相比，整流输出电压 u_d 的波形少了一块，如图 2 - 38（a）所示

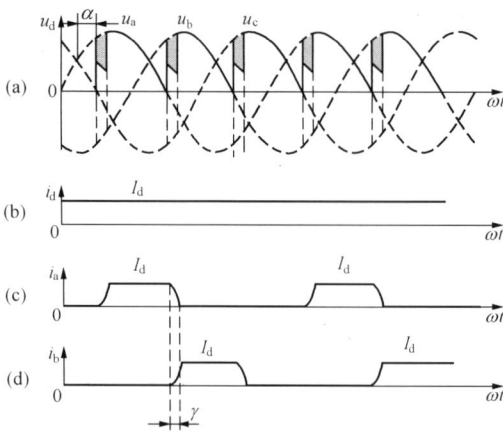

图 2-38　考虑变压器漏感时三相
半波可控整流电路工作波形

的漏抗，$X_B = \omega L_B$；ω 为电网电压角频率。

根据式（2-43）可知

$$di_k = \frac{u_b - u_a}{2L_B}dt = \frac{1}{2L_B}\sqrt{6}U_2\sin\left(\omega t - \frac{5\pi}{6}\right)dt$$

$$= \frac{1}{2X_B}\sqrt{6}U_2\sin\left(\omega t - \frac{5\pi}{6}\right)d\omega t$$

得到

$$i_k = \int_{\frac{5\pi}{6}+\alpha}^{\omega t} \frac{\sqrt{6}U_2}{2X_B}\sin\left(\omega t - \frac{5\pi}{6}\right)d(\omega t)$$

$$= \frac{\sqrt{6}U_2}{2X_B}\left[\cos\alpha - \cos\left(\omega t - \frac{5\pi}{6}\right)\right] \qquad (2-46)$$

由图 2-38 可知，当 a 与 b 相换相结束时，$\omega t = \frac{5\pi}{6}+\alpha+\gamma$，$i_k = I_d$，于是

$$I_d = \frac{\sqrt{6}U_2}{2X_B}\left[\cos\alpha - \cos(\alpha+\gamma)\right] \qquad (2-47)$$

即

$$\cos\alpha - \cos(\alpha+\gamma) = \frac{2X_B I_d}{\sqrt{6}U_2} \qquad (2-48)$$

由式（2-48）可计算三相半波可控整流电路的换相重叠角 γ。

由式（2-45）和式（2-48）可知，影响 ΔU_d 及 γ 的因素为：

（1）I_d 越大，ΔU_d 及 γ 越大。

（2）X_B 越大，ΔU_d 及 γ 越大。

（3）当 $\alpha \leqslant 90°$时，α 越小则 γ 越大。

考虑一般情况，设整流电路在一个周期内换相 m 次，则

$$\Delta U_d = \frac{mX_B}{2\pi}I_d \qquad (2-49)$$

的阴影面积，使直流平均电压 U_d 有所下降，下降的部分称作换相压降，用 ΔU_d 表示。

换相压降 ΔU_d 及换相重叠角 γ 大小如何？受哪些因素影响？

根据图 2-38（a）得

$$\Delta U_d = \frac{1}{2\pi/3}\int_{\frac{5\pi}{6}+\alpha}^{\frac{5\pi}{6}+\alpha+\gamma}(u_b - u_d)d(\omega t)$$

$$= \frac{3}{2\pi}\int_{\frac{5\pi}{6}+\alpha}^{\frac{5\pi}{6}+\alpha+\gamma}\left[u_b - \left(u_b - L_B\frac{di_k}{dt}\right)\right]d(\omega t)$$

$$= \frac{3}{2\pi}\int_{\frac{5\pi}{6}+\alpha}^{\frac{5\pi}{6}+\alpha+\gamma}L_B\frac{di_k}{dt}d(\omega t)$$

$$= \frac{3}{2\pi}\int_0^{I_d}\omega L_B di_k = \frac{3}{2\pi}X_B I_d \qquad (2-45)$$

式中：X_B 为整流变压器每相折算到二次侧

$$\cos\alpha - \cos(\alpha + \gamma) = \frac{X_\mathrm{B} I_\mathrm{d}}{\sqrt{2} U_2 \sin \dfrac{\pi}{m}} \tag{2 - 50}$$

对于三相半波整流电路，$m=3$；对于三相桥式整流电路，$m=6$；对于单相桥式整流电路，$m=2$。此外，在单相桥式整流电路中使用式（2 - 49）与式（2 - 50）时，I_d 应以 $2I_\mathrm{d}$ 代入，这是由于单相桥式整流电路的整流变压器二次侧电流 i_2，在换相过程中是在 I_d 与 $-I_\mathrm{d}$ 之间变化的，如图 2 - 13（f）所示，其电流变化量为 $2I_\mathrm{d}$。上述论述归纳为表 2 - 1。

表 2 - 1　　　　　　　　　　各种整流电路换相压降和换相重叠角的计算

参数 　　　 电路形式	单相全波	单相全控桥	三相半波	三相全控桥	m 脉波整流电路
ΔU_d	$\dfrac{X_\mathrm{B}}{\pi} I_\mathrm{d}$	$\dfrac{X_\mathrm{B}}{\pi} 2I_\mathrm{d}$	$\dfrac{3X_\mathrm{B}}{2\pi} I_\mathrm{d}$	$\dfrac{3X_\mathrm{B}}{\pi} I_\mathrm{d}$	$\dfrac{mX_\mathrm{B}}{2\pi} I_\mathrm{d}$①
$\cos\alpha - \cos(\alpha + \gamma)$	$\dfrac{X_\mathrm{B} I_\mathrm{d}}{\sqrt{2} U_2}$	$\dfrac{X_\mathrm{B} \cdot 2I_\mathrm{d}}{\sqrt{2} U_2}$	$\dfrac{2X_\mathrm{B} I_\mathrm{d}}{\sqrt{6} U_2}$	$\dfrac{2X_\mathrm{B} I_\mathrm{d}}{\sqrt{6} U_2}$	$\dfrac{X_\mathrm{B} I_\mathrm{d}}{\sqrt{2} U_2 \sin \dfrac{\pi}{m}}$②

① 单相全控桥电路的换相过程中，环流 i_k 是从 $-I_\mathrm{d}$ 变为 I_d，本表所列通用公式不适用。

② 三相桥等效为相电压等于 $\sqrt{3} U_2$ 的六脉波整流电路，故其 $m=6$，相电压按 $\sqrt{3} U_2$ 代入。

根据以上分析及结果，再经进一步分析可得出以下变压器漏感对整流电路影响的一些结论：

（1）出现换相重叠角 γ，整流输出电压平均值 U_d 降低。

（2）整流电路的工作状态增多，例如三相桥的工作状态由六种增加至十二种：（V1、V2）→（V1、V2、V3）→（V2、V3）→（V2、V3、V4）→（V3、V4）→（V3、V4、V5）→（V4、V5）→（V4、V5、V6）→（V5、V6）→（V5、V6、V1）→（V6、V1）→（V6、V1、V2）→（V1、V2）→……。

（3）晶闸管的 $\mathrm{d}i/\mathrm{d}t$ 减小，有利于晶闸管的安全导通。有时人为串入进线电抗器以抑制晶闸管的 $\mathrm{d}i/\mathrm{d}t$。

（4）换相时晶闸管电压出现缺口，产生正的 $\mathrm{d}u/\mathrm{d}t$，可能使晶闸管误导通，为此必须加吸收电路。

（5）换相使电网电压出现缺口，成为干扰源。

【例 2 - 4】　　三相桥式全控整流电路，带有反电动势阻感性负载，直流电动势 $E_\mathrm{m}=160$ V，电阻 $R=1\Omega$，电感 L 很大，整流变压器漏感 $L_\mathrm{B}=1\mathrm{mH}$，交流电源相电压 $U_2=200\mathrm{V}$，控制角 $\alpha=60°$。求整流输出电压 U_d、直流电流 I_d 和换相重叠角 γ。

解　题述整流电路可用图 2 - 39 所示电路等效。其中，U'_d 为不考虑变压器漏感时的整流电路直流侧电压平均值

$$U'_\mathrm{d} = \begin{cases} 0.9U_2\cos\alpha, \text{单相桥式全控整流电路} \\ 1.17U_2\cos\alpha, \text{三相半波可控整流电路} \\ 2.34U_2\cos\alpha, \text{三相桥式全控整流电路} \end{cases}$$

$$\tag{2 - 51}$$

$\dfrac{mX_\mathrm{B}}{2\pi}$ 为变压器漏感引起整流电路直流侧平均电压

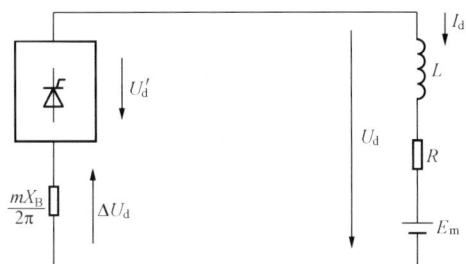

图 2 - 39　考虑变压器漏感
的整流电路等效电路

下降 ΔU_d 所对应的等效阻抗，$\Delta U_\mathrm{d} = \dfrac{mX_\mathrm{B}}{2\pi} I_\mathrm{d}$。$X_\mathrm{B} = 2\pi f L_\mathrm{B}$，$f = 50\mathrm{Hz}$ 为电网频率。

对于图 2-39 所示等效电路，根据基尔霍夫电压定律，有

$$U'_\mathrm{d} = E_\mathrm{m} + \frac{mX_\mathrm{B}}{2\pi} I_\mathrm{d} + RI_\mathrm{d}$$

注意：直流负载 L 两端的直流压降为零，而 $\dfrac{mX_\mathrm{B}}{2\pi}$ 是交流阻抗对整流电路影响的等效阻抗。

可求出直流电流 I_d

$$I_\mathrm{d} = \frac{U'_\mathrm{d} - E_\mathrm{m}}{\dfrac{mX_\mathrm{B}}{2\pi} + R} \tag{2-52}$$

本题中 $U'_\mathrm{d} = 2.34 U_2 \cos\alpha$，$m = 6$，代入已知数据，解得 $I_\mathrm{d} = 56.92\mathrm{A}$。

由图 2-39，得整流输出电压

$$U_\mathrm{d} = I_\mathrm{d}R + E_\mathrm{m} = U'_\mathrm{d} - \frac{mX_\mathrm{B}}{2\pi} I_\mathrm{d} \tag{2-53}$$

代入已知数据解得 $U_\mathrm{d} = 216.92$（V）

由表 2-1 得

$$\cos\alpha - \cos(\alpha + \gamma) = \frac{2X_\mathrm{B}I_\mathrm{d}}{\sqrt{6}U_2}$$

代入已知数据，解得

$$\cos(60° + \gamma) = 0.427，\quad \gamma = 4.723°$$

考虑变压器漏感时，晶闸管中的电流、变压器二次电流与整流输出电流的关系，与不考虑变压器漏感时相同。

2.5　电容滤波的不可控整流电路

不可控整流电路即是由不可控电力电子器件二极管构成的整流电路。目前有很多电力电子装置是由多个基本变流电路组成的，诸如交—直—交变频器、不间断电源等由 AC-DC 和 DC-AC 两个基本变流电路组成，直流开关电源由 AC-DC、DC-AC 及 AC-DC 三个基本变流电路组成。为简化控制电路，AC-DC 电路都采用不可控整流。不控整流电路通常经电容滤波后提供直流，供后级变流电路使用。

常用的不可控整流电路有单相桥式和三相桥式两种接法。小功率单相交流输入的场合，诸如各类电子设备中的开关电源，整流部分采用单相桥式不可控整流电路。本节就以该电路为例，分析电容滤波不可控整流电路的特点，电路及其工作波形如图 2-40 所示。

由图 2-40（a）可以看出，在 u_2 的正半周，$u_2 > u_\mathrm{d}$ 时，二极管 VD1、VD4 导通，忽略二极管的导通压降，直流负载及电容两端电压即电源电压 u_2，$u_\mathrm{C} = u_\mathrm{d} = u_2$；在 u_2 的负半周，$|u_2| > u_\mathrm{d}$ 时，二极管 VD2、VD3 导通，$u_\mathrm{C} = u_\mathrm{d} = -u_2$；无论是 u_2 的正半周还是负半周，$|u_2| < u_\mathrm{d} = u_\mathrm{C}$ 时，二极管关断，$u_\mathrm{d} = u_\mathrm{C}$。有二极管导通时，交流电源为负载提供能量并为电容充电，无二极管导通时，电容 C 放电为负载电阻 R 提供能量。

观察图 2-40（c），u_2 与 $u_\mathrm{C} = u_\mathrm{d}$ 在 $\omega t = \delta$ 和 $\omega t = \theta + \delta$ 两点处相交，其中 δ 称为起始相位角，θ 称为二极管的导通角。

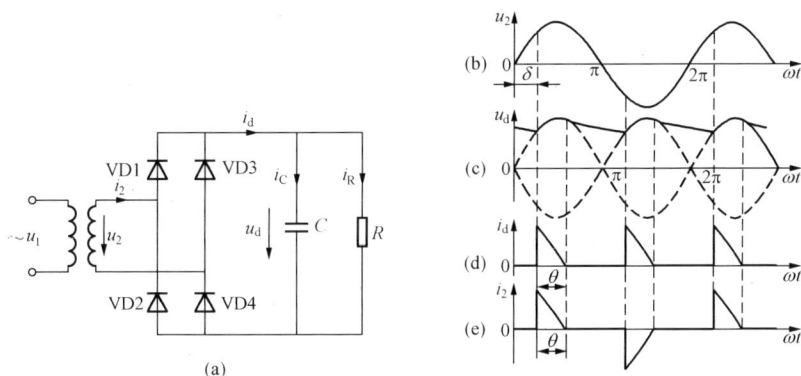

图 2‐40 电容滤波的单相桥式不可控整流电路及其工作波形

(a) 电路；(b) ~ (e) 工作波形

电容滤波的单相桥式不可控整流电路中，二极管的导通角 θ、起始相位角 δ 及输出电压 U_d 与哪些因素有关呢？

在 $\delta \leqslant \omega t \leqslant \theta + \delta$ 区间二极管导通，由图 2‐40（a）可知，二极管整流桥的输出电流

$$i_d = i_C + i_R \tag{2-54}$$

其中电容电流

$$i_C = C\frac{\mathrm{d}u_C}{\mathrm{d}t} = C\frac{\mathrm{d}u_2}{\mathrm{d}t} = \sqrt{2}U_2\omega C\cos\omega t \tag{2-55}$$

负载电流

$$i_R = \frac{u_d}{R} = \frac{1}{R}\sqrt{2}U_2\sin\omega t \tag{2-56}$$

则

$$i_d = i_C + i_R = \sqrt{2}U_2\omega C\cos\omega t + \frac{\sqrt{2}}{R}U_2\sin\omega t \tag{2-57}$$

在 $\omega t < \dfrac{\pi}{2}$ 时，u_C 随着 u_2 上升而上升，$i_C > 0$ 使 C 充电，$\omega t = \dfrac{\pi}{2}$ 时 u_2 达到峰值 $\sqrt{2}U_2$，其后 u_C 随 u_2 下降，$i_C < 0$，电容放电，至 $\omega t = \theta + \delta$ 时，二极管整流输出电流 $i_d = i_C + i_R = 0$，二极管 VD1、VD4 关断。由式（2‐57）及 i_d $(\theta + \delta)$ $= 0$ 得到

$$\tan(\theta + \delta) = -\omega RC \tag{2-58}$$

根据三角函数变换

$$\theta = \pi - \delta - \arctan(\omega RC) \tag{2-59}$$

$$\sin(\theta + \delta) = \pm\frac{\tan(\theta + \delta)}{\sqrt{1 + \tan^2(\theta + \delta)}} = \mp\frac{\omega RC}{\sqrt{1 + (\omega RC)^2}}$$

由于 $\theta + \delta < \pi$，取

$$\sin(\theta + \delta) = \frac{\omega RC}{\sqrt{1 + (\omega RC)^2}} \tag{2-60}$$

在 $\theta + \delta \leqslant \omega t \leqslant \pi + \delta$ 期间二极管关断，电容 C 向电阻提供能量，构成一阶零输入 RC 电路，其中电容电压的初始值为

$$u_C(\theta+\delta) = \sqrt{2}U_2\sin(\theta+\delta) = \frac{\sqrt{2}U_2\omega RC}{\sqrt{1+(\omega RC)^2}} \tag{2-61}$$

时间常数为

$$\tau = RC \tag{2-62}$$

则整流输出电压为

$$u_d = u_C = \frac{\sqrt{2}U_2\omega RC}{\sqrt{1+(\omega RC)^2}}e^{-\frac{t-\frac{\theta+\delta}{\omega}}{RC}} \tag{2-63}$$

由图 2-40（c）可知，u_d 的周期性使得 $u_d(\delta) = u_d(\pi+\delta)$，由式（2-63）和式（2-59）可得

$$\sqrt{2}U_2\sin\delta = \frac{\sqrt{2}U_2\omega RC}{\sqrt{1+(\omega RC)^2}}e^{-\frac{\frac{\pi+\delta}{\omega}-\frac{\theta+\delta}{\omega}}{RC}}$$

$$\sin\delta = \frac{\omega RC}{\sqrt{1+(\omega RC)^2}}e^{-\frac{\pi-\theta}{\omega RC}} = \frac{\omega RC}{\sqrt{1+(\omega RC)^2}}e^{-\frac{\delta+\arctan(\omega RC)}{\omega RC}} \tag{2-64}$$

由图 2-40（c）可知，整流输出电压 u_d 的周期为 π，其由两段组成，一段为交流电源电压 u_2，一段为式（2-63）的指数衰减电压。整流输出电压 u_d 的平均值为

$$U_d = \frac{1}{\pi}\int_{\delta}^{\theta+\delta}\sqrt{2}U_2\sin\omega t\,d(\omega t) + \frac{1}{\pi}\int_{\theta+\delta}^{\pi+\delta}\frac{\sqrt{2}U_2\omega RC}{\sqrt{1+(\omega RC)^2}}e^{-\frac{t-\frac{\theta+\delta}{\omega}}{RC}}d(\omega t)$$

$$= \frac{2\sqrt{2}U_2}{\pi}\sin\frac{\theta}{2}\left[\sin\left(\delta+\frac{\theta}{2}\right)+\omega RC\cos\left(\delta+\frac{\theta}{2}\right)\right] \tag{2-65}$$

由式（2-59）、式（2-64）和式（2-65）可知，参数 ωRC 决定了起始相位角 δ、导通角 θ 及整流输出平均电压 U_d。不同 ωRC 时的 δ、θ 和 $\dfrac{U_d}{U_m} = \dfrac{U_d}{\sqrt{2}U_2}$，见表 2-2 及图 2-41。

表 2-2　　　　　　　　　**起始导电角 δ、导通角 θ、U_d/U_m 与 $R\omega C$ 函数关系**

$R\omega C$	0（C=0，电阻负载）	1	5	10	40	100	500	∞（空载）
δ	0	14.5	40.3	51.7	69	76.3	83.7	90
θ	180	120.5	61	44	22.5	14.3	6.4	0
U_d/U_m	0.64	0.68	0.83	0.90	0.96	0.98	0.99	1

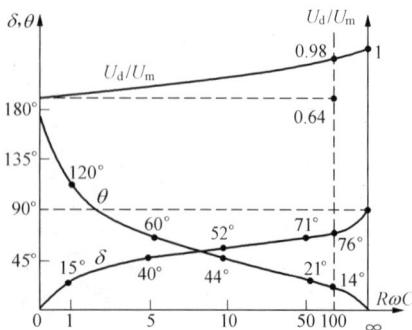

图 2-41　带电容滤波的单相桥式
不可控整流电路，δ、θ、U_d/U_m
与 $R\omega C$ 的函数关系

有关电量的计算如下：

（1）输出电压平均值 U_d。可根据式（2-59）、式（2-64）和式（2-65）计算 U_d，计算过程复杂，其值取决于 ωRC，表 2-2 及图 2-41 显示了 U_d 与 ωRC 的关系。空载时，$R=\infty$，放电时间常数为无穷大，$U_d=\sqrt{2}U_2$，即 $\dfrac{U_d}{U_m}=\dfrac{U_d}{\sqrt{2}U_2}=1$；重载时，$R$ 很小，电容放电很快几乎失去储能作用，趋近于电阻负载时的特性，随负载加重 U_d 逐渐趋近于 $0.9U_2$，即 $\dfrac{U_d}{U_m}=\dfrac{U_d}{\sqrt{2}U_2}=0.64$。

通常在设计时根据负载的情况选择电容 C 值，使 $RC \geqslant \dfrac{3 \sim 5}{2} T$，$T$ 为交流电源的周期，此时输出电压为

$$U_d \approx 1.2 U_2 \qquad\qquad (2 - 66)$$

（2）输出电流平均值 I_R。输出电流平均值 I_R 为

$$I_R = \frac{U_d}{R} \qquad\qquad (2 - 67)$$

在稳态时，流经电容的电流在一周期内的平均值为零，又由 $i_d = i_C + i_R$ 得出

$$I_d = I_R \qquad\qquad (2 - 68)$$

与可控整流电路相同，流经整流二极管的电流平均值为

$$I_{dVD} = \frac{I_d}{2} = \frac{I_R}{2} \qquad\qquad (2 - 69)$$

（3）二极管承受的电压。二极管承受的反向电压最大值为变压器二次侧电压最大值，即 $\sqrt{2} U_2$。

以上讨论过程中，忽略了电路中诸如变压器漏抗、线路电感的作用。另外，实际应用中为了抑制电流冲击，常在直流侧串入较小的电感，成为感容滤波的电路，如图 2 - 42（a）所示。此时，输出电压和输入电流的波形如图 2 - 42（b）所示。由波形可见，u_d 波形更平直，而电流 i_2 的上升段平缓了许多，这对于电路的工作是有利的。当 L 与 C 的取值变化时，电路的工作情况会有很大的不同，这里不再详细介绍。

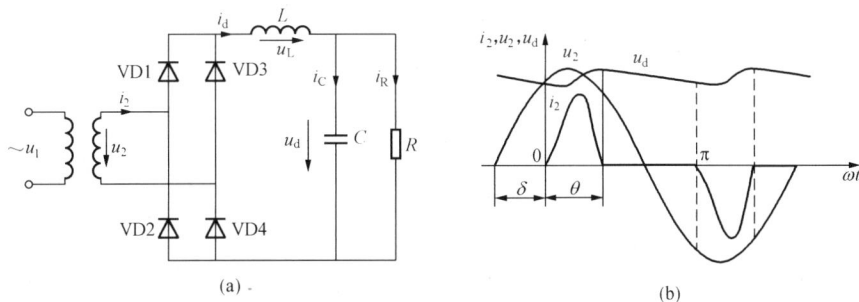

图 2 - 42　感容滤波的单相桥式不可控整流电路及其工作波形
（a）电路；（b）工作波形

2.6　整流电路的谐波及功率因数

在 2.2～2.5 节的讨论中，整流电路交流侧的电源电压 u_2 都是正弦电压，而交流侧的电源电流 i_2 都是非正弦的周期电量，如图 2 - 13（f）、图 2 - 34（f）等所示。根据谐波理论，这些非正弦周期电流都满足狄里赫利条件，可作傅里叶分解，分解结果包括直流分量、频率和交流电源电压相同的正弦分量，以及一系列频率整数倍于电源电压频率的正弦分量，即

$$i_2 = I_{20} + I_{21m} \sin \omega t + \sum_{n=2}^{\infty} \left[I_{2nm} \sin(n\omega t + \varphi_n) \right] \qquad (2 - 70)$$

式中：ω 为电源电压 u_2 的角频率；I_{20} 为直流分量；$I_{21m} \sin \omega t$ 称为基波；$I_{2nm} \sin(n\omega t + \varphi_n)$（$n =$ 2，3，…）称为高次谐波，n 称为谐波次数。

表征谐波大小的两个主要物理量是各次谐波含有率和总谐波畸变率。

以电流为例，n 次谐波的含有率定义为 n 次谐波电流的大小（此处用有效值，也可以用幅值）I_{2n} 与基波电流大小 I_{21} 的比，用 HRI_n（Harmonic Ratio for I_n）表示，即

$$HRI_n = \frac{I_{2n}}{I_{21}} \times 100\% \qquad (2-71)$$

同样以电流为例，总谐波畸变率定义为总谐波电流的大小 I_{2h} 与基波电流大小 I_{21} 的比，用 THD_i（Total Harmonic Distortion）表示，即

$$THD_i = \frac{I_{2h}}{I_{21}} \qquad (2-72)$$

其中，总谐波电流的大小 I_{2h} 定义为

$$I_{2h} = \sqrt{\sum_{n=2}^{\infty} I_{2n}^2} \qquad (2-73)$$

本节讨论各整流电路交流侧电流 i_2 所含有的谐波情况、整流电路的功率因数，并讨论整流电路直流侧电压、电流中的谐波情况。

2.6.1 整流电路交流侧谐波电流分析

1. 单相桥式全控整流电路

单相桥式全控整流电路带阻感性负载时，不考虑变压器的漏磁电感，并设阻感性负载的电感 L 足够大，整流电路的交流侧电流 i_2 如图 2-13（f）所示，其中电流 i_2 近似为理想方波。对 i_2 进行傅里叶分解，分解结果为

$$i_2 = \frac{4}{\pi} I_d \left(\sin\omega t + \frac{1}{3}\sin 3\omega t + \frac{1}{5}\sin 5\omega t + \cdots \right)$$

$$= \frac{4}{\pi} I_d \sum_{n=1,3,5,\cdots} \frac{1}{n}\sin n\omega t = \sum_{n=1,3,5,\cdots} \sqrt{2} I_{2n} \sin n\omega t \qquad (2-74)$$

由式（2-74）可见，单相桥式全控整流电路带阻感性负载时，其交流侧电流中含有基波和奇次谐波，基波和各次谐波的有效值为

$$I_{2n} = \frac{2\sqrt{2} I_d}{n\pi}, n = 1,3,5,\cdots \qquad (2-75)$$

各次谐波的有效值与谐波次数成反比，即 $I_{2n} \propto \frac{1}{n}$，各次谐波的含有率为谐波次数的倒数，即

$$HRI_n = \frac{I_{2n}}{I_{21}} = \frac{1}{n} \qquad (2-76)$$

单相桥式全控整流电路带电阻性负载时，其交流侧电流的傅里叶仿真分析结果如图 2-43 所示。由仿真结果可知，单相桥式全控整流电路带电阻性负载时，

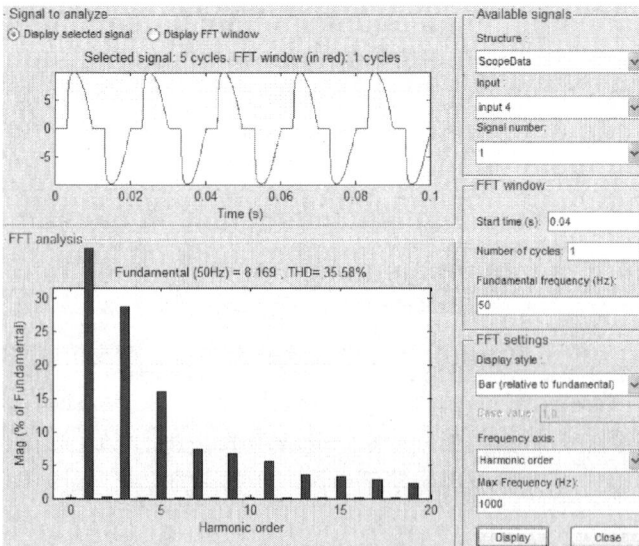

图 2-43 单相桥式全控整流电路带电阻性负载时交流侧电流的傅里叶仿真分析结果

其交流侧电流也含有基波和奇次谐波。

　　2. 三相桥式全控整流电路

　　三相桥式全控整流电路如图 2 - 27 所示，不考虑变压器漏磁电感，设负载为阻感性且电感 L 足够大，$0°\leqslant\alpha<90°$ 时交流侧电流是正负半周各 $120°$ 的方波，如图 2 - 34 (f)i_a 所示。对 i_a 进行傅里叶分解，可得

$$
\begin{aligned}
i_a &= \frac{2\sqrt{3}}{\pi}I_d\left(\sin\omega t - \frac{1}{5}\sin5\omega t - \frac{1}{7}\sin7\omega t + \frac{1}{11}\sin11\omega t + \frac{1}{13}\sin13\omega t - \cdots\right) \\
&= \frac{2\sqrt{3}}{\pi}I_d\sin\omega t + \frac{2\sqrt{3}}{\pi}I_d\sum_{\substack{n=6k\pm1 \\ k=1,2,3,\cdots}}(-1)^k\frac{1}{n}\sin n\omega t \\
&= \sqrt{2}I_{21}\sin\omega t + \sum_{\substack{n=6k\pm1 \\ k=1,2,3,\cdots}}(-1)^k\sqrt{2}I_{2n}\sin n\omega t
\end{aligned}
\tag{2 - 77}
$$

　　由式（2 - 77）可见，三相桥式全控整流电路带阻感性负载时，其交流侧电流中含有基波和 $6k\pm1$（k 为正整数）次谐波。基波 I_{21} 和各次谐波有效值 I_{2n} 分别为

$$
\begin{cases}
I_{21} = \dfrac{\sqrt{6}}{\pi}I_d \\
I_{2n} = \dfrac{\sqrt{6}}{n\pi}I_d, n = 6k\pm1, k = 1,2,3,\cdots
\end{cases}
\tag{2 - 78}
$$

各次谐波的有效值与谐波次数成反比，即 $I_{2n}\propto\dfrac{1}{n}$，各次谐波的含有率为谐波次数的倒数，即

$$
HRI_n = \frac{I_{2n}}{I_{21}} = \frac{1}{n}
$$

　　三相桥式全控整流电路带电阻性负载时，其交流侧电流的傅里叶仿真分析结果如图 2 - 44 所示。由仿真结果可知，三相桥式全控整流电路带电阻性负载时，其交流侧电流也含有基波和 $(6k\pm1)$ 次谐波。

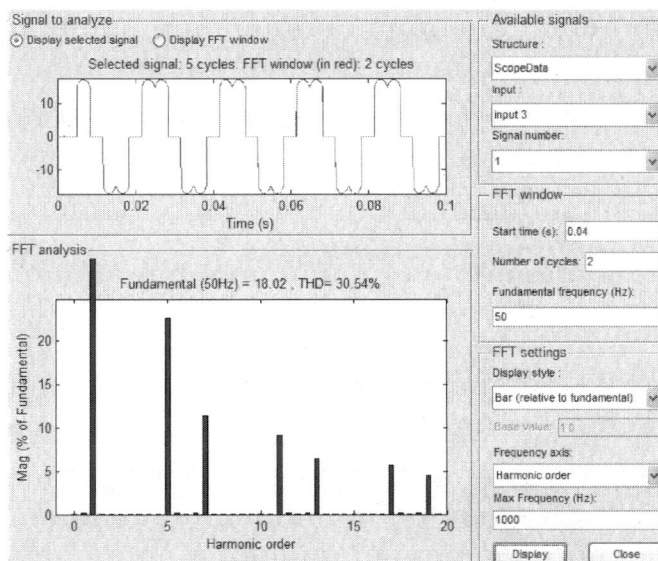

图 2 - 44　三相桥式全控整流电路带电阻性负
载时交流侧电流的傅里叶仿真分析结果

3. 电容滤波的不可控整流电路

图 2-40（a）所示为电容滤波的单相桥式不可控整流电路，其交流侧电流的傅里叶仿真分析结果如图 2-45 所示。图 2-45（a）对应电路参数 $\omega RC=5.5$，图 2-45（b）对应电路参数 $\omega RC=1.5$。

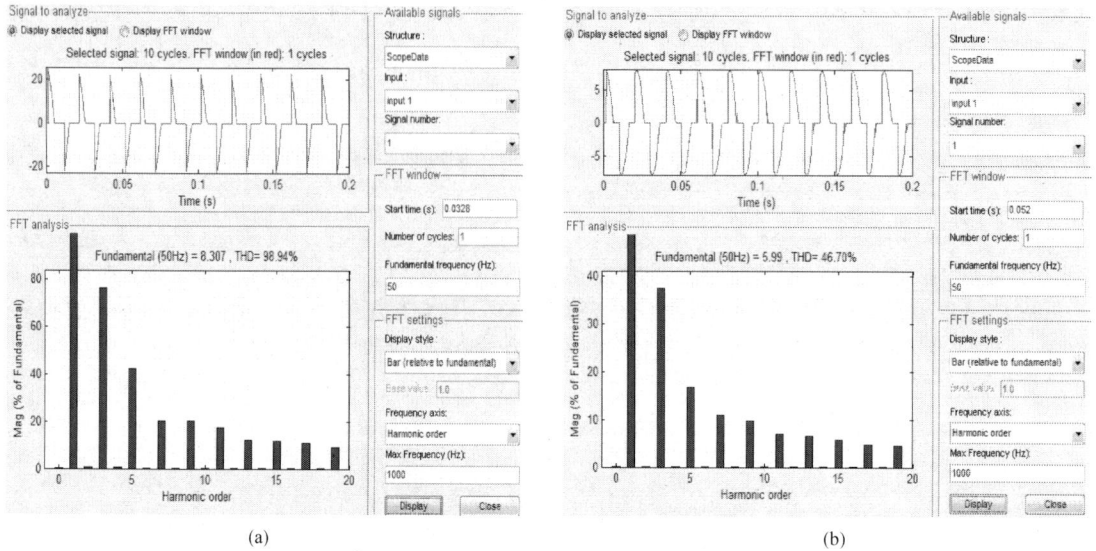

(a)   (b)

图 2-45　电容滤波的单相桥式不可控整流电路交流侧电流的傅里叶仿真分析结果

（a）$C=350\mu F$，$R=50\Omega$，$\omega RC=5.5$；（b）$C=94.9\mu F$，$R=50\Omega$，$\omega RC=1.5$

图 2-42（a）所示感容滤波的单相桥式不可控整流电路，其交流侧电流的傅里叶仿真分析结果如图 2-46 所示。图 2-46（a）对应电路参数 $\omega\sqrt{LC}=0.36$，图 2-46（b）对应电路参数 $\omega\sqrt{LC}=0.61$。

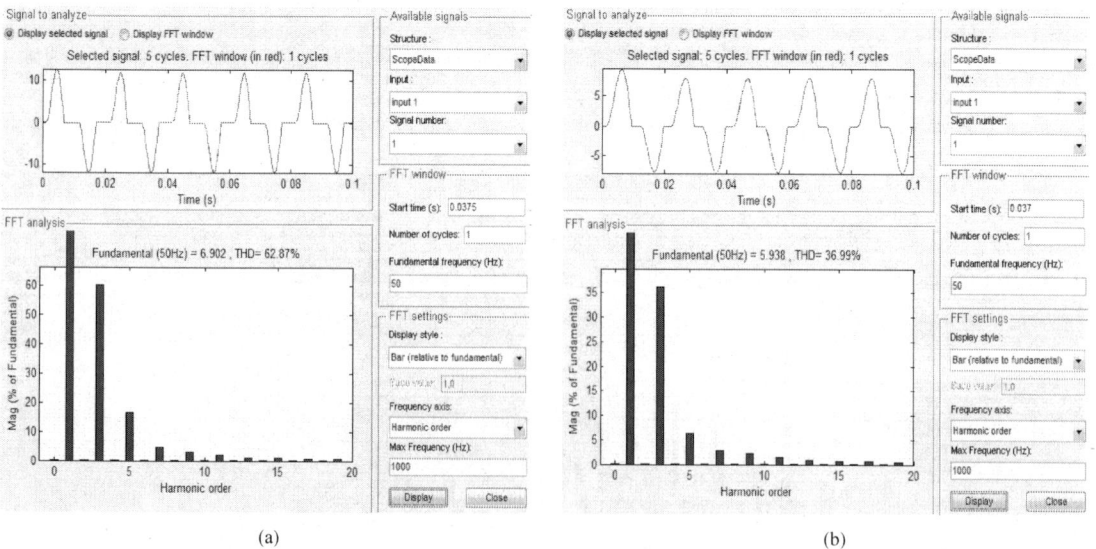

(a)   (b)

图 2-46　感容滤波的单相桥式不可控整流电路交流侧电流的傅里叶仿真分析结果

（a）$L=13mH$，$C=100\mu F$，$\omega\sqrt{LC}=0.36$；（b）$L=38mH$，$C=100\mu F$，$\omega\sqrt{LC}=0.61$

根据上述仿真分析结果以及相应的理论分析，单相桥式不可控整流电路交流侧电流谐波有如下规律：

（1）谐波次数为奇数。

（2）谐波次数越高，谐波幅值越小。

（3）与带阻感性负载的单向全控桥整流电路相比，谐波与基波的关系是不固定的，ωRC 越大，则谐波越大，而基波越小。这是因为，ωRC 越大，意味着负载越轻，二极管的导通角越小，则交流侧电流波形的底部就越窄，波形畸变也越严重。

（4）$\omega\sqrt{LC}$ 越大，则谐波越小，这是因为串联电感 L 抑制冲击电流从而抑制了交流电流的畸变。

相同的分析过程可以得到三相桥式不可控整流电路交流侧电流谐波有如下规律：

（1）谐波次数为（$6k\pm1$）次。

（2）谐波次数越高，谐波幅值越小。

（3）谐波与基波的关系是不固定的，ωRC 越大，则谐波越大，而基波越小；滤波电感越大，则谐波越小，而基波越大。

（4）$\omega\sqrt{LC}$ 越大，则谐波越小，这是因为串联电感 L 抑制冲击电流从而抑制了交流电流的畸变。

2.6.2　带阻感性负载时整流电路功率因数分析

单相桥式整流电路可用图 2 - 47 所示的框图表示。由于公用电网电压的波形畸变很小，通常将电网电压视为正弦波，则整流电路交流侧电压 u_2 为正弦波，且 $u_2=\sqrt{2}U_2\sin\omega t$。由 2.6.1 节的分析可知，整流电路交流侧电流 i_2 为非正弦波，畸变严重，含有大量谐波。在整流电路这种非正弦电路中，有功功率、视在功率、功率因数的定义均和正弦电路中一致。

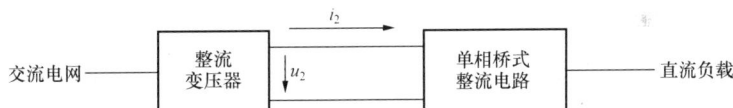

图 2 - 47　单相桥式整流电路框图

根据式（2 - 74），单相桥式整流电路交流侧电流 i_2 中不含有直流分量，其一般表达式为

$$i_2=\sqrt{2}I_{21}\sin(\omega t+\varphi_1)+\sqrt{2}I_{23}\sin(3\omega t+\varphi_2)+\cdots+\sqrt{2}I_{2n}\sin(n\omega t+\varphi_n)+\cdots n \text{ 为奇数}$$

与正弦电路相同，有功功率 P 定义为瞬时功率的平均值。结合正弦函数的正交性，单相桥式整流电路的有功功率为

$$
\begin{aligned}
P &= \frac{1}{2\pi}\int_0^{2\pi}u_2 i_2\mathrm{d}(\omega t)=\frac{1}{2\pi}\int_0^{2\pi}\sqrt{2}U_2\sin\omega t\big[\sqrt{2}I_{21}\sin(\omega t+\varphi_1)\\
&\quad +\sqrt{2}I_{23}\sin(3\omega t+\varphi_3)+\cdots+\sqrt{2}I_{2n}\sin(n\omega t+\varphi_n)+\cdots\big]\mathrm{d}\omega t\\
&= U_2 I_{21}\cos\varphi_1
\end{aligned}
\tag{2 - 79}
$$

式中：I_{21} 是整流电路交流侧电流 i_2 的基波分量。

可见，单相桥式整流电路的有功功率即是基波电流和正弦交流电压产生的有功功率。不仅单相桥式整流电路，其他整流电路亦如此。

视在功率 S 定义为交流电压、电流有效值的乘积，即

$$S = U_2 I_2 \tag{2-80}$$

式中：I_2 为整流电路交流侧电流 i_2 的有效值。

$$I_2 = \sqrt{I_{21}^2 + \sum_{n=2}^{\infty} I_{2n}^2} \tag{2-81}$$

功率因数 λ 定义为有功功率与视在功率的比，即

$$\lambda = \frac{P}{S} = \frac{U_2 I_{21} \cos\varphi_1}{U_2 I_2} = \frac{I_{21}}{I_2} \cos\varphi_1 \tag{2-82}$$

若按正弦电路的方式定义无功功率 Q，则有

$$Q = U_2 I_{21} \sin\varphi_1 \tag{2-83}$$

在非正弦电路中

$$\sqrt{P^2 + Q^2} = \sqrt{(U_2 I_{21} \cos\varphi_1)^2 + (U_2 I_{21} \sin\varphi_1)^2} = U_2 I_{21} < S$$

根据式（2-81），S^2 与 $P^2 + Q^2$ 的差为

$$\sqrt{S^2 - (P^2 + Q^2)} = \sqrt{\left(U_2 \sqrt{I_{21}^2 + \sum_{n=2}^{\infty} I_{2n}^2}\right)^2 - (U_2 I_{21})^2} = U_2 \sqrt{\sum_{n=2}^{\infty} I_{2n}^2}$$

定义其为畸变功率 D，即

$$D = \sqrt{S^2 - (P^2 + Q^2)} = U_2 \sqrt{\sum_{n=2}^{\infty} I_{2n}^2} \tag{2-84}$$

可见，D 是由谐波电流产生的无功功率，而 Q 是由基波电流产生的无功功率。

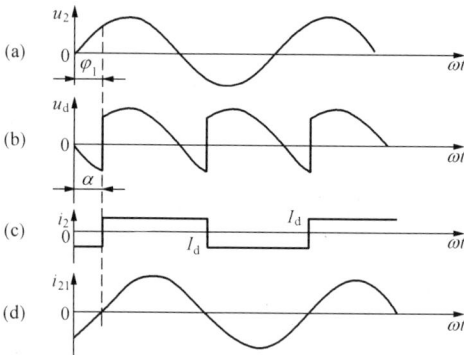

图 2-48　单相桥式全控整流电路带阻感性负载时的波形

对于单相桥式全控整流电路，阻感性负载电感 L 足够大时，交流电流 i_2 的基波电流 i_{21} 与交流电压 u_2 的相位差 φ_1 即控制角 α，如图 2-48 所示。

交流电流 i_2 的有效值 $I_2 = I_d$，根据式（2-75），交流电流 i_2 的基波电流为 $I_{21} = \frac{2\sqrt{2}}{\pi} I_d$。根据式（2-82），单相桥式全控整流电路的功率因数为

$$\lambda = \frac{\frac{2\sqrt{2}}{\pi} I_d}{I_d} \cos\alpha = 0.9 \cos\alpha \tag{2-85}$$

对于三相桥式全控整流电路，有功功率 $P = \sqrt{3} \times \sqrt{3} U_2 I_{21} \cos\varphi_1$，视在功率 $S = \sqrt{3} \times \sqrt{3} U_2 I_2$。三相桥式全控整流电路中，交流电流 i_2 的有效值为

$$I_2 = \sqrt{\frac{2}{3}} I_d \tag{2-86}$$

根据式（2-78），i_2 的基波电流为 $I_{21} = \frac{\sqrt{6}}{\pi} I_d$。$i_2$ 的基波电流与正弦电压 u_2 的相位差 φ_1 为控制角 α，则三相桥式全控整流电路的功率因数为

$$\lambda = \frac{I_{21}}{I_2} \cos\varphi_1 = \frac{\frac{\sqrt{6}}{\pi} I_d}{\sqrt{\frac{2}{3}} I_d} \cos\alpha = \frac{3}{\pi} \cos\alpha = 0.955 \cos\alpha \tag{2-87}$$

对于电容滤波的单相桥式不可控整流电路有以下结论：

（1）除在 $\omega\sqrt{LC}$ 很小时位移因数是超前的以外，通常位移因数是滞后的，并且随负载加重（ωRC 减小），滞后的角度增大而位移因数减小；随着 $\omega\sqrt{LC}$ 增大，滞后的角度也随之增大，因此位移因数减小。

（2）基波因数随着 ωRC 的增大而减小，随着 $\omega\sqrt{LC}$ 的增大而增大，设置电感 L 在一定程度上确实起到了抑制电流冲击引起的畸变的作用。

对于电容滤波的三相桥式不可控整流电路有以下结论：

（1）位移因数通常是滞后的，但与单相时相比，位移因数更接近 1。

（2）随着负载加重（ωRC 减小），总的功率因数提高；同时，随着滤波电感增加，总功率因数提高。

2.6.3 整流输出电压和电流的谐波分析

整流电路将交流电变换为直流电提供给直流负载，对负载而言整流电路即直流电源。直流电源的重要性能指标，除输出直流电压的大小 U_d 外，还有纹波系数 r_u 等。纹波系数定义为直流电源输出电压中纹波电压 U_a 与直流电压的比，即

$$r_u = \frac{U_a}{U_d} \tag{2-88}$$

纹波电压即交流分量的大小为

$$U_a = \sqrt{U_1^2 + \sum_{n=2}^{\infty}(U_n)^2} \tag{2-89}$$

式中：U_1、U_n 等为基波和谐波电压的有效值。

对直流电源而言，纹波系数 r_u 越小越好。

m 脉波可控整流电路，控制角 $\alpha=0°$ 时输出电压 u_d 的波形如图 2-49 所示，u_d 表示为

$$u_d(\omega t) = \sqrt{2}U_2\cos\omega t, \omega t \in \left[\left(\frac{2k\pi}{m}-\frac{\pi}{m}\right),\left(\frac{2k\pi}{m}+\frac{\pi}{m}\right)\right](k=0,\pm1,\pm2,\pm3\cdots)$$
$$\tag{2-90}$$

式（2-90）为偶函数，根据函数的性质其傅里叶级数中含有平均值和余弦分量，表达式为

$$u_d(\omega t) = U_d + \sum_{k=1}^{\infty} b_k\cos\frac{k\pi\omega t}{\frac{\pi}{m}}$$

$$= U_d + \sum_{k=1}^{\infty} b_k\cos mk\omega t \tag{2-91}$$

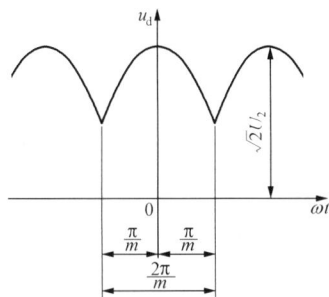

图 2-49 m 脉波可控整流电路 $\alpha=0$ 时输出电压的波形

其中

$$U_d = \frac{\dfrac{1}{2\pi}\displaystyle\int_{-\frac{\pi}{m}}^{\frac{\pi}{m}} u_d(\omega t)\mathrm{d}(\omega t)}{m}$$

$$= \frac{m}{\pi}\int_{0}^{\frac{\pi}{m}} u_d(\omega t)\mathrm{d}(\omega t)$$

$$= \frac{m}{\pi}\int_{0}^{\frac{\pi}{m}} \sqrt{2}U_2\cos\omega t\,\mathrm{d}(\omega t)$$

$$= \frac{\sqrt{2}mU_2}{\pi} \sin \frac{\pi}{m} \tag{2-92}$$

$$b_k = \frac{1}{\frac{\pi}{m}} \int_{-\frac{\pi}{m}}^{\frac{\pi}{m}} u_d(\omega t) \cos \frac{k\pi\omega t}{\frac{\pi}{m}} d(\omega t)$$

$$= \frac{2m}{\pi} \int_0^{\frac{\pi}{m}} \sqrt{2}U_2 \cos\omega t \cos mk\omega t \, d(\omega t)$$

$$= \frac{\sqrt{2}mU_2}{\pi} \int_0^{\frac{\pi}{m}} \left[\cos(1+mk)\omega t + \cos(1-mk)\omega t \right] d(\omega t)$$

$$= \frac{\sqrt{2}mU_2}{\pi} \left[\frac{\sin(1+mk)\omega t}{1+mk} + \frac{\sin(1-mk)\omega t}{1-mk} \right]_0^{\frac{\pi}{m}}$$

$$= \frac{\sqrt{2}mU_2}{\pi} \left[\frac{\sin\left(\frac{\pi}{m}+k\pi\right)}{1+mk} + \frac{\sin\left(\frac{\pi}{m}-k\pi\right)}{1-mk} \right]$$

$$= \frac{2\sqrt{2}mU_2}{\pi} \frac{(-1)^k \sin\frac{\pi}{m}}{1-(mk)^2} \tag{2-93}$$

将式（2-92）、式（2-93）代入式（2-91），得到 m 脉波可控整流输出电压的傅里叶级数为

$$u_d = \frac{\sqrt{2}mU_2}{\pi} \sin\frac{\pi}{m} + \sum_{k=1}^{\infty} \frac{2\sqrt{2}mU_2}{\pi} \cdot \frac{(-1)^k \sin\frac{\pi}{m}}{1-(mk)^2} \cos mk\omega t \tag{2-94}$$

由式（2-94）可见，m 脉波整流电路在控制角 $\alpha=0°$ 时输出电压 u_d 中含有 mk（$k=1$，2，3，…）次谐波。可以证明，在 $\alpha>0°$ 时输出电压 u_d 中也含有 mk（$k=1$，2，3，…）次谐波。

图 2-50 为整流电路带有电阻性负载输出直流电压傅里叶仿真分析结果。图 2-50（a）所示单相桥式全控整流电路，控制角 $\alpha=60°$，直流侧电压中含有 2、4、6、8、…次谐波；图 2-50（b）所示三相桥式全控整流电路，控制角 $\alpha=0°$，直流侧电压中含有 6、12、18、…次谐波，与理论分析结果相符。

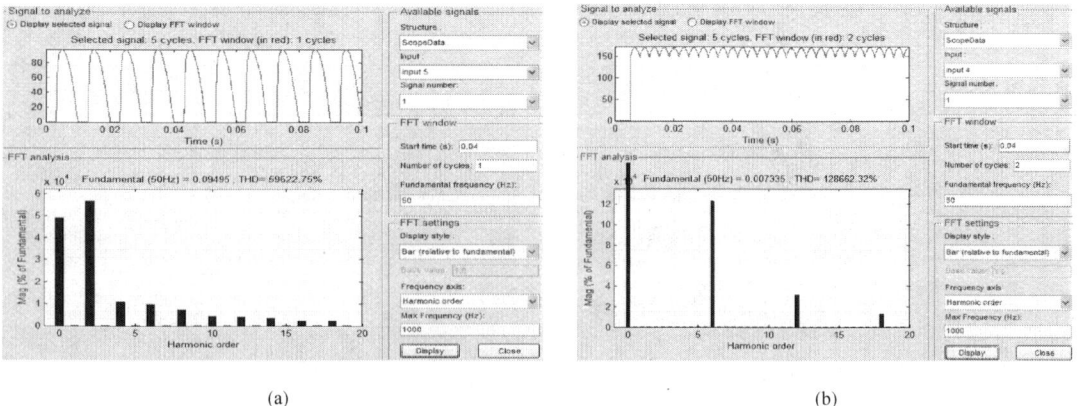

(a)   (b)

图 2-50　整流电路输出直流电压傅里叶仿真分析结果

(a) 单相桥式全控整流电路；(b) 三相桥式全控整流电路

由上述分析可见，m 脉波整流电路输出电压中的谐波次数为 $n=mk$，$k=1$，2，3，$\cdots$。

将式（2‑94）中交流分量的有效值代入式（2‑89）计算得到 U_a，再将 U_a 及式（2‑92）计算得到 U_d 代入式（2‑88），得到控制角 $\alpha=0°$ 时不同脉波数 m 时的整流输出电压纹波系数为

$$r_u = \sqrt{\sum_{k=1}^{\infty}\left[\frac{\sqrt{2}(-1)^k}{1-(mk)^2}\right]^2} = \sqrt{2}\sqrt{\sum_{k=1}^{\infty}\left[\frac{1}{1-(mk)^2}\right]^2} \qquad (2\text{-}95)$$

m 取不同值时的计算结果见表 2‑3。

表 2‑3　　　　　　　　　　不同脉波数 m 时的电压纹波系数值

m	2	3	6	12	∞
r_u（%）	48.2	18.27	4.18	0.994	0

可见，整流输出电压的脉波数越多，纹波系数值越小。

负载电流的傅里叶级数可由整流电压的傅里叶级数求得，即

$$i_d = I_d + \sum_{n=mk}^{\infty} I_{nm}\cos(n\omega t - \varphi_n) \qquad (2\text{-}96)$$

当负载为 R、L 和反电动势 E 串联时，式（2‑96）中

$$I_d = \frac{U_d - E}{R}$$

n 次谐波电流的幅值 I_n 为

$$I_{nm} = \frac{b_n}{z_n} = \frac{b_n}{\sqrt{R^2 + (n\omega L)^2}} \qquad (2\text{-}97)$$

n 次谐波电流的滞后角为

$$\varphi_n = \arctan\frac{n\omega L}{R} \qquad (2\text{-}98)$$

由式（2‑94）和式（2‑97）可得出 $\alpha=0°$ 时的整流电压、电流的谐波有以下规律。

（1）m 脉波整流电压 u_d 的谐波次数为 mk（$k=1$，2，3，$\cdots$）次，即 m 的倍数次；整流电流的谐波由整流电压的谐波决定，也为 mk 次。

（2）当 m 一定时，随谐波次数增大，谐波幅值迅速减小，表明最低次（m 次）谐波是最主要的，其他次数的谐波相对较少；当负载中有电感时，负载电流谐波幅值 I_n 的减小速度更快。

（3）m 增加时，最低次谐波次数增大，且幅值迅速减小，电压纹波系数迅速下降。

2.7　整流电路的多重化

相控整流电路的交流侧电流为非正弦的周期性波形，含有大量的谐波。整流电路所用晶闸管的额定电压、额定电流分别与交流侧电压及电流的大小有关，即与整流电路的容量有关。当整流电路容量增加时，一方面产生的谐波电流增大，对电网的污染程度加剧；另一方面要求晶闸管的容量（额定电压乘以额定电流）增大。当晶闸管的容量一定时，则限制了整流电路容量的增加。

整流电路的多重化，是按一定规律将两个及以上结构相同的整流电路如三相桥式全控整流电路按一定的方式进行连接，以实现减小交流侧谐波电流，提高网侧功率因数以及扩容的目的。

按连接方式不同，多重化整流电路可分为串联型和并联型两类。所谓串联，是指各单元电路输出端串联连接，各单元电路流过相同的电流，输出电压是各单元电路之和，即通过提高输出电压实现扩容。所谓并联是指各单元电路输出端通过一定的方式并联连接，各单元电路具有相同的整流输出电压，输出电流是各单元电路电流之和，即通过提高输出电流实现扩容。

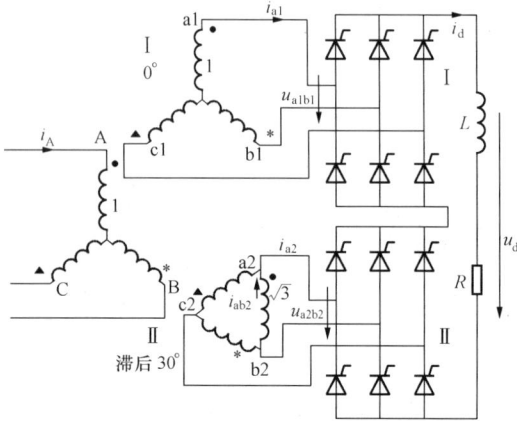

图 2-51　串联型二重整流电路

多重整流电路利用整流变压器生成多组相位不同的电压提供给各单元电路，使网侧电流成为多电平，从而减小谐波电流。同时提高整流输出电压的脉动数 m，减小直流侧电压和电流的谐波含量，减小纹波系数，从而减小输出滤波电路参数。

串联型二重整流电路如图 2-51 所示，它由两个三相桥式全控整流电路串联而成。整流变压器的两个二次绕组分别接成星（Y）形和三角（△）形，以获得相位相差 30°的 12 相交流电压。设一次绕组和两个二次绕组的匝数比 $N_1 : N_Y : N_\triangle = 1 : 1 : \sqrt{3}$，以使两个二次绕组输出相同大小的线电压。为简化分析，忽略晶闸管的导通压降、漏电流以及开关时间，忽略整流变压器的漏磁电感，电路无换相过程和内耗。

串联型二重整流电路输出电压 u_d 的波形如图 2-52 所示。u_d 在一个周期内脉动 12 次，故称图 2-51 所示电路为 12 脉波整流电路。假设负载电感极大，负载电流 $i_d = I_d$，则星形连接和三角形连接两个二次绕组的线电流 i_{a1}、i_{a2} 分别如图 2-53（a）、（b）所示，其幅值都是 I_d。三角形连接二次绕组的相电流 i_{ab2} 如图

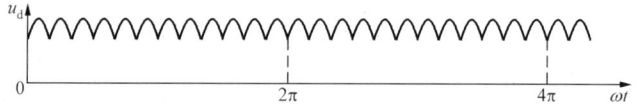

图 2-52　串联型二重整流电路输出电压 u_d 的波形

2-53（c）所示，其幅值为 $\frac{1}{3}I_d$ 和 $\frac{2}{3}I_d$。设 i_{a1} 在一次绕组中产生的电流为 i'_{a1}，i_{ab2} 在一次绕组中产生的电流为 i'_{ab2}，则一次绕组 A 相电流 $i_A = i'_{a1} + i'_{ab2}$。

根据整流变压器三个绕组的匝数比，i'_{a1} 的大小与 i_{a1} 相同，i'_{ab2} 的大小是 i_{ab2} 的 $\sqrt{3}$ 倍，则 i_A 的波形如图 2-53（d）所示。

i_A 的电平数比单个三相桥式整流电路一次电流的电平数多，波形更接近正弦波，因此谐波含量减小。

对电流 i_A 进行傅里叶分析，结果 i_A 中含有基波和 $12k \pm 1$ 次谐波（$k = 1, 2, 3, \cdots$），其基波幅值为

$$I_{1m} = \frac{4\sqrt{3}}{\pi}I_d \tag{2-99}$$

谐波的幅值为

$$I_{nm} = \frac{1}{n} \times \frac{4\sqrt{3}}{\pi}I_d, n = 12k \pm 1, k = 1, 2, 3, \cdots \tag{2-100}$$

整流输出电压的平均值为

$$U_\mathrm{d} = \frac{6\sqrt{6}U_2}{\pi}\cos\alpha = 4.68U_2\cos\alpha = 2\times2.34U_2\cos\alpha \qquad (2\text{-}101)$$

是单个三相桥式全控整流输出电压平均值的 2 倍。在 U_2 相同、I_d 相同的情况下，串联型二重整流电路中晶闸管的额定电压、额定电流分别与单个三相桥式全控整流电路中的晶闸管相同，但整流输出容量增加了。

目前国外许多超高压直流输电系统以及国内 ±500kV 葛南、龙政、江城、天广和贵广直流输电系统都采用单 12 脉接线方式。而特高压换流站系统输送容量大，电压等级高，考虑运行及设备制造原因，较多采用双 12 脉接线，如图 2-54 所示。

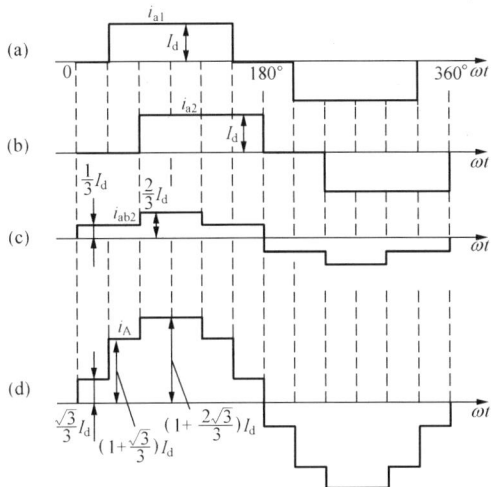

图 2-53　移相 30°串联二重连接电路
的输入电流波形

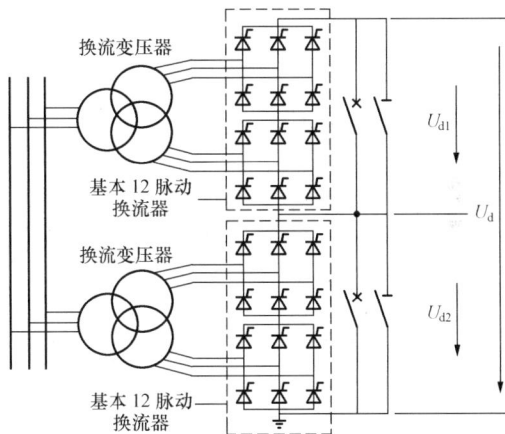

图 2-54　双 12 脉波换流阀串联接线方式

并联型多重整流电路交流侧电流与串联型多重整流电路相同，但整流电路的直流侧不能直接并联，必须采取一定的方式。图 2-55 为并联型二重整流电路，其直流侧通过一个带有中心抽头的平衡电抗器进行并联。

根据同样的道理，利用变压器二次绕组接法的不同，互相错开 20°，可将三相桥构成串联三重连接。此时，对于整流变压器来说，采用星形、三角形组合无法移相 20°，需采用曲折接法。串联三重连接电路的整流电压 u_d 在每个电源周期内脉动 18 次，故此电路为 18 脉波整流电路。其交流侧输入电流中所含谐波更少，其次数为 $18k\pm1$ 次（$k=1,2,3,\cdots$），整流电压 u_d 的脉动也更小。

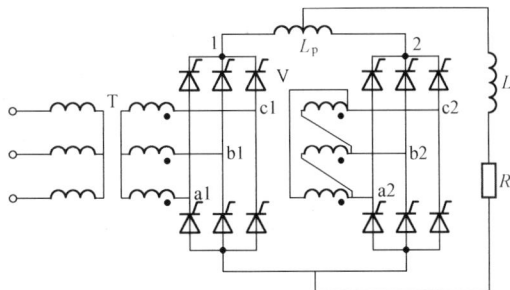

图 2-55　并联型二重连接的 12 脉波整流电路

若将整流变压器的二次绕组移相 15°，即可构成串联四重连接电路，此电路为 24 脉波整流电路。其交流侧输入电流谐波次数为 $24k\pm1$（$k=1,2,3,\cdots$）。

2.8 有源逆变电路

2.8.1 有源逆变电路的概念及其产生的条件

整流电路的作用是将交流电转换为直流电，能量由交流侧向直流侧传递。在图 2-56（a）所示参考方向下，整流电路直流侧电压 U_d 肯定为正。

逆变是相对于整流的逆向变换过程，它将直流电转换为交流电，能量由直流侧向交流侧传递，如图 2-56（b）所示。实现逆变的电路称为逆变电路。

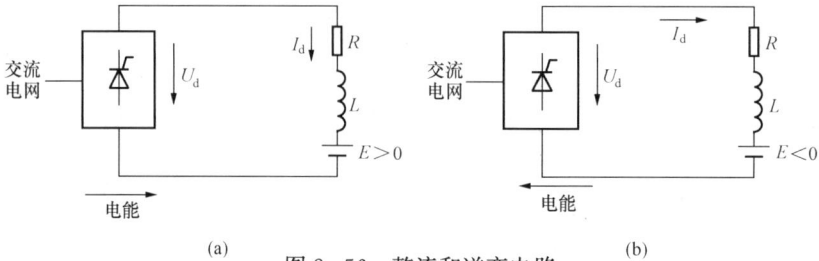

(a)　图 2-56　整流和逆变电路　(b)

（a）整流电路；（b）逆变电路

当交流侧接电网时，这种逆变电路称为有源逆变电路。有源逆变电路的应用有直流可逆调速系统、交流绕线转子异步电动机串级调速、高压直流输电、太阳能发电并网等。如果交流侧直接接负载，即将直流电逆变为某一频率或可调频率的交流电供给负载，这种逆变电路称为无源逆变。

有源逆变电路与整流电路具有相同的电路结构，这种既可工作在整流状态又可工作在逆变状态的整流电路称为变流电路。

变流电路在什么条件下工作在有源逆变状态呢？

在 2.2 节、2.3 节中讨论整流电路时都确定整流电路（单相桥式、三相半波、三相桥式）带有阻感性负载时，控制角的取值范围为 $0° \sim 90°$。这是因为，在整流状态下，能量总是从交流侧向直流侧传递的，由于电流的方向由整流电路结构唯一确定 [请参见图 2-56（a）]，故 U_d 必须为正。根据式（2-12）、式（2-29）、式（2-37），限定了 $\alpha \leqslant 90°$，实际上即便 $\alpha > 90°$，也不会出现 $U_d < 0$ 的情况，因为能量不会从直流侧向交流侧传递。表 2-4 是单相桥式全控整流电路在阻感性负载不同参数、不同控制角下输出电压的仿真波形。仿真结果说明，整流工作状态下，即使 $\alpha > 90°$，也不会出现 $U_d < 0$ 的情况。

表 2-4　　　　　　　　单相桥式全控整流电路输出电压仿真波形

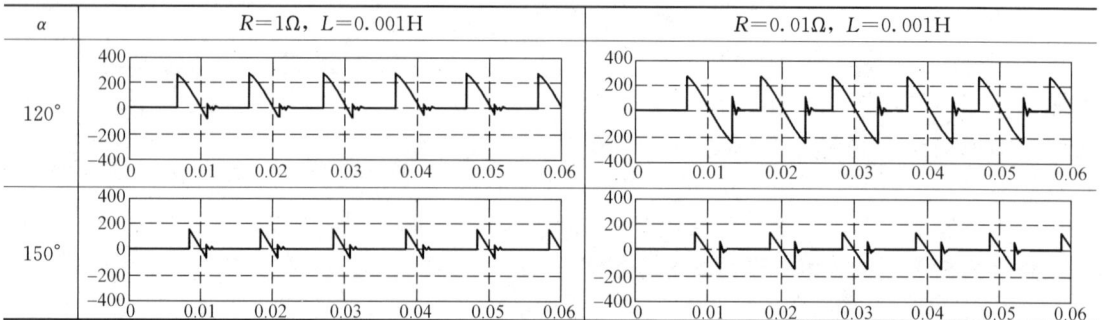

α	$R = 1\Omega$, $L = 0.001\text{H}$	$R = 0.01\Omega$, $L = 0.001\text{H}$
$120°$		
$150°$		

在实际电路中负载电感 L 为有限值，变流电路工作在整流状态控制角 $\alpha > 90°$ 时，u_d 取负值的时间小于取正值的时间，即不会出现 $U_d < 0$ 的情况。

由图 2-56（b）可以看出，电流 I_d 的方向是由变流电路中晶闸管的连接方向唯一确定的，不能改变。根据图示参考方向及能量传递方向，变流电路工作在有源逆变状态时，U_d 必须为负；同时，直流能量由直流电动势 E 提供，且 E 也必须为负，其实际方向应与 I_d 方向一致。综上所述，有源逆变实现的条件为：

（1）直流侧要有一个方向与晶闸管导通方向一致的直流电动势 E，称为有源逆变产生的外部条件。

（2）变流器直流电压 $U_d < 0$，且 $|U_d| < |E|$，晶闸管的控制角 $\alpha > 90°$，称为有源逆变产生的内部条件。

内部条件和外部条件都是整流电路工作在有源逆变状态的必要条件，二者缺一不可，同时外部条件又是内部条件成立的必要条件。

显然，不可控整流电路不能实现有源逆变，因其相当于 $\alpha = 0°$，U_d 不可能为负。凡是 U_d 不可能为负的电路都不会实现有源逆变。在图 2-56（a）所示的整流电路中，直流侧电动势 E 的方向与晶闸管导通的方向相反（称为反电动势），电能不可能由直流侧向交流侧传递，故 U_d 不会为负（即使是 $\alpha > 90°$ 的情况），$\alpha > 90°$ 时，U_d 只能是 0V。故整流电路带有阻感性负载时，控制角的移相范围是 $0° \sim 90°$。在图 2-56（b）所示的整流电路中，$E < 0$，其实际方向与 I_d 相同，直流侧可以提供能量，才有了逆变的可能。因此说上述有源逆变的两个条件中，外部条件是内部条件的必要条件。

2.8.2 三相半波有源逆变电路

共阴极接法的三相半波可控整流电路如图 2-57 所示，其直流侧负载为直流电机，R_d 是包括整流变压器绕组等效电阻、电动机电枢电阻、直流侧回路电阻在内的等效电阻；L_d 是保证直流侧电流连续且减小脉动的平波电抗器。

当直流电机工作在电动机状态时，其电动势 E 为反电动势，实际极性为上"+"下"−"，整流电路的控制角 $\alpha < 90°$，保证整流输出电压的平均值 $U_d > 0$，且 $U_d > E$。

当直流电机工作在发电机状态时，其电动势 E 的实际极性与图 2-57 所示参考极性相反，为上"−"下"+"，如图 2-58（a）所示。为防止直流平均电压 U_d 与 E 顺向串联短路，必须使 U_d 为负。U_d 实际极性为上"−"下"+"，且要求 $|U_d| < |E|$，$\alpha > 90°$。下面讨

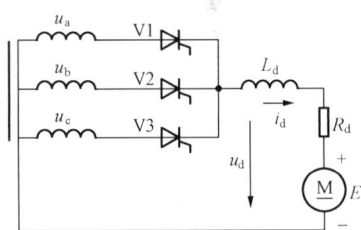

图 2-57 三相半波可控整流电路

论 $\alpha = 150°$ 时图 2-58（a）所示电路工作在有源逆变状态的过程。

当 ωt_1 时刻触发 V1 时，虽然 $u_a = 0$，但在反电动势 E 的帮助下，V1 仍承受正向阳极电压而导通。之后即使 $u_a < 0$，也因反电动势的作用继续导通。在 $|u_a| = |E|$ 的 ωt_2 时刻之前，直流电流 i_d 处于增长阶段，电抗器 L_d 两端自感电动势 e_L 极性左"+"右"−"，变流电路给电抗器储能。过 ωt_2 时刻之后，$|E| < |u_a|$，电流 i_d 呈减小趋势，自感电动势改变极性，左"−"右"+"。此种极性的 e_L 施加在晶闸管上，使元件继续承受正向电压而导通。由于假设 L_d 电感量极大，足以维持 V1 导通至 V2 触发导通的 ωt_3 时刻为止。ωt_3 时刻 b 相电压 $u_b = 0$，但仍有 $u_b > u_a$，故能完成 V1 至 V2 的换流，输出直流电压 $u_d = u_b$。以后各

晶闸管按此规律轮流触发、导通，循环重复。可以看出，逆变电路的工作过程，特别是换流过程是与整流电路相同的。

逆变工作状态下直流电压 u_d 波形如图 2-58（b）所示。当 α 在 $\pi/2\sim\pi$ 范围内变化时，u_d 波形有正有负，但负面积总是大于正面积，使直流电压平均值 U_d 为负，其极性上负下正，满足逆变工作要求。由于电机反电动势 $|E|>|U_d|$，使直流电流 I_d 自 E 正端输出，至 U_d 正端流入，所以电能自直流侧倒送至交流侧，实现电能的回馈。逆变状态下晶闸管上承受的电压波形仍和三相半波可控整流电路中分析的相同，由三段组成，每段各占 1/3 周期，即一导通段，波形为管压降，近似为零；两关断段，波形分别为该管所在相与相邻两相间的线电压。图 2-58（b）给出了 $\alpha=150°$ 时晶闸管 V1 两端的电压 u_{V1} 的波形。

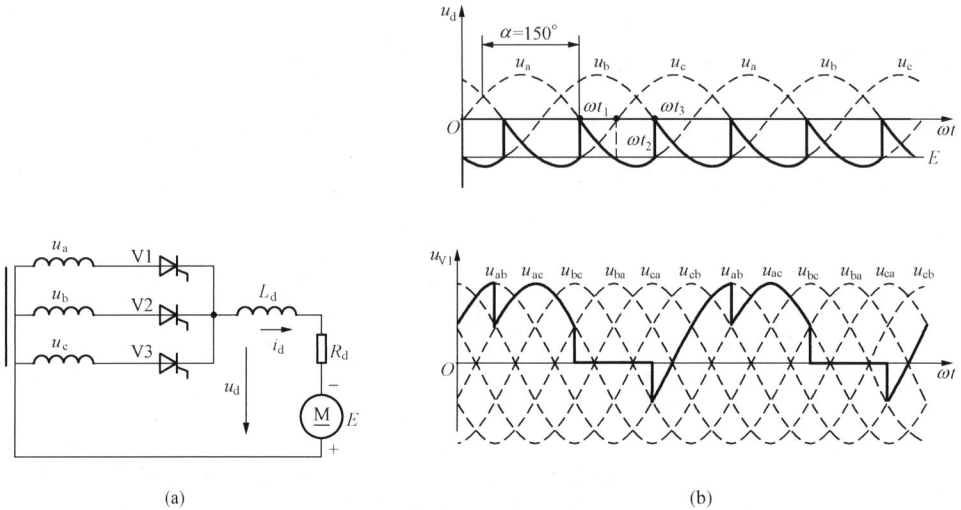

图 2-58　三相半波有源逆变电路及其波形

（a）电路；（b）波形

为分析和计算方便起见，通常把 $\alpha>\pi/2$ 时的控制角用 $\pi-\alpha=\beta$ 表示，β 称为逆变角。控制角 α 是以自然换相点作为计量起点的，由此向右方计量，而逆变角 β 和控制角 α 的计量方向相反，其大小自 $\beta=0$（$\alpha=\pi$）的起始点向左方计量，两者的关系是 $\alpha+\beta=\pi$，或 $\beta=\pi-\alpha$。

有源逆变电路是可控整流电路在控制角 $90°<\alpha<180°$ 范围内的运行方式，各个电量的计算方法与整流电路中相同，三相半波有源逆变电路直流侧的平均电压为

$$U_d = 1.17U_2\cos\alpha = 1.17U_2\cos(180°-\beta) = -1.17U_2\cos\beta \tag{2-102}$$

根据图 2-56 所示参考方向，输出直流电流的平均值为

$$I_d = \frac{U_d - E}{R} \tag{2-103}$$

在有源逆变状态时，U_d 和 E 的极性都与整流状态时相反，均为负值。

每个晶闸管导通 1/3 周期，故晶闸管电流有效值为

$$I_V = \frac{1}{\sqrt{3}}I_d \tag{2-104}$$

从交流电源送到直流侧的有功功率为

$$P_d = RI_d^2 + EI_d \tag{2-105}$$

在有源逆变状态下，由于 $E<0$，$P_d<0$，故功率由直流侧送到交流侧。

2.8.3 逆变失败与最小逆变角的限制

晶闸管电路工作于整流状态时，如果脉冲丢失或快速熔断器烧断，晶闸管触发不导通以及交流电源本身原因造成缺相时，后果只是输出直流电压为缺相波形，平均电压减小，不会造成电路重大事故。但在逆变状态下发生以上情况时，后果要严重得多。逆变时的直流电动势可能会通过逆变电路晶闸管形成短路，也可能使直流电动势与逆变电路直流电压顺极性串联短路。由于逆变电路中限流电阻很小，将会形成很大短路电流，使逆变电路不能正常工作，造成重大事故。这种情况称为逆变颠覆或逆变失败。

逆变颠覆的原因归纳起来大致有以下几方面：

（1）触发电路工作不可靠，造成脉冲丢失或脉冲延时，使得该导通的晶闸管不能导通，该关断的晶闸管一直导通至 $U_d>0$ 的正半周，致使交流电源与直流电动势顺极性串联短路而造成逆变颠覆。

（2）触发脉冲正常，晶闸管故障。例如断态重复峰值电压裕量不够，正向关断期误导通，造成输出直流电压 u_d 瞬时变正，也构成交流、直流侧顺极性串联短路，逆变颠覆。

（3）交流电源发生故障，如缺相、电源突然消失，但反电动势 E 仍存在，晶闸管仍可导通。由于此时没有平衡直流电动势的交流电压，反电动势将通过晶闸管被短路，也会造成逆变颠覆。

（4）当逆变角 β 较小时，由于换相重叠角的影响，造成晶闸管因承受反向电压时间不够而关不断，导致逆变颠覆。

逆变电路和可控整流电路相同，当考虑交流电源侧的电抗时（如变压器漏抗、线路杂散电抗等），晶闸管的换相不能瞬时完成，同样有一个换流重叠的过程，其机理和整流电路中换流重叠现象一样。这两种电路唯一的差异是，整流电路的换流重叠现象将使输出直流电压 u_d 波形减小一块面积，造成整流电压平均值 $|U_d|$ 降低；而逆变过程中的换流重叠现象将使直流电压 u_d 波形增加一块画有阴影面积的波形，如图 2‑59 中三相半波逆变电路波形所示，造成直流平均电压 $|U_d|$ 略有提高。

换流重叠现象会给逆变过程带来不良后果，这可以用共阴极接法三相半波整流电路中晶闸管 V3 至 V1 的换流来说明。当逆变角 β 大于换流重叠角 γ 时，如图 2‑59 所示 ωt_1 时刻开始的换相过程，经过 γ 角后仍有 $u_a>u_c$，说明经过换流重叠期后 V1 仍承受正向阳极电压而导通，V3 将承受反向阳极电压而关断，实现正常换相。如果逆变角 β 小于换流重叠角 γ，如图 2‑59 所示 ωt_2 时刻开始的换相过

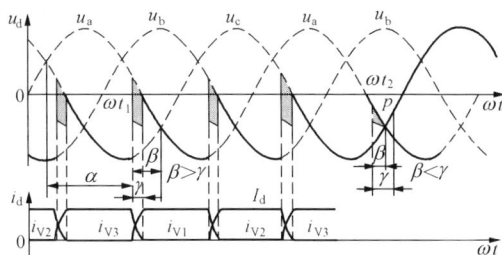

图 2‑59 换流重叠现象对
三相半波逆变电路的影响

程，当经过自然换相点 p 后将有 $u_a<u_c$。然而，换流尚未结束，V3 将承受正向阳极电压而继续导通，V1 将承受反向阳极电压而重新关断，未能实现换相，再次有 $u_d=u_c$。随着 c 相电压越来越高并转为正值，u_d 将改变极性与反电动势 E 构成顺极性串联短路，造成逆变颠覆。因此，为了防止逆变颠覆，逆变角不能太小，必须限制在一个允许的最小角度 β_{min} 内。

逆变时允许采用的最小逆变角 β_{min} 应为

$$\beta_{\min} = \delta + \gamma + \theta' \qquad (2-106)$$

式中：δ 为晶闸管的关断时间 t_q 折合的电角度；γ 为换相重叠角；θ' 为安全裕量角。

晶闸管的关断时间 t_q，大的可达 $200 \sim 300 \mu s$，折算到电角度 $\delta = 4° \sim 5°$。至于重叠角 γ，它随直流平均电流和换相电抗的增加而增大。为对重叠角的范围有所了解，举例如下。

某装置直流电压为 220V，整流电流 800A，整流变压器容量为 240kVA，短路电压比 $U_k\%$ 为 5% 的三相电路，其 γ 的值可达 $15° \sim 20°$。设计变流器时，重叠角可查阅有关手册，也可根据表 2-1 计算，即

$$\cos\alpha - \cos(\alpha + \gamma) = \frac{X_B I_d}{\sqrt{2} U_2 \sin \dfrac{\pi}{m}} \qquad (2-107)$$

重叠角 γ 与 I_d 和 X_B 有关，当电路参数确定后，重叠角就有定值。

安全裕量角 θ' 是十分重要的参数。当变流器工作在逆变状态时，由于种种原因会影响逆变角，如不考虑裕量，也可能破坏 $\beta \geqslant \beta_{\min}$ 的关系，导致逆变失败。在三相桥式逆变电路中，触发器输出的 6 个脉冲，它们的相位角间隔不可能完全相等，有的比期望值偏前，有的偏后，这种脉冲的不对称程度一般可达 5°，若不设安全裕量角，偏后的那些脉冲相当于 β 变小，就可能小于 $\beta_{\min}$，导致逆变失败。根据一般中小型可逆直流拖动系统的运行经验，θ' 值约取 10°，最小 β 一般取 $30° \sim 35°$。设计逆变电路时，必须保证 $\beta \geqslant \beta_{\min}$，因此常在触发电路中附加一保护环节，保证触发脉冲不进入小于 $\beta_{\min}$ 的区域内。

小　结

（1）整流变压器起电压变换和隔离的作用，其二次侧电压为 $u_2 = \sqrt{2} U_2 \sin\omega t$，角频率 ω 与一次侧相同，有效值为 U_2。整流变压器的二次侧即为整流电路的交流侧。本章讨论中涉及的整流电路交流侧的问题，即为整流变压器二次侧的问题。

（2）整流电路将交流电变换成直流电，从整流电路的交流侧到直流侧，电压及电流的波形完全不同。整流电路的同一开关器件在一个电源周期的不同阶段，或者同一阶段不同的开关器件，其端电压完全不同，但有一定的规律，波形反映整流电路的工作状态。通过观察整流输出波形及开关器件端电压波形，可以判断整流电路的工作状态。学习电力电子技术，必须掌握波形分析的方法。波形分析方法的基础，是整流电路正常工作时各个电量的波形。本章的大部分篇幅用来分析、介绍整流电路正常工作时各个电量的波形。

（3）晶闸管是非线性器件，由它构成的整流电路是非线性电路。非线性电路产生大量谐波注入电网。通过本章的学习，认识整流电路在对电能进行变换的同时，对电网产生了谐波污染。不同结构的整流电路在交流侧产生的谐波情况是不同的。特征谐波的次数为 $mk \pm 1$。其中，m 是整流输出脉波数，$k=1, 2, 3, \cdots$。

（4）整流电路的直流侧是直流负载的电源。直流电源的一个重要参数是其输出的直流电压平均值。本章在分析完每一种整流电路的工作过程、工作波形后，都介绍了其输出直流电压平均值的计算方法。纹波系数是衡量直流电源质量的性能参数之一，纹波系数的计算基于对整流电路直流侧电压谐波情况的分析。整流电路直流侧电压特征谐波的次数为 mk。

（5）不同容量整流电路对晶闸管的耐压、耐流能力的要求是不同的。确定晶闸管的额定电压、额定电流，需要知道晶闸管承受的最高阳极电压、晶闸管电流的有效值，这两个量根据晶闸管阳极电压及晶闸管电流的波形进行判断、计算。

（6）单相、三相桥式整流电路分别是单相、三相交流电源供电时常用的电路结构，三相桥式整流电路又是大容量整流装置中多重化结构的基本单元。三相桥式整流电路由两个三相半波整流电路串联构成。三相桥式整流电路中晶闸管的工作规律与三相半波整流电路中的完全相同。单相正弦交流电压及单相桥式整流电路都具有对称性，这种对称性决定了单相桥式整流电路工作的对称性，即 4 个桥臂的晶闸管分成两组，分别在交流电源的正、负半周受触发导通，工作相同的时间。三相交流电压的对称性以及三相半波整流电路的对称性决定了三相半波整流电路工作的对称性，即三相晶闸管各工作 1/3 电源周期，它们分别在自然换相点后本相相电压最大时开始承受正向阳极电压（共阴极电路），可以受触发导通。掌握晶闸管的导通规律是掌握整流电路工作波形以及分析计算的基础。

（7）实际的整流变压器存在漏磁感抗。漏磁感抗使整流电路出现换相过程，工作状态增加。本章研究了漏磁感抗对输出电压等电量的影响、换相过程的时间长短等问题。

（8）整流电路，在满足一定的外部条件和内部条件的情况下，可工作在有源逆变状态。

习 题

2-1 单相桥式全控整流电路带阻感性负载，$\omega L \gg R$。设变压器二次侧电压为 U_2，则晶闸管承受的最高正、反向电压分别为（ ）。

A. $\frac{\sqrt{2}}{2}U_2$，$\frac{\sqrt{2}}{2}U_2$ B. $\frac{\sqrt{2}}{2}U_2$，$\sqrt{2}U_2$ C. $\sqrt{2}U_2$，$\frac{\sqrt{2}}{2}U_2$ D. $\sqrt{2}U_2$，$\sqrt{2}U_2$

2-2 三相半波可控整流电路带电阻性与阻感性负载（$\omega L \gg R$）情况下。晶闸管触发角的移相范围分别为（ ）。

A. 150°，90° B. 90°，180° C. 180°，90° D. 120°，90°

2-3 单相桥式全控整流电路带阻感性反电动势负载，$\omega L \gg R$。负载电压为 U_d，反电动势为 E，则负载电流为（ ）。

A. $\frac{U_d}{R}$ B. $\frac{U_d - E}{R}$ C. $\frac{U_d + E}{R}$ D. $\frac{U_2 - E}{R}$

2-4 下列电路中存在变压器铁芯直流磁化现象的有（ ）。

A. 单相半波可控整流电路 B. 单相桥式全控整流电路
C. 三相桥式全控整流电路 D. 三相半波可控整流电路

2-5 三相桥式全控整流电路工作在有源逆变状态。设变压器二次侧电压为 U_2，负载电压为 U_d，反电动势为 E，则负载电流为（ ）。

A. $\frac{E - U_d}{R}$ B. $\frac{U_d - E}{R}$ C. $\frac{U_d + E}{R}$ D. $\frac{U_2 - E}{R}$

2-6 变压器漏感对整流电路的影响是使整流电路直流侧电压 U_d 的大小（ ），使有源逆变电路直流侧电压 U_d 的大小（ ）。

A. 降低，降低 B. 降低，升高

C. 升高，降低　　　　　　　　　　　　　　D. 升高，升高

2-7　三相桥式全控整流电路，其整流变压器二次侧电流含有（　　）次谐波，其直流侧电压和电流含有（　　）次谐波。

A. $6k$　　　　　　　B. $6k\pm1$　　　　　　C. $2k$　　　　　　D. $3k\pm1$

2-8　单相桥式全控整流电路，其交流侧电流第（　　）次谐波幅值最大，含有率为（　　）。

A. 3　　　　　　　　B. $2k\pm1$　　　　　　C. $2k$　　　　　　D. 2

E. $\dfrac{1}{2k\pm1}$　　　　F. $\dfrac{1}{2k}$　　　　　G. $\dfrac{1}{3}$　　　　　H. $\dfrac{1}{2}$

2-9　三相桥式全控整流电路，同一相上下两个桥臂晶闸管的触发脉冲相差（　　）；共阳极组 3 个晶闸管的触发脉冲依次相差（　　）；每两个相邻触发脉冲相差（　　）。

A. $30°$　　　　　　B. $60°$　　　　　　C. $90°$　　　　　　D. $120°$

E. $180°$

2-10　三相桥式全控整流电路，电阻性负载，控制角 $\alpha=45°$，各晶闸管的导通角是（　　）；若为大电感负载，则各晶闸管的导通角是（　　）。

A. $120°$　　　　　　B. $135°$　　　　　　C. $75°$　　　　　　D. $105°$

2-11　对单相半波可控整流电路进行仿真测试，已知 $U_2=100\text{V}$，$R=4\Omega$，控制角与电感分别为如下取值时：通过仿真测试结果说明：整流电路带阻感性负载时导通角 θ 与哪些因素有关。①$\alpha=30°$，$L=200\text{mH}$；②$\alpha=30°$，$L=2\text{H}$；③$\alpha=60°$，$L=200\text{mH}$。

2-12　图 2-60 所示为单相半波可控整流电路带阻感性负载，有续流二极管，$U_2=110\text{V}$，$R=3\Omega$，$L=800\text{mH}$，$\alpha=45°$。

（1）仿真测试输出电压 u_d、输出电流 i_d、晶闸管电压 u_V、晶闸管电流 i_V、续流二极管电流 i_{VD} 的波形。

（2）根据各测试波形，计算输出电压平均值 U_d、输出电流平均值 I_d、晶闸管电流平均值 I_{dV}、续流二极管电流平均值 I_{dVD}、晶闸管电流有效值 I_V、续流二极管电流有效值 I_{VD}（计算电流时假定 i_d 波形为一条水平线）。

（3）晶闸管和续流二极管的最大阳极电压分别是多少？

（4）探讨续流二极管的作用。

2-13　图 2-61 所示为单相桥式半控整流电路带阻感性负载，$U_2=80\text{V}$，$R=3\Omega$，$L=600\text{mH}$，$\alpha=60°$。

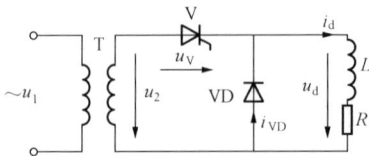

图 2-60　题 2-12 图　　　　　　　　　　图 2-61　题 2-13 图

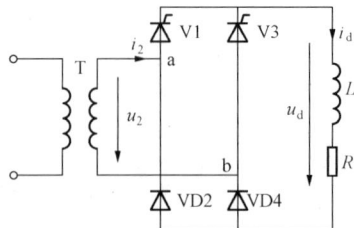

（1）仿真测试输出电压 u_d、输出电流 i_d、各晶闸管和二极管的电流 i_{V1}、i_{V3}、i_{VD2}、

i_{VD4}、整流变压器二次侧电流 i_2 的波形。

（2）探讨单相桥式半控整流电路带阻感性负载时的失控问题及避免失控的方法。

2 - 14 通过仿真实验，测试三相桥式全控整流电路带电阻性负载在不同控制角下输出电压的波形，说明三相桥式全控整流电路应采用双窄脉冲（两个窄脉冲的前沿相差 60°，脉宽一般为 20°～30°）或宽脉冲（脉冲宽度一般取 80°～100°）触发。

2 - 15 图 2 - 62 所示为具有变压器中心抽头的单相全波可控整流电路，试说明：

（1）变压器是否存在直流磁化；

（2）晶闸管承受的最大正反向电压为 $2\sqrt{2}U_2$；

（3）当负载为电阻或电感时，其输出电压和电流的波形与单相全控桥时相同。

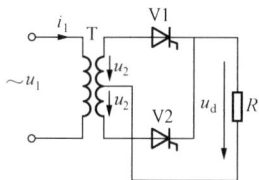

2 - 16 单相桥式全控整流电路，有一只晶闸管不能导通，请画出控制角 $\alpha=60°$ 时电阻性负载和阻感性负载两种情况下，整流输出电压 u_d 的波形。

图 2 - 62 题 2 - 15 图

2 - 17 单相桥式全控整流电路，电阻负载 $R=4\Omega$，要求输出电流 I_d 在 0～25A 之间变化。

（1）计算变压器电压比。

（2）如果导线电流密度 $J=5\text{A/mm}^2$，计算连接负载的导线截面积。

（3）不考虑安全裕量，计算晶闸管的额定电流、额定电压。

（4）忽略变压器励磁功率，变压器应选多大容量？

（5）计算负载电阻的功率。

（6）计算 $I_d=5\text{A}$ 时电路的功率因数。

2 - 18 三相半波可控整流电路，$U_2=100\text{V}$，负载中 $R=2\Omega$，L 值极大，反电动势 $E=60\text{V}$，当 $\alpha=30°$ 时，要求：

（1）画出 u_d、i_d、i_{2a} 和 u_{V2} 的波形；

（2）求整流输出平均电压 U_d、电流 I_d、晶闸管电流平均值 I_{dv} 以及变压器二次侧电流有效值 I_2；

（3）考虑安全裕量，确定晶闸管的额定电压和额定电流。

2 - 19 三相桥式全控整流电路，$U_2=100\text{V}$，带阻感性负载，$R=5\Omega$，L 值极大，当 $\alpha=60°$ 时，要求：

（1）画出 u_d、i_d、i_{V1}、i_2 和 u_{V2} 的波形；

（2）求整流输出平均电压 U_d、电流 I_d、晶闸管电流平均值 I_{dv} 及有效值 I_V、变压器二次电流有效值 I_2；

（3）考虑安全裕量，确定晶闸管的额定电压和额定电流。

2 - 20 整流变压器的漏抗对整流电路产生了怎样的影响？

2 - 21 单相全控桥，反电动势阻感性负载，$R=1\Omega$，$L=\infty$，$E=40\text{V}$，$U_2=100\text{V}$，$L_B=0.5\text{mH}$，当 $\alpha=60°$ 时求 U_d、I_d 与 γ 的数值，并画出整流电压 u_d 的波形。

2 - 22 三相半波可控整流电路，反电动势阻感性负载，$E=50\text{V}$，$U_2=100\text{V}$，$R=1\Omega$，$L=\infty$，$L_B=1\text{mH}$，求当 $\alpha=30°$ 时 U_d、I_d 与 γ 的值并画出 u_d 与 i_{V1}、i_{V2} 的波形。

2 - 23 整流电路多重化的主要目的是什么？

2-24 使变流器工作于有源逆变状态的条件是什么？

2-25 什么是逆变颠覆？如何防止逆变颠覆？

2-26 三相全控桥变流器，反电动势阻感性负载，$R=1\Omega$，$L=\infty$，$U_2=220V$，$L_B=1mH$。当 $E=-400V$、$\beta=60°$时，求 U_d、I_d 与 γ 的值，以及送回电网的有功功率。

2-27 单相桥式全控整流电路、三相桥式全控整流电路中，当负载分别为电阻负载或电感负载时，要求的晶闸管移相范围分别是多少？

第3章 直流—交流（DC - AC）变换

直流—交流（DC - AC）变换又称逆变，是把直流电变换成交流电的变流过程。实现 DC - AC 变换的电路称为逆变电路。逆变是整流（又称顺变）的逆向变换过程。

3.1 逆 变 电 路 概 述

逆变电路通过电力电子开关器件的开通和关断作用，把直流电能变换成交流电能。由于它是通过电力电子开关器件的开关作用来实现电能变换的，因此其变换效率比较高，但变换输出的波形却很差，是含有相当多谐波成分的波形，因而还需要进行交流低通滤波器的滤波。对如何控制开关器件的开通和关断可使逆变电路输出正弦波或准正弦波，是本章将要介绍的逆变技术的一个主要内容。

1. 逆变技术的发展过程

逆变技术的发展可以分成以下三个阶段。

（1）1956～1980 年为传统发展阶段，这个阶段的特点是，开关器件以低速器件为主，逆变电路的开关频率较低，输出电压波形改善以多重叠加法为主，体积质量较大，逆变效率较低，正弦波逆变技术开始出现。

（2）1981～2000 年为高频化新技术阶段，这个阶段的特点是，开关器件以高速器件为主，逆变电路的开关频率较高，波形改善以 PWM 为主，体积质量小，逆变效率高，正弦波逆变技术的发展日趋完善。

（3）2000 年至今为高效低污染阶段，这个阶段的特点是以逆变电路的综合性能为主，低速与高速开关器件并用，多重叠加法与 PWM 法并用，不再偏向追求高速开关器件与高开关频率，高效环保的逆变技术开始出现。

2. 逆变技术的典型应用

逆变技术是电力电子技术四种变换技术中非常重要的一种，其应用将越来越重要。逆变技术的典型应用包括下述几方面。

（1）逆变与绿色能源。利用风能、太阳能、潮汐能、地热能等绿色能源发电，可以避免火力发电带来的严重污染，这些均与逆变技术直接相关。21 世纪是能源开发、资源利用与环境保护相互协调发展的世纪。在这个世纪里，具有世界三大能源之称的石油、天然气和煤将逐渐被耗尽，氢能源与再生能源将成为人类使用的主体能源，这种能源变迁将迫使发电方式产生一次大变革，具有高效、环保的燃料电池发电方式将成为主体发电方式。燃料电池输出的是直流电，必须采用逆变技术将直流电能逆变成交流电能供给负载。此外，燃料电池电动车（汽车和摩托车）和航天电源也都需要逆变技术。逆变技术是一种高效节能技术，利用逆变电路的电动机调速节能，是节能的一大重点。发展并推广电动汽车，是改善大气环境的重要措施。

（2）谐波治理。市电电网中的谐波，主要是由各种电力电子装置（包括家用电器、计算机等的电源部分）、变压器、利用电弧工作的设备等产生的。变压器的谐波电流是由其励磁回路的非线性引起的，含有以 3 次谐波为主的奇次谐波。利用电弧工作的电气设备，由于电弧的电气特性的非线性，会产生大量的、复杂的谐波。现代电力电子装置的日益广泛应用，也使得这些装置成为最大的干扰源，尤其是整流装置所占的比例最大。常用的整流电路几乎都是采用晶闸管相控或二极管整流电路。不管是三相整流还是单相整流，不论是带阻感性负载，还是采用直流电容滤波，都是严重的谐波污染源，都会给市电电网造成严重污染。采用由逆变电路制成的有源电力滤波器（APF）和静止无功功率发生器（SVG），可以有效地治理市电电网的谐波污染，这是当前正在兴起的一门新技术。

（3）变频技术。现代变频技术是重要的节能和环保技术，在工业生产、交通运输和家用电器中，应用相当广泛。20 世纪 80 年代，变频技术只提供可变频、变压的电源，后来发展了相量控制技术。到 20 世纪 90 年代，应用正弦变频、空间相量 PWM 变频、无速度传感变频等新技术，构成了一批新型变频器。其中特别是用 IGBT 作开关的完美无谐波高压变频器，它采用了具有独立直流电源的直流串联型多电平逆变电路为主体、5 个功率单元串联叠加的变频器形式，输出功率可达 315～10000kW，直接输出电压为 3000V 或 6000V，市电输入功率因数可达 0.95 以上，市电输入电流失真为 0.8%，输出电压失真为 1.2%，总体效率可达 97%。

（4）电力系统中的应用。早期电力电子技术在电力系统中的应用领域主要有发电机自励磁系统和高压直流输电（HVDC）。20 世纪 80 年代末期，美国电力研究院提出了一个新概念，即柔性交流输电系统（Flexible AC Trans-mission System，FACTS），其本质就是将高压大功率的电力电子技术应用到电力系统中，以提高对电力系统的控制能力，提高原有电力系统的输出能力。所使用的电力电子技术就是逆变技术，如用于输电网的综合潮流控制器（Unified Power Flow Controller，UPFC），它具有对称结构，能量可以双向流动，串并联逆变电路的容量各为 ± 160 MVA，采用 GTO 作开关，串联逆变电路主要用来对输电线路的有功功率和无功功率进行控制，并联逆变电路相当于 SVC，主要起控制有功潮流（Power Flow）和吞吐无功功率的作用。20 世纪 90 年代，美国电力研究院又提出了用于配电系统的电能质量综合控制器，用来全面综合地提高配电网的供电质量。电能质量综合控制器的核心技术是逆变技术。

3.2 逆变电路的基本工作原理及分类

3.2.1 逆变电路的基本工作原理

如图 3-1（a）所示，以单相桥式无源逆变电路为例来分析其基本工作原理。电桥 4 个桥臂中的开关 S1、S2、S3、S4 由电力电子器件及其辅助电路组成的。当开关 S1、S4 闭合，S2、S3 断开时，负载电压 u_o 为正；当开关 S1、S4 断开，S2、S3 闭合时，负载电压 u_o 为负，其电压波形如图 3-1（b）所示。这样，就把直流电变成了交流电。改变两组开关的切换频率，即可改变输出交流电的频率，这就是最基本的逆变电路工作原理。当负载为电阻时，负载电流 i_o 和电压 u_o 的波形形状相同，相位也相同。若负载为阻感时，i_o 要滞后 u_o，两者波形的形状不同，图 3-1（b）画出的就是电阻串联电感负载时的波形。设 t_1 时刻以前 S1、S4 导通，i_o 和 u_o 均为正，在 t_1 时刻，断开 S1、S4，同时合上 S2、S3，则 u_o 的极性立刻变为负。但是，由于负载中有电感的存在，流过其的电流不能立刻改变而维持原方向。这时负载电流从直流电源负极流出，经 S2、负载和 S3 流回正极，负载电感中存储的能量向直流电源反馈，负载电流逐渐减小，到 t_2 时刻降为零。之后，i_o 反向并逐渐增大。S2、S3 断开，S1、S4 闭合时的情况类似。以上 S1～S4 均为理想开关时的分析，实际电路的工作过程要复杂一些。

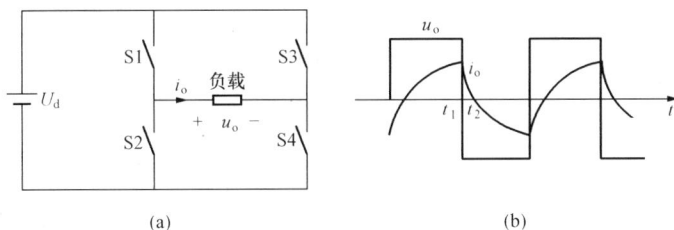

图 3 - 1 逆变电路及其波形举例
(a) 原理图；(b) 波形

3.2.2 换流方式

在图 3 - 1 所示的逆变电路工作过程中，在 t_1 时刻出现了电流从 S1 到 S2，以及从 S4 到 S3 的转移。电流从一个支路向另一个支路转移的过程称为换流，换流也常被称为换相。在换流过程中，有的支路要从通态转到断态，有的支路要从断态转到通态。从断态向通态转移时，无论支路是由全控型还是半控型电力电子器件组成，只要给门极适当的驱动信号，就可以使其开通。但从通态向断态转移的情况就不同。全控型器件可以通过对门极的控制使其关断，而对于半控型器件的晶闸管来说，就不能通过对门极的控制使其关断，必须利用外部条件或采取其他措施才能使其关断。一般来说，要在晶闸管电流过零后再施加一定时间的反向电压，才能使其关断。因为使器件关断，主要是使晶闸管关断，比起开通要复杂得多，因此，研究换流方式主要是研究如何使器件关断。

应该指出，换流并不是只在逆变电路中才有的概念，在前面讲过的整流电路以及后面将要讲到的直流—直流变换电路和交流—交流变换电路中都涉及换流问题。但在逆变电路中，换流及换流方式问题反映得最为全面和集中。因此，把换流方式安排在本章讲述。

一般来说，换流方式可分为以下几种。

1. 器件换流

利用全控型器件的自关断能力进行换流称为器件换流（Device Commutation）。在采用 IGBT、电力 MOSFET、GTO 等全控型器件的电路中，其换流方式即为器件换流。

2. 电网换流

由电网提供换流电压称为电网换流（Line Commutation）。对于相控整流电路，无论其工作在整流状态还是有源逆变状态，都是借助于电网电压实现换流的，都属于电网换流。三相交流调压电路和采用相控方式的交—交变频电路中的换流方式也都是电网换流。在换流时，只要利用电网电压给欲关断的晶闸管施加反向阳极电压即可使其关断。这种换流方式不需要器件具有门极关断能力，也不需要为换流附加任何元件，但是不适用于没有交流电网的无源逆变电路。

3. 负载换流

由负载提供晶闸管关断所需的反向电压称为负载换流（Load Commutation）。凡是负载电流的相位超前于负载电压的场合，都可以实现负载换流。当负载为电容性负载时，就可实现负载换流。另外，当负载为同步电动机时，由于可以控制励磁电流使负载呈现为容性，因而也可以实现负载换流。

4. 强迫换流

设置附加的换流电路，给欲关断的晶闸管强迫施加反向电压或反向电流的换流方式称为强迫换流（Forced Commutation）。强迫换流通常利用附加电容上所储存的能量来实现，因此也称为电容换流。

上述四种换流方式中，器件换流只适用于全控型器件，其余三种方式主要是针对晶闸管而言的。器件换流和强迫换流都是因为器件或变流器自身的原因而实现换流的，二者都属于自换流；电网换流和负载换流不是依靠变流器内部的原因，而是借助于外部手段（电网电压或负载电压）来实现换流的，它们属于外部换流。采用自换流方式的逆变电路称为自换流逆变电路，采用外部换流方式的逆变电路称为外部换流逆变电路。

3.2.3 逆变电路的分类

逆变电路的种类按照不同的分类方法有多种，主要分类方式如下：

（1）按交流输出能量的去向，可以分为有源逆变电路和无源逆变电路。

（2）按照功率流动的方向，可以分为单向逆变电路和双向逆变电路。

（3）按照功率变换的比例，可以分为全功率逆变电路和部分功率逆变电路。

（4）按照直流输入电源的性质，可以分为电压型逆变电路和电流型逆变电路。

（5）按照输入与输出的电气隔离，可以分为非隔离逆变电路、低频环节隔离逆变电路和高频环节隔离逆变电路。

（6）按照整体结构，可以分为单级逆变电路与多重逆变电路。

（7）按照主电路的结构形式，可以分为半桥式逆变电路、全桥式逆变电路和推挽式逆变电路。

（8）按照功率开关器件的种类，可以分为 SCR 逆变电路、GTR 逆变电路、GTO 逆变电路、MOSFET 逆变电路、IGBT 逆变电路、混合器件逆变电路。

（9）按照调制方式，可以分为脉宽调制逆变电路和脉频调制逆变电路。

（10）按照控制技术，可以分为模拟控制逆变电路和数字控制逆变电路。

（11）按照输出电压波形的电平数，可以分为二电平逆变电路、三电平逆变电路和多电平逆变电路。

（12）按照输出电压的波形可以分为正弦波逆变电路、准正弦波逆变电路和非正弦波逆变电路（如方波逆变电路）。

（13）按照输出电压的相数，可以分为单相逆变电路、三相逆变电路和多相逆变电路。

（14）按照输出电能的频率，可以分为工频逆变电路、中频逆变电路和高频逆变电路。

（15）按照功率开关的工作方式，可以分为硬开关逆变电路和软开关逆变电路。

（16）按照对输出电压波形的改善方式，可以分为 PWM 逆变电路、多重叠加逆变电路和多电平逆变电路。

本节先按照直流输入电源性质的不同，简单介绍电压型逆变电路和电流型逆变电路的特点。直流侧是电压源的称为电压型逆变电路，也被称为电压源型逆变电路（Voltage Source Inverter，VSI）；直流侧是电流源的称为电流型逆变电路，也被称为电流源型逆变电路

(Current Source Inverter，CSI)。

3.2.4   电压型逆变与电流型逆变

1. 电压型逆变电路

图 3 - 2 所示为电压型单相全桥式逆变电路，是图 3 - 1 所示电路的具体实现。电压型逆变电路都采用全控型器件，换流方式为器件换流。

电压型逆变电路有以下主要特点。

(1) 直流侧为电压源，或并联有大电容，相当于电压源。直流侧电压基本无脉动，直流回路呈现低阻抗。

(2) 由于直流电压源的钳位作用，交流侧输出电压波形为矩形波，并且与负载阻抗角无关，如图 3 - 1 (b) 中 u_o 的波形所示。而交流侧输出电流波形和相位因负载阻抗情况的不同而不同，如图 3 - 1 (b) 中 i_o 的波形是阻感性负载的情况。

(3) 当交流侧为阻感性负载时需要提供无功功率，直流侧电容起缓冲无功能量的作用。为了给交流侧向直流侧反馈的无功能量提供通道，逆变桥各臂都并联了反馈二极管。

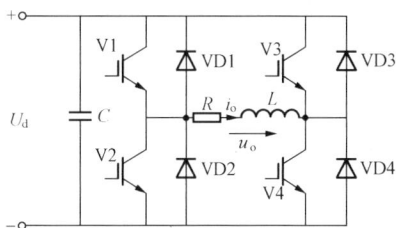

图 3 - 2   电压型单相全桥式逆变电路

对上述有些特点的理解要在后面的学习中才能加深。

2. 电流型逆变电路

图 3 - 3 所示为电流型三相桥式逆变电路。由于理想直流电流源并不多见，一般是在逆变电路直流侧串联一个大电感，因为大电感中的电流脉动很小，所以可近似看成直流电流源。图 3 - 3 中采用的开关器件是全控型的 GTO，换流方式为器件换流。而在电流型逆变电路中，采用半控型器件的电路仍应用较多，换流方式为负载换流或强迫换流。

图 3 - 3 中的 GTO 使用反向关断型器件。如果使用逆导型 GTO，必须给每个GTO 串联二极管以承受反向电压。图中的交流侧电容器是为吸收换流时负载电感中存储的能量而设置的，是电流型逆变电路的必要组成部分。

电流型逆变电路有以下主要特点。

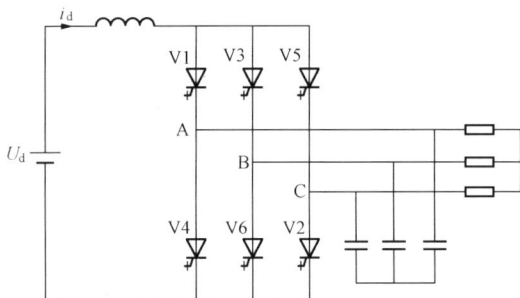

图 3 - 3   电流型三相桥式逆变电路

(1) 直流侧串联大电感，相当于电流源。直流侧电流基本无脉动，直流回路呈现高阻抗。

(2) 电路中开关器件的作用仅仅是改变直流电流的流通途径，因此交流侧输出电流为矩形波，并且与负载阻抗角无关。而交流侧输出电压波形和相位则因负载阻抗情况的不同而不同。

(3) 当交流侧为阻感性负载时需要提供无功功率，直流侧电感起缓冲无功能量的作用。因为反馈无功能量时直流电流并不反向，因此不必像电压型逆变电路那样要给开关器件反并联二极管。

3.3　方　波　逆　变　电　路

逆变电路各桥臂控制信号占空比相同且恒定的电路称为方波逆变电路。

3.3.1　单相半桥方波逆变电路

半桥逆变电路原理图如图 3-4（a）所示，这是一个电压型逆变电路，由于实际应用中电压型逆变电路较多，后面各节的讨论都以电压型逆变电路为例。

半桥逆变电路由两个导电桥臂构成，每一个导电桥臂由一个全控器件和一个反向并联二极管组成，在直流侧接有两个相互串联且容量足够大的电容 C_1 和 C_2，同时满足 $C_1 = C_2$，两个电容的连接点 O 便成为直流电源的中点，负载连接在直流电源中点 O 和两个桥臂连接点 A 之间。负载上的逆变输出电压、电流分别用 u_o 和 i_o 表示。

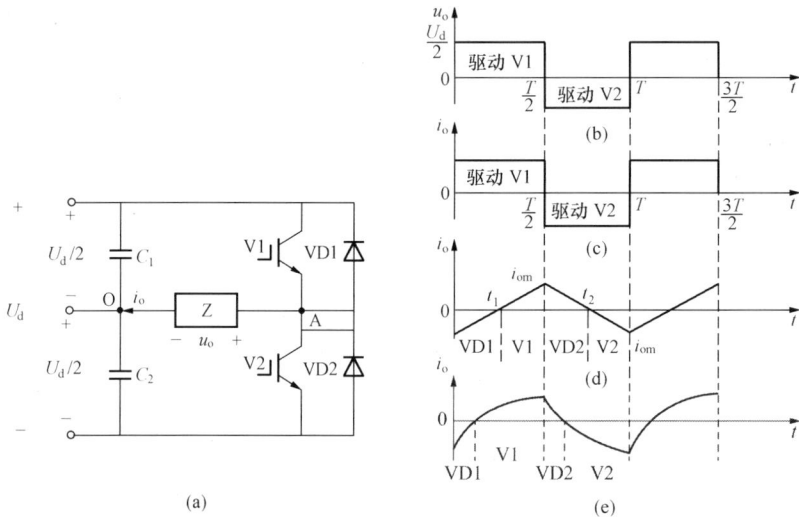

图 3-4　单相半桥电压型逆变电路及其工作波形

（a）原理图；（b）电压波形；（c）电阻负载电流波形；
（d）电感负载电流波形；（e）阻感性负载电流波形

下面分析其工作原理。

设开关器件 V1 和 V2 的栅极信号在一个周期内各有半周正偏，半周反偏，且二者互补。逆变输出电压 u_o 为矩形波，其振幅幅值为 $U_m = U_d/2$，波形如图 3-4（b）所示。输出电流 i_o 波形随负载情况而变。

当负载为纯电阻负载时，输出电流 i_o 波形与输出电压波形一样为矩形波，如图 3-4（c）所示。

当负载为纯电感负载时，其电流波形如图 3-4（d）所示，设 t_1 时刻以前 V1 为导通状态，V2 为关断状态，$t = T/2$ 时刻给 V1 关断信号，给 V2 开通信号。则 V1 关断，但由于负载是电感性负载，其中的电流 i_o 就不能立即改变方向，于是 VD2 导通续流。在 t_2 时刻 i_o 降为零时，VD2 截止，V2 开通，i_o 开始反向增大，同样，在 $t = T$ 时刻，给 V2 关断信号，给 V1 开通信号，V2 关断，VD1 先导通，当 $i_o = 0$ 时，V1 才导通，VD1 截止。

　　当 V1 或 V2 为导通状态时，负载电流和电压同方向，直流侧向负载提供能量；而当 VD1 或 VD2 处于导通状态时，负载电流和电压反向，负载电感中储存的能量向直流侧反馈，即负载电感将其吸收的能量反馈回直流侧。反馈回的能量暂存在直流侧电容中，直流侧电容起着缓冲无功能量的作用。二极管 VD1、VD2 起着使负载电流连续的作用，也就是负载向直流侧反馈能量的通道，故称为续流二极管或者反馈二极管。

　　如果负载为阻感负载，则电流波形如图 3 - 4（e）所示。

　　从图 3 - 4（b）可知，逆变器输出电压 u_o 为 180°的方波，幅度为 $U_d/2$。输出电压有效值显然为 $U_d/2$。

　　半桥逆变电路的优点为：使用器件少、电路简单；缺点是输出交流电压的幅值 U_m 仅为 $U_d/2$，且直流侧需要两个电容器串联，工作时还要控制两个电容器电压的均衡。因此半桥电路常用于几千瓦以下的小功率逆变电源。

3.3.2　单相全桥方波逆变电路

　　单相全桥方波逆变电路的原理如图 3 - 5（a）所示，它共有 4 个桥臂，可以看成由两个半桥电路组成，把桥臂 V1 和 V4 作为一对，桥臂 V2 和 V3 作为另一对，成对的两个桥臂同时导通，两对交替各导通 180°。其输出电压 u_o 的波形与图 3 - 4（b）的半桥电路的波形 u_o 形状相同，也是矩形波，但其幅值高出一倍，即 $U_m=U_d$。当负载及直流电压都相同的情况下，其输出电流 i_o 的波形也和图 3 - 4（c）～（e）中的 i_o 形状相同，仅幅值增加一倍。图 3 - 4（a）中的 VD1、V1、VD2、V2 相继导通的区间，分别对应于图 3 - 5（a）中的 VD1 和 VD4、V1 和 V4、VD2 和 VD3、V2 和 V3 相继导通的区间，关于无功能量的交换，对于半桥逆变电路的分析也完全适用于全桥逆变电路。

　　在 $0 \leqslant t \leqslant T/2$ 期间，V1 和 V4 导通时，V2 和 V3 截止，$u_o=+U_d$，在 $T/2 \leqslant t \leqslant T$ 期间，V2 和 V3 导通，V1 和 V4 截止，$u_o=-U_d$。因此输出电压是 180°的方波电压，幅值为 U_d，如图 3 - 5（b）所示。

　　当负载为纯电阻时，输出电流 i_o 波形如图 3 - 5（c）所示。

　　若负载是纯电感，在 $0 \leqslant t \leqslant T/2$ 期间，V1 和 V4 导通，V2 和 V3 截止，$u_o=+L(\mathrm{d}i_o/\mathrm{d}t)=+U_d$，负载电流 i_o 线性上升；在 $T/2 \leqslant t \leqslant T$ 期间，V2 和 V3 导通，V1 和 V4 截止，$u_o=-U_d$，负载电流 i_o 线性下降，i_o 的波形如图 3 - 5（d）所示。

　　注意：在 $0 \leqslant t \leqslant T/2$ 期间，电流 i_o 为负值时，VD1、VD4 导通起续流作用，$u_o=+U_d$。只有电流 i_o 变为正值时，VD1、VD4 截止，V1 和 V4 才导通。同理，在 $T/2 \leqslant t \leqslant T/$ 期间，i_o 为正值时，VD2、VD3 导通续流，$u_o=-U_d$，只有当电流为负值时 V2 和 V3 导通，全桥逆变电路是单相逆变电路中应用最多的。

　　从图 3 - 5（b）可知，逆变器输出电压 u_o 为 180°的方波，幅度为 U_d，输出电压有效值显然为 U_d。

　　以上分析中，u_o 为正负电压都是 180°的脉冲波形。若要改变输出交流电压的有效值可以通过改变直流电压 U_d 来实现。

　　改变方波逆变输出交流电压有效值的另外一种方法，是移相法。

　　采用移相的方式来调节逆变电路的输出电压，这种方式称为移相调压。图 3 - 6（a）中，各 IBGT 的栅极信号仍分别为 180°正偏和 180°反偏，并且 V1 和 V2 的栅极信号互补，V3 和 V4 的栅极信号互补，但 V3 的栅极信号不是比 V1 的栅极信号滞后 180°，而是只滞后

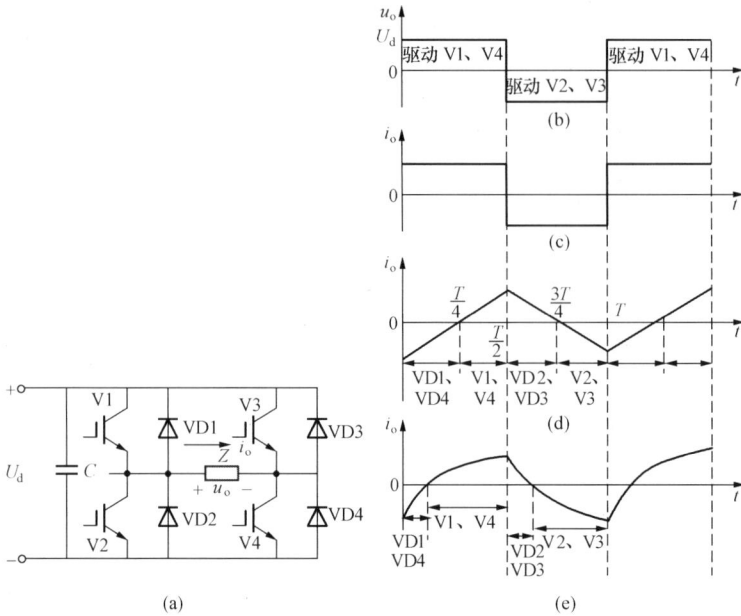

图 3-5 电压型全桥逆变电路的原理图及工作波形图
(a) 电路图；(b) 输出电压；(c) 纯电阻电路波形；
(d) 纯电感电流波形；(e) 阻感性电流波形

θ（$0° < \theta < 180°$）。也就是说，V3、V4 的栅极信号不是分别和 V2、V1 的栅极信号同相位，而是前移了 $180° - \theta$。这样，输出电压 u_o 就不再是正负各为 $180°$ 的脉冲，而是正负各为 θ 的脉冲。各功率开关器件栅极信号 $u_{G1} \sim u_{G4}$、输出电压 u_o 以及阻感性负载情况下输出电流 i_o 的波形如图 3-6 (b) 所示。下面对其工作过程进行具体分析。

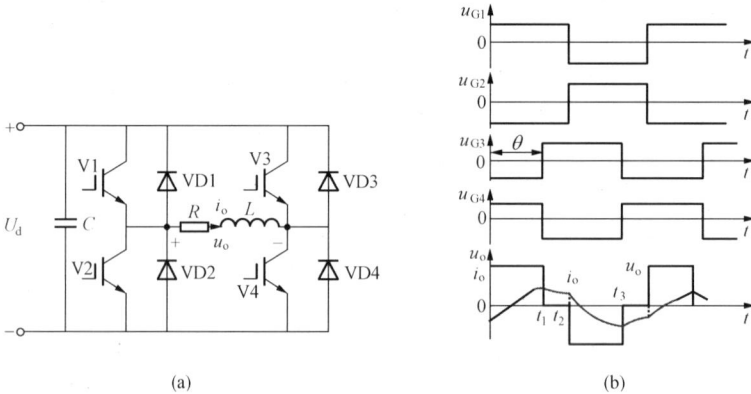

图 3-6 单相全桥逆变电路的移相调压方式
(a) 电路；(b) 波形

设在 t_1 时刻前 V1 和 V4 导通，V2 和 V3 关断，输出电压 u_o 为 U_d，t_1 时刻 V3 和 V4 栅极信号互为相反，V4 关断，而负载电感中的电流 i_o 不能突变，V3 不能立即导通，VD3 导通续流。V1 和 VD3 同时导通，所以输出电压为零。到 t_2 时刻 V1 和 V2 栅极信号互为反向，

V1 关断，而 V2 不能立即导通，VD2 导通续流，和 VD3 构成电流通道，输出电压为 $-U_d$；t_3 时刻 V3 和 V4 栅极信号再次互为反向，V3 关断，而 V4 不能立即导通，VD4 导通续流，u_o 再次为零。以后的过程和前面类似。这样，输出电压 u_o 的正负脉冲宽度就各为 θ，改变 θ，就可以调节输出电压的大小。

在纯电阻负载时，由于输出电流 i_o 与电压 u_o 成比例，VD1～VD4 不再导通，不起续流作用。在 u_o 为零期间，4 个桥臂均不导通，负载也没有电流。

上述移相调压方式不适用于带阻感性负载的半桥逆变电路，但适用于带纯电阻负载的半桥逆变电路。这时上下两桥臂的栅极信号不再是 180°正偏、180°反偏并且互补，而是正偏的宽度为 θ，反偏的宽度为 $360° - \theta$，二者相位差 180°。这时，输出电压 u_o 也是正负脉冲的宽度各为 θ。

3.3.3　三相桥式方波逆变电路

三相桥式方波逆变电路如图 3 - 7 所示，电路由三个半桥电路组成。电路中的电容器为了分析方便画成两个，并有一个假想的中性点 N′，在实际中可用一个。因为输入端施加的是直流电压源，全控型器件 IGBT V1～V6 始终保持正向偏置，VD1～VD6 同样是为了感性负载提供续流回路反并联的二极管。和单相半桥、全桥逆变电路相同，电压型三相桥式逆变电路的基本工作方式也是 180°导通方式，即每个桥臂的导通角度为 180°，同一相（即同一半桥）上下两个桥臂交替通、断，各相开始导电的角度依次相差 120°。在任一瞬间，将有三个桥臂同时导通，可能是上面一个桥臂下面两个桥臂；也可能是上面两个桥臂下面一个桥臂。在逆变器输出端形成 A、B、C 三相电压。由

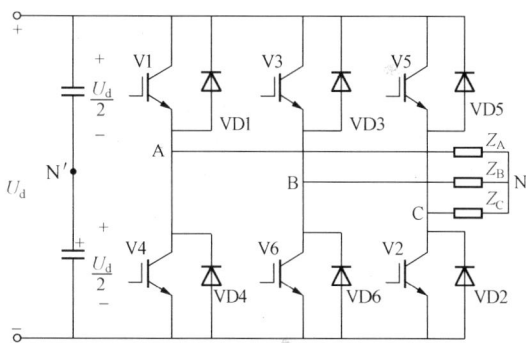

图 3 - 7　三相桥式方波逆变电路原理图

于每次换流都是在同一相上下两个桥臂之间进行的，因此也被称为纵向换流。

图 3 - 8 所示为三相桥式逆变电路的波形图，负载为星形连接。在 $0° < \omega t \leqslant 60°$ 之间，V1、V5 和 V6 导通。负载电流经 V1 和 V5 被送到 A 相和 C 相负载，再经 B 相负载和 V6 流回电源。在 $\omega t = 60°$ 时刻，V5 与 V2 换流，V5 迅速关断，由于感性负载电流不能立即改变方向，VD2 导通续流，其他两相电流通路不变。当 VD2 中续流结束时（续流时间取决于负载电感和电阻大小），C 相电流反向经 V2 流回电源。此时负载电流由电源经 V1 和 A 相负载，分别流到 B 相和 C 相负载，再经 V6 和 V2 流回电源。

在 $\omega t = 120°$ 时刻，V6 与 V3 换流，V6 关断，B 相电流由 VD3 续流，当续流结束时，VD3 截止，V3 导通。负载电流由电源经 V1、V3、A 相和 B 相负载，然后汇流到 C 相。一个周期内其他时间段的工作情况与上述分析相同。

假设负载为阻性且三相负载对称，在 $0° < \omega t \leqslant 60°$ 期间，V1、V5 和 V6 导通，忽略各器件的导通压降，三相负载等效为 Z_A 与 Z_C 并联后 Z_B 串联，接于直流电源 U_d 两端，由此可得 A 相和 C 相负载上电压为 $U_d/3$，B 相负载电压为 $2U_d/3$，同理，在 $60° \leqslant \omega t \leqslant 120°$ 期间，A 相负载上电压为 $2U_d/3$，B 相和 C 相负载上电压为 $U_d/3$。

依次对各时间段的工作情况进行分析，得到图 3 - 7 所示 A、B、C 各点与假想中性点 N′

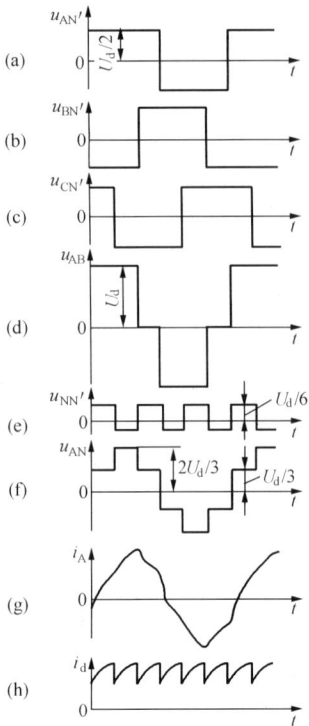

图 3-8 三相桥式方波逆变电路波形图

之间的电压 $u_{AN'}$、$u_{BN'}$、$u_{CN'}$ 波形分别如图 3-8（a）～（c）所示，线电压 u_{AB}、负载相电压 u_{AN}、负载相电流 i_A 的波形分别如图 3-8（d）、（f）、（g）所示。其他相的电压、电流波形依次相差 120°。直流侧电流 i_d、两中性点 N 与 N' 之间电压 $u_{NN'}$ 的波形分别如图 3-8（h）、（e）所示。

根据分析，三相桥式逆变电路输出线电压 u_{AB} 的有效值为

$$U_{AB} = 0.816U_d \qquad (3-1)$$

其中，基波分量有效值 U_{AB1} 为

$$U_{AB1} = \frac{\sqrt{6}U_d}{\pi} = 0.78U_d \qquad (3-2)$$

负载相电压的有效值 U_{AN} 为

$$U_{AN} = 0.417U_d \qquad (3-3)$$

其中基波分量有效值 U_{AN1} 为

$$U_{AN1} = \frac{U_{AN1m}}{\sqrt{2}} = 0.45U_d \qquad (3-4)$$

注意：为了防止同一相上下桥臂同时导通造成直流侧电源短路，在换流时必须采取"先断后通"的方法，实际的控制电路要在上下桥臂的驱动信号间设置死区时间，如图 3-9 所示。图中的 t_d 即是上下桥臂驱动信号 u_{G1} 与 u_{G2} 间的死区时间。

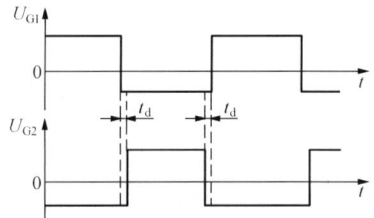

3.3.4 方波逆变电路输出的谐波情况

根据逆变器的技术指标可知，本节介绍的方波电压型或电流型逆变器都存在着两个主要问题：一是谐波问题，二是输出电压或电流的调节问题。下面以本节所讨论的几种电压型方波逆变器为例进行说明。

图 3-9 上下桥臂驱动信号的死区时间

（1）脉宽为 180°的全方波。单相全桥、单相半桥式逆变器输出的脉宽为 180°、幅值为 U_d 或 $U_d/2$ 的全方波电压波形如图 3-10（a）所示。

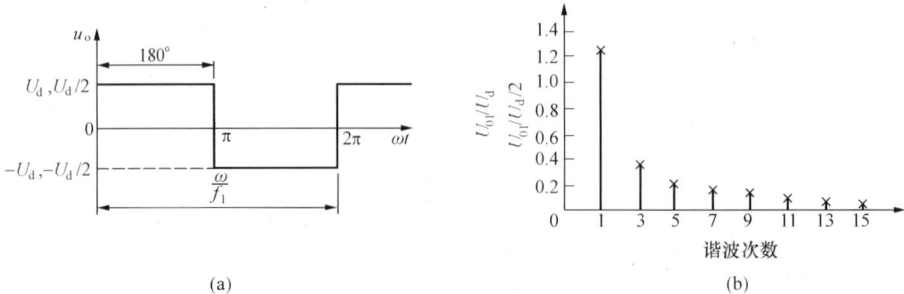

（a）

（b）

图 3-10 脉宽为 180°的全方波波形

（a）波形；（b）频谱图

对于单相全桥式逆变器，方波幅值为 U_d，其傅里叶级数表示为

$$u_o = \frac{4U_d}{\pi}\left(\sin\omega t + \frac{1}{3}\sin 3\omega t + \frac{1}{5}\sin 5\omega t + \cdots\right) \tag{3-5}$$

对于单相半桥式逆变器，方波幅值为 $U_d/2$，其傅里叶级数表示为

$$u_o = \frac{2U_d}{\pi}\left(\sin\omega t + \frac{1}{3}\sin 3\omega t + \frac{1}{5}\sin 5\omega t + \cdots\right) \tag{3-6}$$

全方波波形频谱如图 3 - 10（b）所示，其中横坐标为谐波次数。

单相全桥脉宽为 180°的全方波逆变输出电压傅里叶仿真分析结果如图 3 - 11（a）所示。仿真结果显示，单相全桥脉宽为 180°的全方波逆变输出电压中含有基波和奇次谐波，并且随着谐波次数增大谐波含量降低，总谐波畸变率约为 $THD=55\%$。

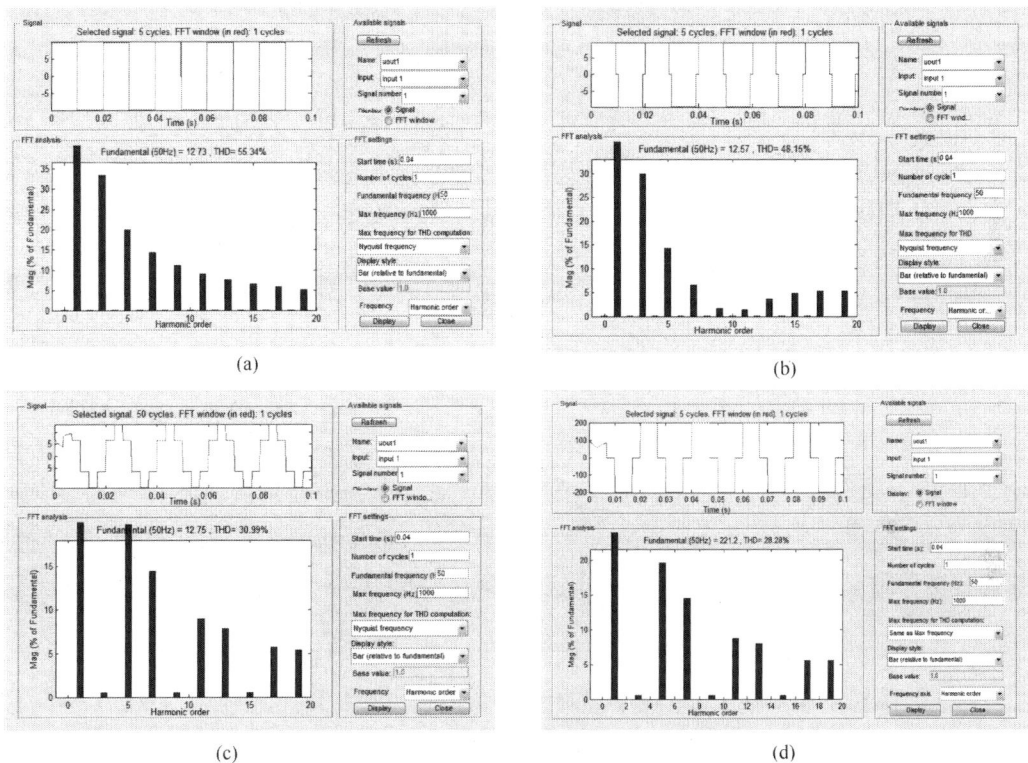

图 3 - 11　方波逆变输出电压傅里叶仿真分析结果
(a) 脉宽为 180°的全方波；(b) 脉宽为 $\theta=180°-\varphi$ 的可调方波；(c) 梯形波方波；(d) 脉宽为 120°的方波

（2）脉宽为 $\theta=180°-\varphi$ 的可调方波。单相全桥逆变器输出的脉冲宽度 $\theta=180°-\varphi$、幅值为 U_d，脉冲宽度为 $\theta=180°-\varphi$ 的可调方波电压波形如图 3 - 12（a）所示。它的傅里叶级数表示为

$$u_o = \sum_{n=1,3,5,\cdots}^{\infty} \frac{4U_d}{n\pi}\cos\frac{n\varphi}{2}\sin n\left(\omega t + \frac{\varphi}{2}\right) \tag{3-7}$$

或

$$u_o = \sum_{n=1,3,5,\cdots}^{\infty} \frac{4U_d}{n\pi}\sin\frac{n\varphi}{2}\cos n\left(\omega t + \frac{\varphi}{2}\right) \tag{3-8}$$

脉宽为 $\theta=180°-\varphi$ 的可调方波中基波及谐波幅值与 $\varphi=0°$ 时的基波幅值百分比的变化曲线如图 3-12 (b) 所示。

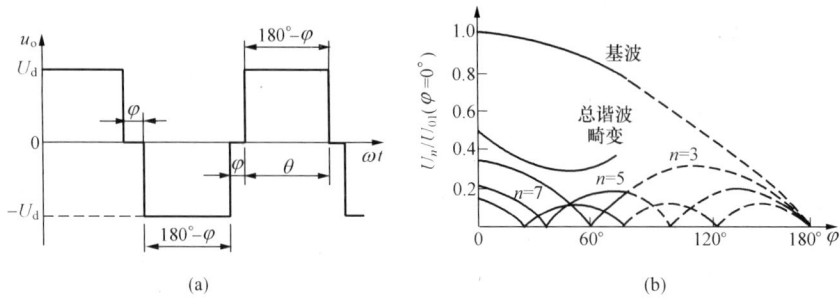

图 3-12 脉宽为 $\theta=180°-\varphi$ 的可调方波波形 ωt
(a) 波形；(b) 谐波与 φ 的关系

单相全桥脉宽为 $\theta=180°-\varphi$ 的可调方波逆变输出电压傅里叶仿真分析结果如图 3-11 (b) 所示，其中 $\varphi=18°$。仿真结果显示，单相全桥脉宽为 $\theta=180°-\varphi$ 的可调方波逆变输出电压中含有基波和奇次谐波，并且其中一些奇次谐波被抑制，总谐波畸变率约为 $THD=48\%$。

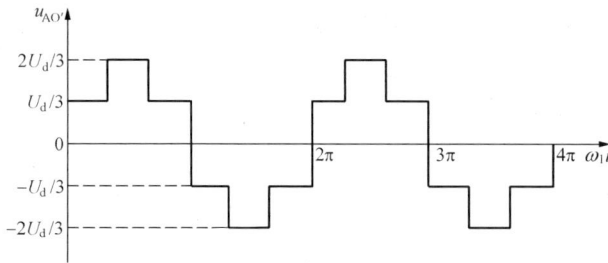

图 3-13 梯形波方波电压波形

由式（3-5）～式（3-8）可见，脉宽为 180° 的全方波、脉宽为 $\theta=180°-\varphi$ 的可调方波逆变输出中存在着 3、5、7、…所有奇次谐波。

(3) 梯形波方波。对于由三相半桥式逆变器输出的相电压梯形波方波电压波形如图 3-13 所示。梯形波的阶高为 $U_d/3$ 或 $2U_d/3$，它的傅里叶级数表示为

$$u_{AO'} = \frac{3}{\pi}\frac{2U_d}{3}\left(\sin\omega t + \frac{1}{5}\sin5\omega t + \frac{1}{7}\sin7\omega t + \frac{1}{11}\sin11\omega t + \cdots\right) \tag{3-9}$$

三相桥式电压型梯形波方波逆变输出电压傅里叶仿真分析结果如图 3-11 (c) 所示。仿真结果显示，三相半桥电压型梯形波方波逆变输出电压中含有基波和 $6k\pm1$（$k=1$，2，3，…）次谐波，并且随着谐波次数增大含量降低，总谐波畸变率约为 $THD=30\%$。

(4) 脉宽为 120° 的方波。对于由三相半桥式电压型和电流型逆变器输出的、幅值为 U_d（或 I_d）、脉宽为 120° 的方波电压（或电流）波形如图 3-14 所示，图 3-7 所示电路逆变输出线电压 u_{AB} 就是这样的波形。它的傅里叶级数表示为

$$u_{AB} = \frac{4U_d}{\pi}\sqrt{3}\left(\sin\omega t + \frac{1}{5}\sin5\omega t + \frac{1}{7}\sin7\omega t + \frac{1}{11}\sin11\omega t + \cdots\right) \tag{3-10}$$

$$i_A = \frac{4I_d}{\pi}\sqrt{3}\left(\sin\omega t + \frac{1}{5}\sin5\omega t + \frac{1}{7}\sin7\omega t + \frac{1}{11}\sin11\omega t + \cdots\right) \tag{3-11}$$

三相桥式电压型脉宽为 120° 的方波逆变输出电压傅里叶仿真分析结果如图 3-11 (d) 所示。式（3-10）、式（3-11）和仿真结果都表明，三相桥式电压型脉宽为 120° 的方波逆变输出电压中含有基波和 $6k\pm1$（$k=1$，2，3，…）次谐波，总谐波畸变率约为 $THD=30\%$。

由以上对四种方波波形的谐波分析可知，在本节中所介绍的方波逆变器的输出电压（或电流）中，存在着许多奇次谐波。这些谐波将产生如下危害：

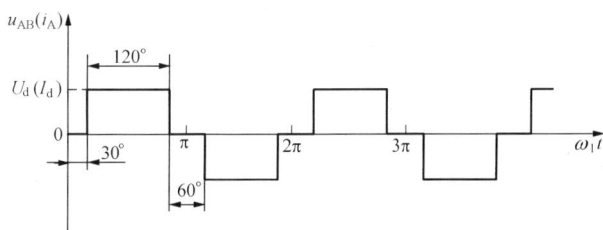

图 3 - 14　脉宽为 120°的方波电压（或电流）波形

（1）对逆变器的开关器件和负载将产生附加的谐波损耗，降低了逆变器的逆变效率。

（2）谐波还能影响负载用电设备的正常工作，谐波对电动机的影响除了可引起附加损耗外，还会产生机械振动、噪声和过电压，使变压器铁损增大而发热，使电容器、电缆等过热，绝缘老化，寿命缩短，以致损坏。

（3）谐波会导致继电保护和自动装置的误动作，并使电气测量仪表计量不准确。

（4）谐波会对邻近通信系统产生干扰，轻者产生噪声，降低通信质量，重者导致信息丢失，使通信系统无法正常工作。

为减少谐波产生的危害，需要为方波逆变电路设置一定容量的滤波电路。

【例 3 - 1】　　单相桥式逆变电路如图 3 - 6（a）所示，逆变电路输出电压为方波，如图 3 - 6（b）所示，已知 $U_d = 110V$，逆变频率为 $f = 100Hz$。负载 $R = 10\Omega$，$L = 0.02H$，求：

（1）输出电压基波分量；

（2）输出电流基波分量。

解　（1）输出电压为方波，由式（3 - 5）可得

$$u_o = \sum \frac{4U_D}{n\pi}\sin n\omega t，n = 1,3,\cdots$$

其中，输出电压基波分量为　　　　　　　$u_{o1} = \frac{4U_d}{\pi}\sin\omega t$

输出电压基波分量的有效值为

$$U_{o1} = \frac{4U_d}{\sqrt{2}\pi} = 0.9U_d = 0.9 \times 110 = 99(V)$$

（2）基波阻抗为

$$Z_1 = \sqrt{R^2 + (\omega L)^2} = \sqrt{10^2 + (2\pi \times 100 \times 0.02)^2} \approx 18.59(\Omega)$$

输出电流基波分量有效值为

$$I_{o1} = \frac{U_{o1}}{Z_1} = \frac{99}{18.59}(A) \approx 5.33(A)$$

3.4　PWM 逆 变 电 路

上一节讨论的基本型方波逆变电路，电路结构简单但输出交流量中含有低次谐波，滤波困难。本节讨论 PWM（脉宽调制）逆变电路，既有简单的电路结构，又因输出交流量中含有开关频率相关的高次谐波，滤波容易。

脉宽调制（Pulse Width Modulation，PWM）控制是对脉冲的宽度进行调制的技术，即

通过对一系列脉冲的宽度进行调制，来等效地获得所需要波形（含形状和幅值）。控制过程由调制波（Modulating Wave）与载波（Carrier Wave）进行波形比较完成，通过波形比较产生一组幅值相等、宽度正比于调制波的矩形脉冲用来等效调制波。

通过对逆变器开关管的通/断控制，把直流电变成一系列幅值相等、宽度正比于调制波的矩形脉冲交流电，这种技术叫作脉宽调制逆变技术。当调制波为正弦波时，输出矩形脉冲序列的脉冲宽度按正弦规律变化，这种调制技术通常又称为正弦脉宽调制（Sinusoidal PWM，SPWM）技术。

随着逆变器在交流传动、UPS 电源和有源电力滤波器等领域的广泛应用，以及高速全控开关器件的大量出现，PWM 技术已经成为逆变技术的核心，受到了人们的高度重视。尤其是最近几年，微处理器的应用和数字化控制的实现，更促进了 PWM 技术的发展。

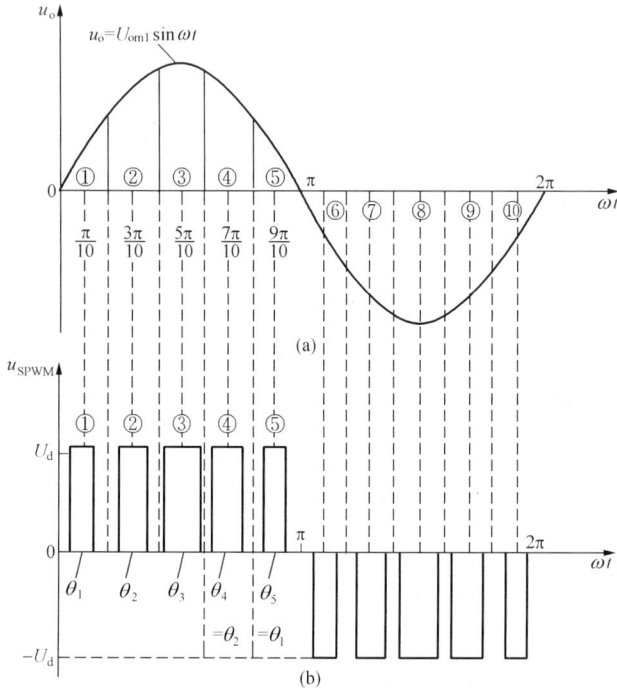

图 3-15　用 PWM 波代替正弦波

(a) 正弦波；(b) 脉冲列

3.4.1　PWM 控制的基本原理

PWM 控制的思想，是由控制电路按一定的规律控制开关元件的通断，从而在逆变器的输出端获得一组等幅而不等宽的脉冲序列。SPWM 逆变输出的脉宽按正弦分布，可以此脉冲列来等效正弦电压波形，图 3-15（a）所示即为正弦波 $u_o = U_{om1} \sin\omega t$ 的波形图。

电压型逆变电路的输出电压是方波，如果将一个正弦半波电压分成 n 等分，并把正弦曲线每一等分所包围的面积都用一个与其面积相等的等幅矩形脉冲来代替，且矩形脉冲的中点与相应正弦等分的中点重合，得到如图 3-15（b）所示的脉冲列，这就是 PWM 波形。正弦波的另外一个半波可以用相同的办法来等效。可以看出，该 PWM 波形的脉冲宽度是按正弦规律变化的，称为 SPWM 波形。

根据采样控制理论，冲量相同而形状不同的窄脉冲加在具有惯性的环节上时，其效果基本相同。即图 3-15（b）所示 SPWM 波作用于具有惯性的环节上时，其效果与图 3-5（a）所示正弦波作用于该环节上的效果基本相同，脉冲频率越高，SPWM 波形的效果越接近正弦波。逆变电路输出电压为 SPWM 波形时，其低次谐波得到很好的抑制和消除，高次谐波又能很容易滤去，从而可获得畸变率极低的正弦输出电压。

SPWM 控制方式就是对逆变电路开关器件的通断进行控制，使输出端得到一系列幅值相等而宽度不相等的脉冲，用这些脉冲来代替正弦波。

从理论上来分析，在 SPWM 控制方式中给出了正弦波频率、幅值和半个周期内的脉冲数后，脉冲波形的宽度和间隔便可以准确计算出来，这种方法称为计算法。但这种方法比较烦琐，当输出正弦波的频率、幅值或相位变化时，其结果都要变化，故在实际中很少采用。

在多数情况下，采用正弦波与等腰三角波相交的办法来确定各矩形脉冲的宽度。等腰三角波上下宽度与高度呈线性关系且左右对称，当它与任何一个光滑曲线相交时，即得到一组等幅而脉冲宽度正比该曲线函数数值的矩形脉冲，这种方法称为调制法。将希望输出的信号称为调制信号，把接受调制的三角波称为载波，当调制信号是正弦波时，所得到的便是 SP-WM 波形。当调制信号不是正弦波时，也可以得到与调制信号等效的 PWM 波形。SPWM 波形在实际中应用较多。

3.4.2　PWM 逆变电路及其控制方法

脉宽调制的方法很多，按调制脉动的极性可分为单极性和双极性；按载波信号和控制信号的频率关系可分为同步方式和异步方式。

1. 单极性 SPWM 控制方式

电压型单相桥式 PWM 控制逆变电路原理图如图 3‐16（a）所示。电路采用图 3‐16（b）所示的方法产生控制信号。载波信号 u_c 在正弦调制信号正半周为正极性的三角波，在负半周为负极性的三角波，在调制信号 u_r 的过零时刻控制逆变器开关器件 V1、V2 的通断，在调制信号 u_r 和载波信号 u_c 的交点时刻控制逆变器开关器件 V3、V4 的通断。其分析如下。

在 u_r 的正半周期：始终保持 V1 导通 V2 关断；当 $u_r > u_c$ 时，控制 V4 导通 V3 关断，负载电压 $u_o = U_d$；当 $u_r \leqslant u_c$ 时，控制 V3 导通 V4 关断，负载电压 $u_o = 0$。

值得注意的是，带阻感性负载的情况下，假设 V4 导通时 $u_o = U_d$ 且 $i_o > 0$，由于电感中电流不能突变，V4 关断后负载电流 i_o 将通过 VD3 续流，只有出现电流降至 0 才有 V3 导通。

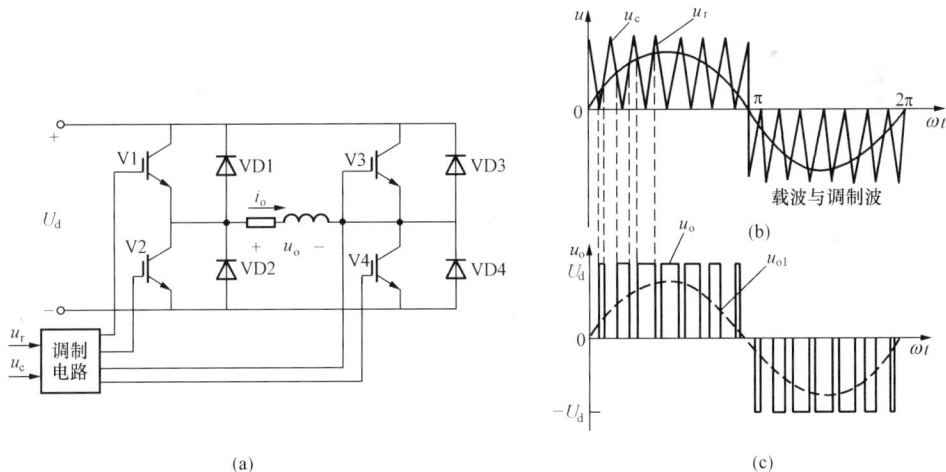

图 3‐16　PWM 电路及波形

（a）单相桥式 PWM 逆变电路；（b）单极性 SPWM 控制方式载波与调制波；

（c）主电路输出的 SPWM 电压

在 u_r 的负半周期：始终保持 V2 导通 V1 关断；当 $u_r < u_c$ 时，控制 V3 导通 V4 关断，负载电压 $u_o = -U_d$；当 $u_r \geqslant u_c$ 时，控制 V4 导通 V3 关断，负载电压 $u_o = 0$。

同样，带阻感性负载的情况下，假设 V3 导通时 $u_o = -U_d$ 且 $i_o < 0$，由于电感中电流不

能突变，V3 关断后负载电流 i_o 将通过 VD4 续流，只有出现电流降至 0 才有 V4 导通。

逆变输出电压 u_o 的波形如图 3-16（c）所示。这种在 u_r 的半个周期中三角波只在一个方向变化，所得到的 PWM 波形也只在一个方向变化的控制方式，称为单极性 SPWM 控制方式。

在载波信号 u_c 的幅值确定的情况下，调节调制信号 u_r 的幅值可以使输出调制脉冲宽度作相应的变化，从而改变逆变器输出电压的基波幅值，实现对输出电压的平滑调节。调制信号 u_r 的幅值与载波信号 u_c 的幅值之比定义为调制度，用 $\alpha=\dfrac{u_{rm}}{u_{cm}}$ 表示。通常 $0 \leqslant \alpha \leqslant 1$。

改变调制信号 u_r 的频率则可以改变输出电压的频率。所以，从调节角度来看，SPWM 逆变器非常适合于交流变频调速系统。

2. 双极性 SPWM 控制方式

与单极性 SPWM 控制方式相对应，另一种 SPWM 控制方式称为双极性 SPWM 控制方式。图 3-17 所示为采用双极性控制方式的 SPWM 波形图。其控制过程分析如下：

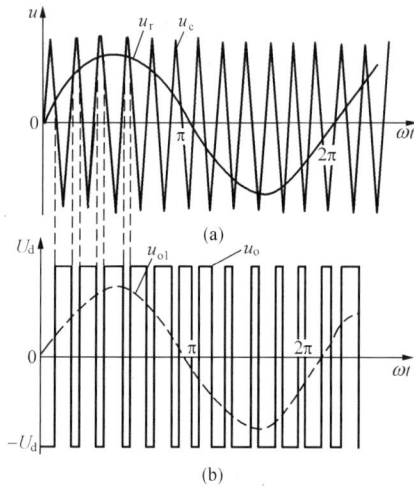

在 u_r 的正负半周内，对各逆变器开关控制规律相同，同样在调制信号 u_r 和载波信号 u_c 的交点时刻控制各开关器件的通断。当 $u_r > u_c$ 时，使晶体管 V1、V4 导通，使 V2、V3 关断，此时 $u_o = U_d$；当 $u_r < u_c$ 时，使晶体管 V2、V3 导通，使 V1、V4 关断，此时 $u_o = -U_d$。

在双极性控制方式中，三角载波是正负两个方向变化，所得到的 SPWM 波形也是正负两个方向变化。在 u_r 一个周期内，PWM 输出只有 $\pm U_d$ 两种电平。逆变电路同一半桥上下两臂的驱动信号是互补的。在实际应用时，为了防止上、下两个桥臂同时导通而造成短路，在给一个桥臂施加关断信号后，需要延迟一定的死区时间，再给另一个桥臂施加导通信号，如图 3-9 所示，以实现同一半桥上下两桥臂的开关先断后通。死区时间的长短取决于功率开关器件的关断时间。注意：死区时间将会给输出的 PWM 波形带来不利影响，使其偏离正弦波。

图 3-17　双极性控制方式 SPWM 波形图
（a）载波与调制波；
（b）主电路输出的 SPWM 电压

3. 三相桥式逆变电路的 SPWM 控制

电压型三相桥式 SPWM 控制的逆变电路如图 3-18（a）所示，其控制信号为双极性方式。A、B、C 三相的 PWM 控制共用一个三角波载波信号 u_c；三相调制信号 u_{ra}、u_{rb}、u_{rc} 分别为三相正弦信号，其幅值和频率均相等，相位依次相差 120°。A、B、C 三相 PWM 控制规律相同。现以 A 相为例，当 $u_{ra} > u_c$ 时，使 V1 导通，使 V4 关断，则 A 相相对于直流电源中性点 N' 的输出电压为 $u_{AN'} = U_d/2$；当 $u_{ra} < u_c$ 时，使 V1 关断，使 V4 导通，则 $u_{AN'} = -U_d/2$。V1、V4 的驱动信号始终互补。其余两相控制规律相同。当给 V1（V4）加导通信号时，可能是 V1（V4）导通，也可能是 VD1（VD4）续流导通，这取决于阻感性负载中电流的方向。该逆变电路的输出相电压和线电压的波形如图 3-18（b）所示。

4. 同步调制与异步调制

在 SPWM 调制方式中，定义载波频率 f_c 与控制信号频率 f_r 之比为载波比，用 $N = f_c/$

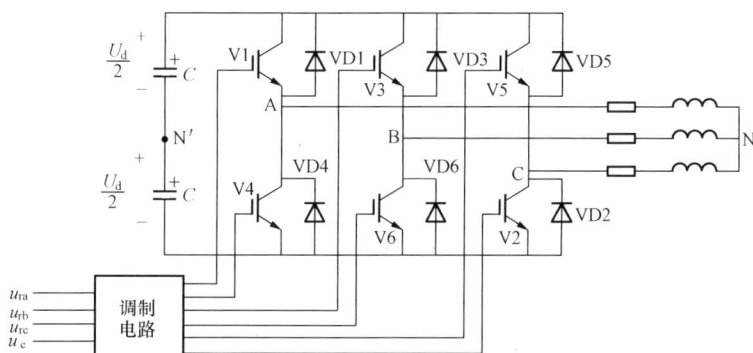

(a)

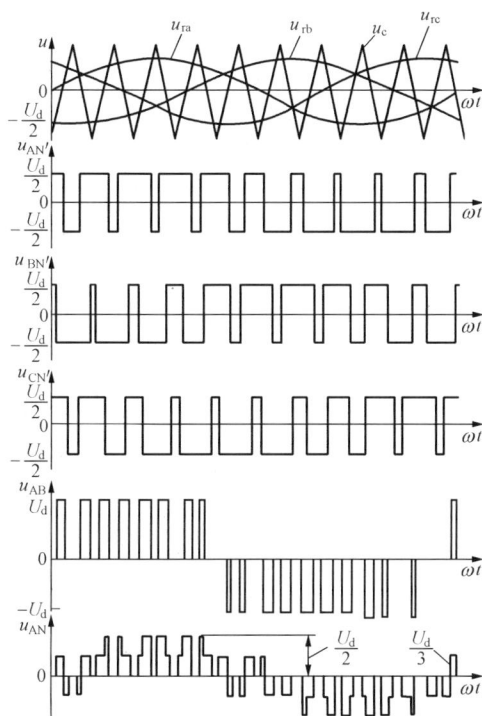

(b)

图 3‑18 三相桥式逆变电路 SPWM

（a）电压型三相桥式 SPWM 控制的逆变电路；（b）电压型三相桥式 SPWM 控制的逆变电路的 PWM 波形

f_r 表示。如果在调制过程中保持 N 为常数，则称为同步调制方式。如果该 N 不为常数，则称为异步调制方式。

　　同步调制的优点是在开关频率较低时可以保证输出波形的对称性。对于三相系统，为了保证三相之间对称，互差 120°相位角，通常取载波频率比为 3 的整数倍。而且，为了保证双极性调制时每相波的正、负半波对称，上述倍数必须是奇数，这样在信号波的 180°处，载波的正、负半周恰好分布在 180°处的左右两侧。由于波形的左右对称，就不会出现偶次谐波问题。但是在信号频率较低时，由于 f_c 随 f_r 一起减少，载波的数量显得稀疏，电流波形脉动大，谐波分量剧增，电动机的谐波损耗及脉动转矩也相应增大。另外，由于载波频率 f_c 随控制波频率 f_r 连续变化而变化，在利用微处理机进行数字化技术控制时，带来极大不便，难以实现。

异步调制时，在控制波频率 f_r 变化的同时，载波频率 f_c 保持不变，因此载波频率与信号频率之比随之变化。这样，在逆变器整个变频范围内，输出电压半波内的矩形脉冲数是不固定的，很难保持三相波形的对称关系且不利于谐波的消除。异步调制的缺点恰好对应于同步调制的优点，即如果载波频率较低，将会出现输出电流波形正、负半周不对称，相位漂移及偶次谐波等问题。但是，在 IGBT 等高速功率开关器件的情况下，由于载波频率可以做得很高，上述缺点实际上已小到完全可以忽略。反之，正由于是异步调制，在低频输出时，一个信号周期内，载波个数成数量级增多，这对抑制谐波电流、减轻电动机的谐波损耗及减小脉动转矩都大有好处。另外，由于载波频率是固定的，也便于微处理机进行数字化控制。

3.4.3　PWM 跟踪控制技术

前面着重讨论了 PWM 波形调制法，现在介绍另一种方法——跟踪控制方法。这种方法不是用信号对载波进行调制，而是将希望输出的电流或电压波形作为指令信号，将实际电流或电压波形作为反馈信号，通过两者的瞬时值比较来决定逆变电路各功率开关器件的通断，使实际的输出跟踪指令信号变化。因此，这种控制方法称为跟踪控制法。常用的跟踪控制法中有滞环比较方式和三角波比较方式。

1. 滞环比较方式

（1）电流跟踪控制。跟踪型 PWM 变流电路中，电流跟踪控制应用最多。图 3-19（a）给出了采用滞环比较方式的 PWM 电流跟踪控制单相半桥式逆变电路原理。图 3-19（b）给出了其输出电流波形。将指令电流 i^* 和实际输出电流 i 的偏差 i^*-i 作为带有滞环特性的比较器的输入，通过其输出来控制功率器件 V1 和 V2 的通断。设 i 的正方向如图 3-19（a）所示，当 i 为正时，V1 导通，则 i 增大；VD2 续流导通，则 i 减小。当 i 为负时 V2 导通，则 i 的绝对值增大；VD1 续流导通时，则 i 的绝对值减小。上述过程可概括为：当 V1（或 VD1）导通时，i 增大；当 V2（或 VD2）导通时，i 减小。这样，通过环宽为 $2\Delta I$ 的滞环比较器的控制，i 就在 $i^*+\Delta I$ 和 $i^*-\Delta I$ 的范围内，呈锯齿状地跟踪指令电流 i^*。滞环环宽对跟踪性能有较大的影响。环宽过宽时，开关动作频率低，但跟踪误差增大；环宽过窄时，跟踪误差减小，但开关动作频率过高，甚至会超过开关器件的允许频率范围，开关损耗随之增大。与负载串联的电抗器 L 可起到限制电流变化率的作用，L 过大时，i 的变化率过小，对指令电流的跟踪变慢；L 过小时，i 的变化过大，i^*-i 频繁地达到 $\pm\Delta I$，开关动作频率过高。

采用滞环比较方式的电流跟踪型 PWM 变流电路具有如下特点：

1）硬件电路简单；

2）属于实时控制方式，电流响应快；

3）不用载波，输出电压波形中不含特定频率的谐波分量；

4）与计算法及调制法相比，相同开关频率时输出电流中高次谐波含量较多。

（2）电压跟踪控制。采用滞环比较方式实现电压跟踪控制，如图 3-19（c）所示。将指令电压 u^* 和输出电压 u 进行比较，滤除偏差信号中的谐波，滤波器的输出送入滞环比较器，由比较器输出控制开关通断，从而实现电压跟踪控制。和电流跟踪控制电路相比，只是把指

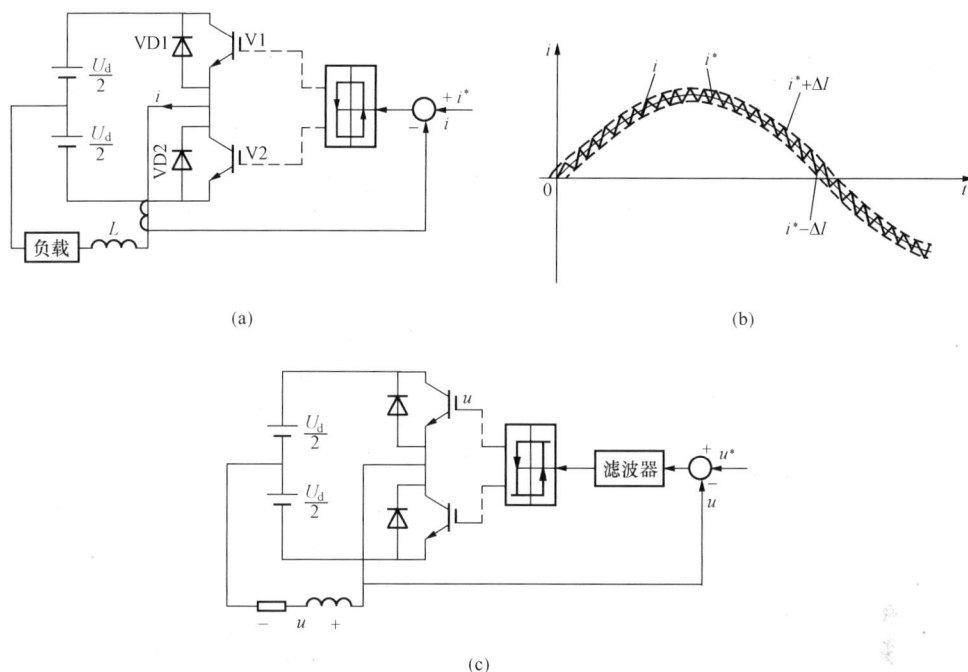

图 3 - 19   跟踪型 PWM 变流电路

(a) 滞环比较方式的 PWM 电流跟踪控制单相半控桥式逆变电路原理图;

(b) 滞环比较方式的输出电流波形图;(c) 电压跟踪控制电路举例

令和反馈从电流变为电压。输出电压 PWM 波形中含大量高次谐波,必须用适当的滤波器滤除。

$u^* = 0$ 时,输出 u 为频率较高的矩形波,相当于一个自励振荡电路。

u^* 为直流时,u 产生直流偏移,变为宽度不等的正负脉冲,正宽负窄或正窄负宽的矩形波。

u^* 为交流信号时,只要其频率远低于上述自励振荡频率,从 u 中滤除由器件通断产生的高次谐波后,所得的波形就几乎和 u^* 相同,从而实现电压跟踪控制。

2. 三角波比较方式

图 3 - 20 为采用三角波比较方式的电流跟踪型 PWM 逆变电路原理图。与前面介绍的调制法所不同的是,这里并不是将指令信号和三角波直接进行比较而产生 PWM 波形,而是通过闭环来进行控制的。从图 3 - 20 中可以看出,将指令电流 i_A^*、i_B^*、i_C^* 和逆变电路实际输出的电流 i_A、i_B、i_C 进行比较,求出偏差电流,通过放大器 A 放大后,再去和三角波进行比较,产生 PWM 波形。放大器 A 通常具有比例积分特性或比例特性,其系数直接影响着逆变电路的电流跟踪特性。

在三角波比较控制方式中,功率开关器件的开关频率特性是一定的,即等于载波频率,这给高频滤波器的设计带来方便。为了改善输出电压波形,三角波载波常用三相三角波信号。与滞环比较控制方式相比,这种控制方式输出电流所含谐波少,因此常用于对谐波和噪声要求严格的场合。

3.4.4   PWM 逆变电路谐波分析

PWM 逆变电路可以使输出电压、电流接近正弦波,但由于使用载波调制,也产生了和

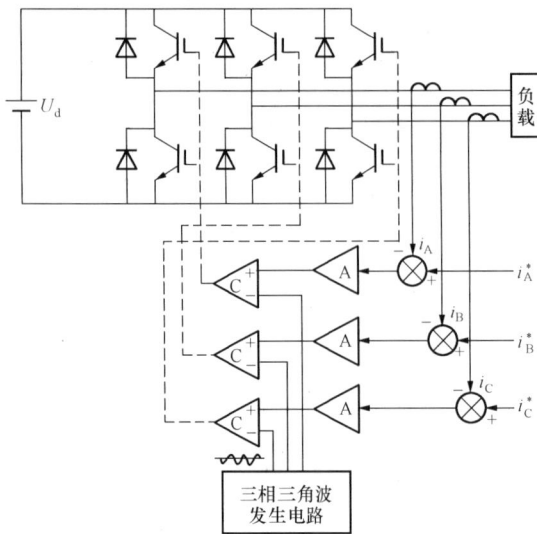

图 3 - 20　三角波比较方式的电流
跟踪型 PWM 逆变电路原理图

载波有关的谐波分量。这些谐波分量的频率和幅值是衡量 PWM 逆变电路性能的重要指标之一，因此有必要对 PWM 波形进行谐波分析。这里主要分析常用的双极性 SPWM 波形。

同步调制可以看成异步调制的特殊情况，因此只分析异步调制方式就可以了。采用异步调制时，不同信号波周期的 PWM 波形是不相同的，因此无法直接以信号波周期为基准进行傅里叶分析。以载波周期为基础，再利用贝塞尔函数可以推导出 PWM 波的傅里叶级数表达式，这种分析过程相当复杂，而其结论却是很简单而直观的。因此，这里只给出典型分析结果的频谱图，从中可以对其谐波分布情况有一个基本的认识。

图 3 - 21 给出了不同调制度 α 时的单相桥式 PWM 逆变电路在双极性调制方式下输出电压的频谱图。其中，所包含的谐波角频率为

$$n\omega_c \pm k\omega_r \qquad (3 - 12)$$

式中：$n = 1$，3，5，$\cdots$ 时，$k = 0$，2，4，$\cdots$；$n = 2$，4，6，$\cdots$ 时，$k = 1$，3，5，$\cdots$。

可见，其 PWM 波中不含有低次谐波，只含有角频率为 ω_c 及其附近的谐波，以及 $2\omega_c$、$3\omega_c$ 等及其附近的谐波。在上述谐波中，幅值最高、影响最大的是角频率为 ω_c 的谐波分量。

三相桥式 PWM 逆变电路可以每相

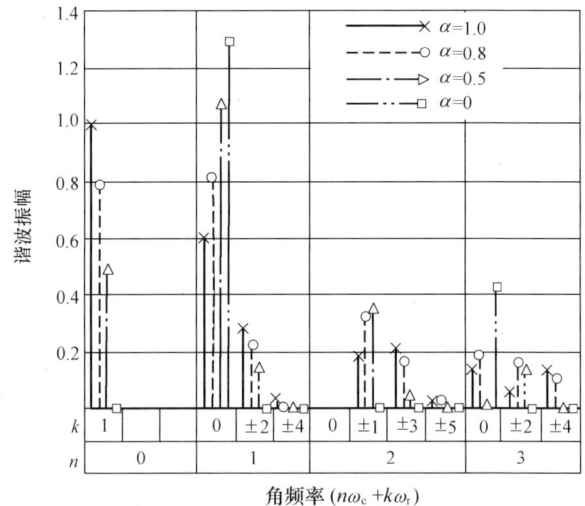

图 3 - 21　单相桥式 PWM 逆变电路输出电压频谱图

各有一个载波信号，也可以三相共用一个载波信号。这里只分析应用较多的公用载波信号时的情况。在其输出线电压中，所包含的谐波角频率为

$$n\omega_c \pm k\omega_r \qquad (3 - 13)$$

式中：$n = 1$，3，5，$\cdots$ 时，$k = 3(2m - 1) \pm 1, m = 1$，$2$，$\cdots$；

$n = 2$，4，6，$\cdots$ 时，$\begin{cases} k = 6m + 1, m = 0, 1, \cdots; \\ k = 6m - 1, m = 1, 2, \cdots. \end{cases}$

图 3 - 22 给出了不同调制度 α 时的三相桥式 PWM 逆变电路输出线电压的频谱图。与图 3 - 21 单相电路时的情况相比较，共同点是都不含低次谐波，一个较显著的区别是载波角频率 ω_c 整数倍的谐波没有了，谐波中幅值较高的是 $\omega_c \pm 2\omega_r$ 和 $2\omega_c \pm \omega_r$。

上述分析都是在理想条件下进行的。在实际电路中，由于采样时刻的误差以及为避免同一相上下桥臂直通而设置的死区的影响，谐波的分布情况将更为复杂。一般来说，实际电路中的谐波含量比理想条件下要多一些，甚至还会出现少量的低次谐波。

从上述分析中可以看出，SPWM波形中所含的谐波主要是角频率为 ω_c、$2\omega_c$ 及其附近的谐波。一般情况下 $\omega_c \gg \omega_r$，所以 PWM 波形中所含的主要谐波的频率要比基波频率高得多，是很容易滤除的。载波频率越高，SPWM 波形中谐波频率就越高，所需滤波器的

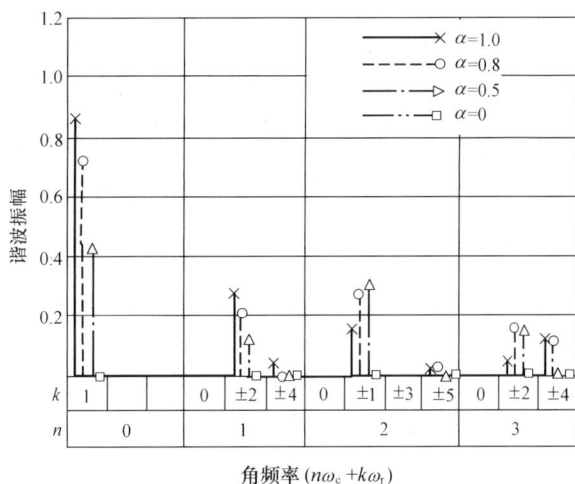

图 3‑22　三相桥式 PWM 逆变电路输出线电压频谱图

体积就越小。另外，一般的滤波器都有一定的带宽，如按载波频率设计滤波器，载波附近的谐波也可滤除。如滤波器设计为低通滤波器，且按载波角频率 ω_c 来设计，那么角频率为 $2\omega_c$、$3\omega_c$ 等及其附近的谐波也就同时被滤除了。

当调制信号波不是正弦波而是其他波形时，上述分析也有很大的参考价值。在这种情况下，对生成的 PWM 波形进行谐波分析后，可发现其谐波由两部分组成，一部分是对信号波本身进行谐波分析所得的结果，另一部分是由于信号波对载波的调制而产生的谐波。后者的谐波分布情况和前面对 SPWM 波所进行的谐波分析是一致的。

3.5　多电平逆变电路

先来回顾一下三相电压型桥式逆变电路和该电路波形。在图 3‑18（a）所示电路中，以直流侧中点 N′ 为参考点，对于 A 相输出来说，桥臂 1 导通时，$u_{AN'} = U_d/2$，桥臂 4 导通时，$u_{AN'} = -U_d/2$。B、C 两相类似。可以看出，电路的输出相电压有 $U_d/2$ 和 $-U_d/2$ 两种电平。这种电路称为二电平逆变电路。

如果需要逆变器承受更高的电压，当然可以采用电压等级更高的 IGBT，或采用 IGBT 串联的方式，但 IGBT 是高速器件，串联较困难。另外，采用二电平电路时 di/dt 较高，波形不太理想，这时可以采用多电平逆变电路。

所谓多电平逆变电路，是指其输出电压波形中的电平数等于或大于 3 的逆变电路。其通常有两种组成形式：一种是在两电平逆变电路的基础上，按照类似的结构通过增加直流分压电容，将直流电源分压成多种直流电源电压，加入钳位电路（用二极管或电容）和增加开关器件的串联个数构成的，用不同的开关切换组合，得到多电平输出；另一种则是利用单相全桥逆变电路，通过直接串联叠加组成的。多电平逆变电路的优点是：电路容量增大，同时输出电压电平数的增多使输出电压更接近正弦波，开关器件所承受的电压减小，无须使用均压电路，开关器件工作于基频，开关损耗小，电磁干扰小。

目前，常用的多电平逆变电路有发明较早、使用较多的中点钳位型逆变电路，还有飞跨

电容型逆变电路，以及单元串联多电平逆变电路。

　　飞跨电容型逆变电路由于要使用较多的电容，而且要控制电容上的电压，因此使用较少。图 3-23 给出了飞跨电容型三电平逆变电路原理图，如要构成更多电平的电路，则需要的电容数目会急剧增加。后面重点介绍使用较多的中点钳位型逆变电路和单元串联多电平逆变电路。

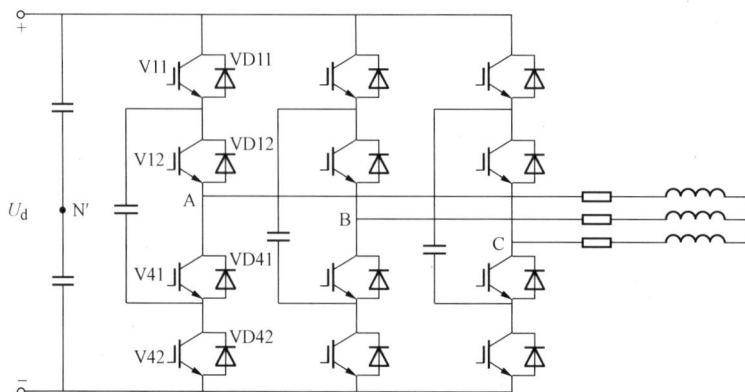

图 3-23　飞跨电容型三电平逆变电路

　　图 3-24 所示为一种中点钳位型（Neutral Point Clamped）三电平逆变电路，下面简要分析其工作原理。

　　该电路的每个桥臂由两个全控型器件构成，两个器件都反并联了二极管。一个桥臂的两个器件的中点通过钳位二极管和直流侧电容的中点相连接。例如，A 相的上下两桥臂分别通过钳位二极管 VD1 和 VD4 与 N′点相连接。

　　以 A 相为例，当 V11 和 V12（或 VD11 和 VD12）导通，V41 和 V42 关断时，A 点和 N′点间电位差为 $U_d/2$；当 V41 和 V42（或 VD41 和 VD42）导通，V11 和 V12 关断时，U 和 N′间电位差为 $-U_d/2$；当 V12 或 V41 导通，V11 和 V42 关断时，A 和 N′间电位差为零。实际上在最后一种情况下，V12 和 V41 不可能同时导通，哪一个管子导通取决于负载电流 i_A 的方向。按图 3-24 所规定的方向，$i_A > 0$ 时，V12 和钳位二极管 VD1 导通；$i_A < 0$ 时，V41 和钳位二极管 VD4 导通。也就是通过钳位二极管 VD1 或 VD4 的导通将 A 点电位钳位在 N′点电位上。

　　通过相电压之间的相减可得到线电压。两电平逆变电路的输出线电压共有 $\pm U_d$ 和 0 三种电平，而三电平逆变电路的输出线电压则有 $\pm U_d$、$\pm U_d/2$ 和 0 五种电平。因此，通过适当的控制，三电平逆变电路输出电压谐波可大大少于两电平逆变电路。这个结论不但适用于中点钳位型三电平逆变电路，也适用于其他三电平逆变电路。

　　中点钳位型三电平逆变电路还有一个突出的优点就是每个主开关器件关断时所承受的电压仅为直流侧电压的一半。这是该电路比两电平逆变电路更适合于高压大容量应用场合的原因。

　　用与三电平电路类似的方法，还可构成五电平（见图 3-25）等更多电平的中点钳位型逆变电路。当然随着电平数的增加，所需钳位二极管的数目也急剧增加。

　　采用单元串联的方法，也可以构成多电平电路，图 3-26 给出了三单元串联的多电平逆

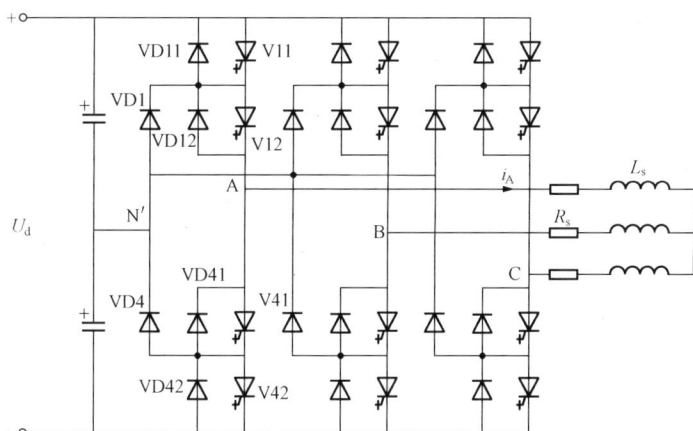

图 3‑24　中点钳位型三电平逆变电路

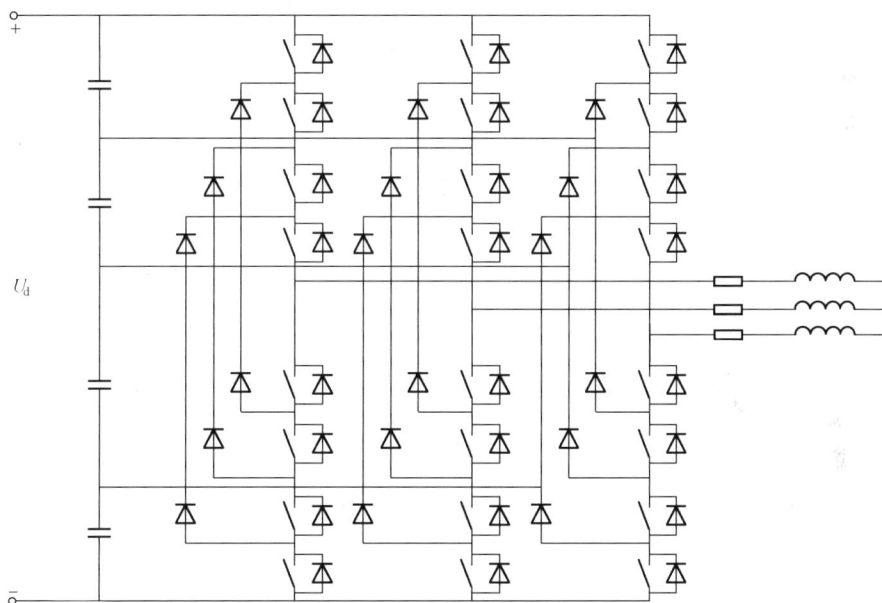

图 3‑25　中点钳位型五电平逆变电路

变电路原理图。其中的"单元"实际上就是本章前面介绍过的单相电压型全桥逆变电路（又称 H 桥电路），图 3‑27 给出了每个单元的电路图。可以看出，实际上单元串联的多电平逆变电路每一相是由多个单相电压型全桥逆变电路串联起来的串联多重单相逆变电路，通过多个单元输出电压的叠加产生总的输出电压，同时通过不同单元输出电压之间错开一定的相位减小总输出电压的谐波。与串联多重逆变电路的区别在于，这里每个全桥逆变电路都有一个独立的直流电源，因此输出电压的串联可以不用变压器。稍加分析可以看出，三单元串联的逆变电路相电压可以产生 $\pm 3U_d$、$\pm 2U_d$、$\pm U_d$ 和 0 共七种电平。如果每相采用更多单元串联，则可以输出更高的电压，其波形也更接近正弦波。

单元串联多电平逆变装置的一个实际问题，是要给每个单元提供一个独立的直流电源，

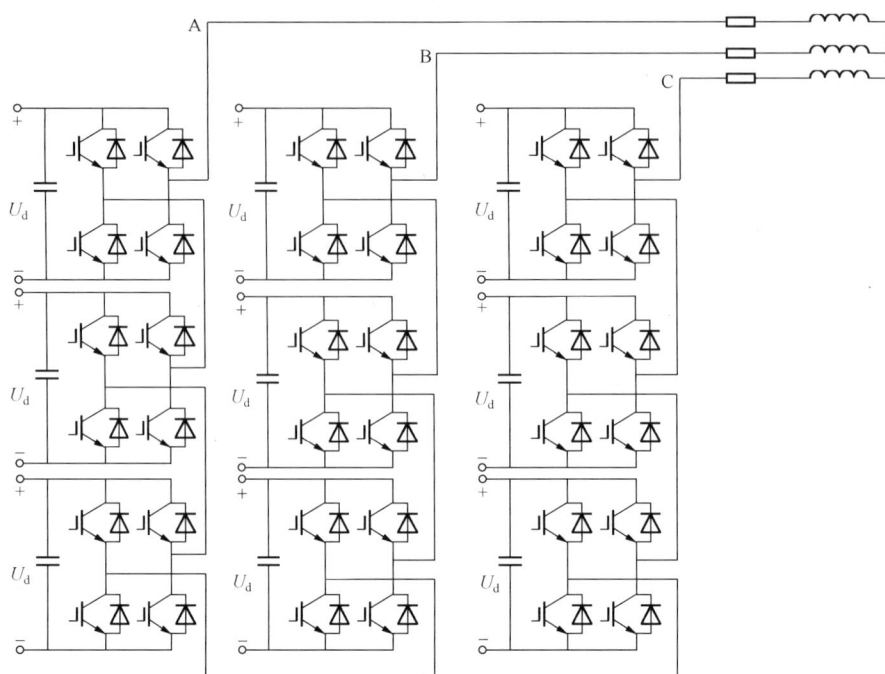

图 3-26　三单元串联多电平逆变电路原理图

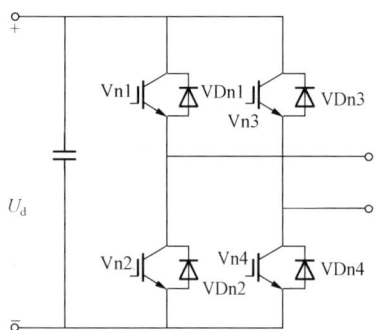

图 3-27　单元串联的基本功能单元电路图

一般是通过给每个单元加一个带输入变压器的整流电路实现的，这是对其应用不太有利的地方。不过，当逆变器的交流侧与电网相连时，可以控制逆变器工作在整流状态而使其直流电容从交流侧得到能量补充并维持直流电压恒定，因而可以不需要直流电源。

应该指出的是，目前大部分文献称单元串联结构为级联式。而"级联"的概念在电路、信号与系统等领域是指上一单元输出的能量（或信号）为下一单元的输入，因此"级联"的说法与单元串联结构不符。在电力系统中又常称单元串联多电平电路为"链式"，但没有说清是什么链。本书按其电路结构，称其为单元串联型或 H 桥串联型。

3.6　软 开 关 技 术

现代电力电子装置的发展趋势是小型化、轻量化，同时对装置的效率和电磁兼容性也提出了更高的要求。

在本章中主要介绍了三种基本的逆变技术，即方波逆变技术、PWM 逆变技术及多电平逆变技术。多电平加逆变技术的主要作用是扩容和改善输出电压波形。PWM 逆变技术的主要作用，是通过 PWM 技术来达到调压和改善输出电压波形的目的，追求高频化并使开关频率达到 MHz 级。为了减少开关损耗和电磁干扰，必须使用软开关技术。本节主要介绍软开关的基本概念及分类。

3.6.1　硬开关和软开关概念

在前面已经介绍过，如果将 PWM 逆变器的开关频率提高到 20kHz 以上，逆变器的噪声会更小，体积、质量也会减小，输出电压的波形会更加正弦化。可见，高频化是 PWM 逆变器技术的发展方向。但是在通常的 PWM 逆变器中，开关器件在高电压下导通，在大电流下关断，开关开通和关断过程中的电压和电流波形如图 3‐28 所示。开关过程中电压、电流均不为零，出现了重叠，因此有显著的开关损耗，而且电压和电流变化的速度很快，波形出现了明显的过冲，从而产生了开关噪声，这样的开关过程称为硬开关。主要的开关过程为硬开关的电路称为硬开关电路。

开关器件处于强迫转换开关过程，因此在高开关频率下运行时，将会受到如下一些因素的限制：

（1）在开通和关断瞬间产生的电压和电流尖峰，将会使开关器件的状态运行轨迹超出安全工作区（SOA），影响开关的可靠性。

（2）开关损耗随开关频率的增高成正比例上升。

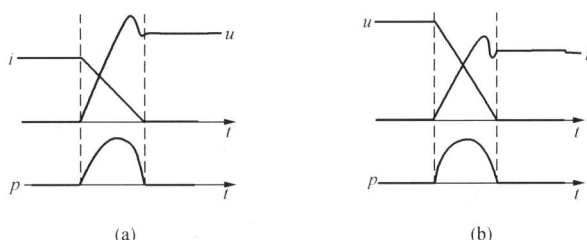

图 3‐28　硬开关过程中的电压和电流波形
（a）关断过程；（b）开通过程

（3）过高的 $\mathrm{d}u/\mathrm{d}t$、$\mathrm{d}i/\mathrm{d}t$ 将产生严重的电磁干扰（EMI）。

为了克服这些缺点，20 世纪 80 年代软开关技术得到了广泛的研究并取得了迅速的发展。作为与硬开关过程的对比，图 3‐29 给出了该软开关电路中开关换流过程的电压和电流的波形。通过在开关过程前后引入谐振，使开关开通前电压先降到零，关断前电流先降到零，就可以消除开关过程中电压、电流的重叠，降低它们的变化率，从而大大减小甚至消除开关损耗。同时，谐振过程限制了开关过程中电压和电流的变化率，这使得开关噪声也显著减小。这样的电路被称为软开关电路，而这样的开关过程也被称为软开关。

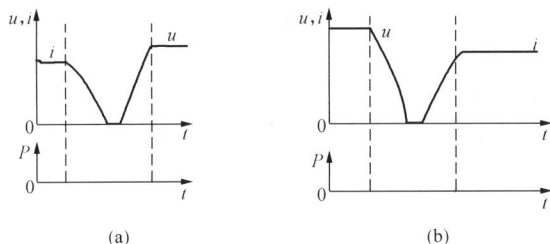

图 3‐29　软开关过程中的电压和电流
（a）关断过程；（b）开通过程

软开关技术是在不断认识不断提高的过程中得到发展的，是在 PWM 调制高频的促使下，以谐振技术和 PWM 技术为基础的发展条件下提出来的。使常规 PWM 技术与谐振技术相结合，并吸收两者的优点而产生了 PWM 软开关技术。到目前为止，PWM 软开关技术仍然是最活跃的研究方向之一。逆变器 PWM 软开关技术比DC‐DC变换器的 PWM 软开关技术要困难得多，困难的根源是对输出电压波形正弦化的要求。如何保持常规 PWM 逆变器对波形改善的效果，以及 PWM 调制的优点，使 PWM 逆变器向着高频化进一步发展，从渐进的观点出发，目前可以采用以下四种办法：

（1）用缓冲电路改变开关管转换时的电压和电流交叉变化的相对位置，使开关管的工作状态由硬变软，并用轨迹法监测缓冲电路的参数，使开关达到最大限度的"软化"。

（2）用快速器件电力 MOSFET 帮助慢速器件 IGBT 实现使主开关软化的混合开关。

（3）在逆变器与直流电源之间附加一个由开关管 VR、电感 L_R 和电容 C_R 构成的直流谐振环回路，为逆变器的开关管创造零电压转换的条件。

（4）用极（支路）谐振为逆变器每一个桥臂的开关管创造零电压或零电流转换的条件。

本节主要介绍软开关的基本概念及其分类。

3.6.2　硬开关与软开关的特点

1. 硬开关的局限性

在 PWM 电路中，电力电子开关器件在高电压下开通，在大电流时关断，处于强迫开关状态，因此称为硬性开关。这种电路结构简单，输出波形良好，因此已广泛应用于电子设备和开关电源产品中。但是，在高频状态下运行，开关器件则会受以下因素的限制。

（1）热学限制。在感性负载关断、容性负载开通时，电力电子开关器件承受很大的瞬时功耗，器件的开通和关断损耗分别可近似为

$$P_{on} = \frac{1}{2} f_{sw} U I t_{on} \tag{3 - 14}$$

$$P_{off} = \frac{1}{2} f_{sw} U I t_{off} \tag{3 - 15}$$

一个周期内器件的平均开关损耗一般占平均损耗的 30%～40%。随着开关频率的提高，这种损耗成正比例地增加，开关损耗将成为器件损耗的主要部分。过大的开关损耗会使结温上升，比如，电力晶体管 GTR 在 3kHz 工作频率时结温已达极限值。尽管 GTR 本身的开通、关断时间很短，但由于结温的限制，不仅工作效率不能提高，而且器件也不能在额定电流、电压下运行。

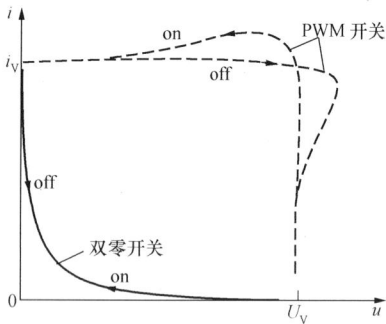

图 3 - 30　GTR 的开关轨迹图

（2）二次击穿限制。在开关过程中，GTR 的开关轨迹如图 3 - 30 所示。由图可知，GTR 承受的电流、电压出现同时为最大值的时刻，电流和电压已经远远超出所允许的直流安全工作区。这一状态停留时间稍长即会因二次击穿而使 GTR 烧坏，为了扩大安全区，设计 GTR 时必须使开关速度、电流增益、饱和压降以及电压等级等参数值有所降低，这就导致了 GTR 设计难以达到最佳程度。在感性负载关断时出现的尖峰电压，以及在容性负载开通时出现的尖峰电流，都会使开关功耗更大。说明 PWM 硬性开关过程中瞬时峰值功耗易造成二次击穿，并极大可能危及器件的安全运行。

（3）电磁干扰限制。在高频状态下运行时，开关器件本身的极间电容成为重要的参数，尤其对 Pwoer MOSFET 来说，由于采用门极绝缘栅结构，它的极间电容较大，因此引起的能量损耗以及密勒效应更为严重。图 3 - 31 所示为 Pwoer MOSFET 极间电容的等效电路图。若栅压在 U_{G1} 和 $-U_{G2}$ 之间，漏极电压在 U_D 和零之间转换，则栅漏电容上的电压变化为 $U_{G1}+U_D+U_{G2}$，栅源电容的电压变化为 $U_{G1}+U_{G2}$。这种现象产生两方面不利因素：在高电压下开通时，电容储能被器件本身吸收和消耗，温升增加；极间电容电压转换时的 du/dt 会耦合到

输入端产生电磁干扰（EMI），使系统不稳定。此外，极间电容与电路中的杂散电感形成振荡也会干扰正常工作。

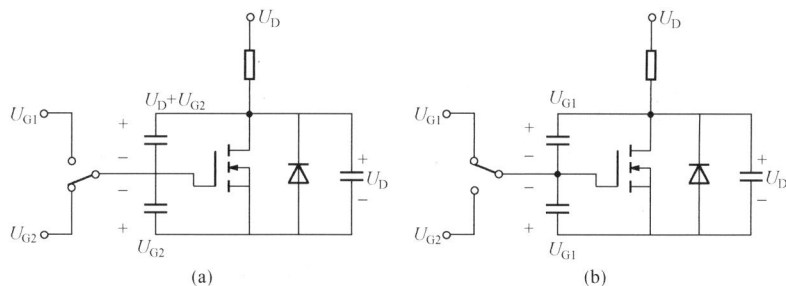

图 3 - 31　Pwoer MOSFET 极间电压变化示意图
(a) 栅极电压为 U_{G2}，漏极电压为 U_D；(b) 栅极电压为 U_{G1}，漏极电压为 0

（4）缓冲电路的限制。在 PWM 硬性开关应用中，常常加入串联及并联缓冲电路，它可限制开通时的 di/dt、关断时的 du/dt，使动态开关轨迹缩小至直流安全区之内，以保证开关器件的安全运行。但是，这种方法将使器件的开关损耗转移至缓冲电路中，最终还是白白被消耗掉，系统总的功耗不会减小。较高的工作频率和较大容量的开关器件会出现很可观的内部功率损耗，这种做法使系统的效率难以提高，因此工作效率也难以提高。此外，缓冲电路中的器件又有一定的特殊性，因此给制造和使用带来不便。由于种种限制，PWM 硬性开关电路在高频状态下运行的局限性很大。

2. 软开关及特点

图 3 - 32（a）所示为 Buck 直流变换电路，其中开关管 V 开通和关断时存在电压和电流的交叠，即开通时 V 两端电压 u_V 很大，关断时流过 V 中的电流 i_V 很大，从而产生较大的开关损耗和开关噪声，如图 3 - 32（b）所示。如果通过某种控制方式使在图 3 - 32（a）所示电路中，开关器件开通时，器件两端电压 u_V 首先下降为零，然后施加驱动信号 U_G，器件的电流 i_V 才开始上升；器件关断时，过程正好相反，即通过某种控制方式使器件中电流 i_V 下降为零后，撤除驱动信号 U_G，电压 u_V 才开始上升，如图 3 - 33（a）所示。由于不存在电压和电流的交叠，开关损耗 p_V 为零，这是一种理想的软开关。实际中要实现理想的软开关是极为困难的。如图 3 - 33（b）所示的波形中，对开关管施加驱动信号 U_G 后，在电流 i_V 上升的开通过程中，电压 u_V 不大且迅速下降为零，这种开通过程的损耗 p_V 不大。撤除驱动信号 U_G 后，在电流 i_V 下降的关断过程中，电压 u_V 不大且上升很缓慢，这种关断过程的损耗 p_V 不大。

20 世纪 80 年代迅速发展起来的谐振开关技术为实现上述软开关、降低器件的开关损耗和提高开关频率找到了有效的解决办法，引起了电力电子技术领域和工业同行的极大兴趣和普遍关注。在开关状态变换过程中，适时地引发一个 LC 谐振过程，利用 LC 谐振特性使变换器件开关的端电压 u_V 或电流 i_V 谐振过零。从理论上说，这种谐振开关技术可以使器件的开关损耗降低为零，原则上开关频率的提高不受限制。应用软开关谐振电路能够使开关器件的动态开关轨迹大大改善，如图 3 - 30 所示。它的动态轨迹远远小于器件的直流安全工作区。由此可见，软开关的开关损耗极小，无二次击穿的限制，不需要缓冲电路，du/dt 及 di/dt 应力大大下降，与此相应的电磁干扰可以消除。这些优点正好克服了 PWM 硬开关的

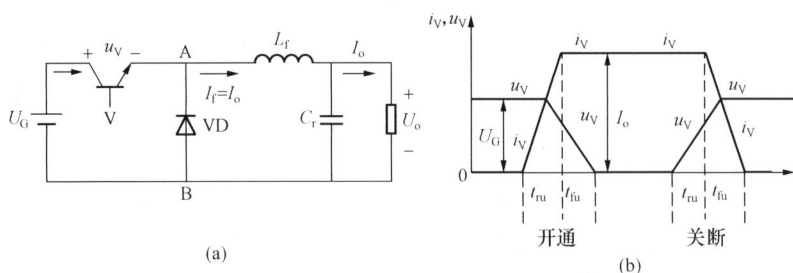

图 3-32 Buck 直流变换电路的硬开关特性

（a）电路；（b）u_V、i_V 波形

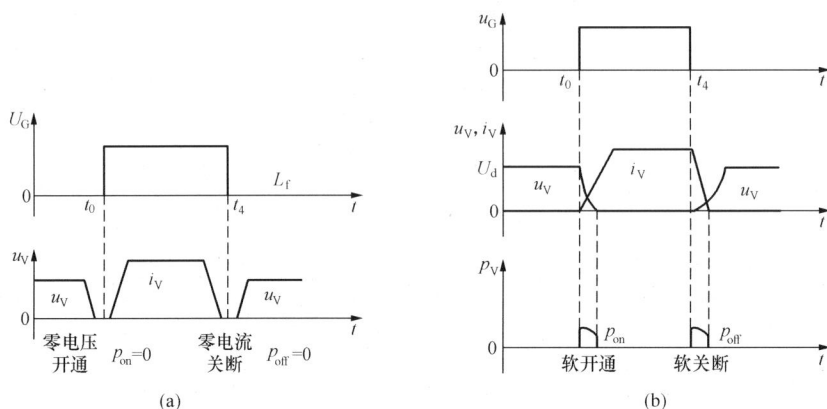

图 3-33 软开关特性

（a）零电压开通，零电流关断波形；（b）软开通，软关断波形

缺点，因此受到人们的青睐。

3. 软开关的分类

自软开关技术问世以来，经历了不断地发展和完善，前后出现了多种软开关电路。到目前为止，新型的软开关电路拓扑仍不断涌现。由于存在众多的软开关电路，而且各自的特点和应用场合不同，因此对这些电路进行分类是非常必要的。

根据开关元件开通和关断时电压电流状态，可将软开关电路分为两大类：零电压开关（ZVS）电路和零电流开关（ZCS）电路。一般，一种软开关电路或者属于 ZVS 电路，或者属于 ZCS 电路。

根据软开关发展的历程可以将软开关电路分成准谐振变换电路、零开关 PWM 变换电路和零转换 PWM 变换电路。

3.6.3 零电压开关与零电流开关

准谐振变换电路分为零电压开关准谐振变换电路（Zero-Voltage-Switching Quasi-Resonant Converter，ZVS QRC）和零电流开关准谐振变换电路（Zero-Current-Switching Quasi-Resonant Converter，ZCS QRC）。这类变换电路中谐振元件只参与能量变换的某一阶段而不是全过程，且只能改善变换电路中一个开关元件的开关特性，电路中电压或电流的波形近似为正弦半波。因此称为准谐振。由于准谐振变换电路中谐振周期随输入电压、负载变化而改变，因此电路只能采用脉冲频率（PWM）调控输出电压和输出功率。

1. ZVS 准谐振变换电路

图 3 - 34（a）所示为以 DC - DC 降压变换电路为例的零电压开通准谐振变换电路（ZVC QRC），其中开关管 V 与谐振电容 C_r 并联，谐振电感 L_r 与 V 串联。如果滤波电感 L_f 足够大，则输出负载电流为恒定值 I_o。假设 $t < 0$ 时，$u_G > 0$，开关管 V 处于通态，$i_V = i_L = I_o$，$u_V = u_{cr} = 0$，续流二极管 VD 截止，在 $t = 0$ 时撤除 V 的驱动信号 u_G，通过分析可画出一个开关的周期 T_s 内电路中电压、电流波形，如图 3 - 34（b）～（e）所示。

由图可知，在 $t_0 \sim t_1$ 期间开关管 V 中电流 i_V 从大电流迅速下降到零，而此时开关管两端的电压 u_V 从零开始缓慢上升，避免了 i_V 和 u_V 同时为较大值的情形，实现了开关管 V 的软关断；在 $t_3 \sim t_4$ 期间，二极管 VD1 导通使 $u_V = 0$，$i_V = 0$，这时给 V 施加驱动信号，就可以使开关管 V 在零电压下开通。

注意：该电路只适用于改变变换电路的开关频率 f_s 来调控输出电压和输出功率。

2. ZCS 准谐振变换电路

图 3 - 35（a）所示为以 DC - DC 降压变换电路为例的零电流关断准谐振变换电路 ZCS，其中开关管 V 与谐振电感 L_r 串联，谐振电容 C_r 与续流管 VD 并联。滤波电容 C_f 足够大，在一个开关周期 T_s 中输出负载电流 I_o 和输出电压 U_o 都恒定不变。滤波电感 L_f 足够大，在一个开关周期 T_s 中 $I_f = I_o$ 恒定不变。假定 $t < 0$ 时，$U_G = 0$，开关管 V 处于断态，VD 续流，$i_V = i_L = 0$，$i_{VD} = I_f = I_o$，$u_T = U_d$，$u_{cr} = 0$。在 $t = 0$ 时对 V 施加驱动信号 U_G，通过分析可画出一个周期 T_s 内电路中电压、电流波形如图 3 - 35（b）～（e）所示。

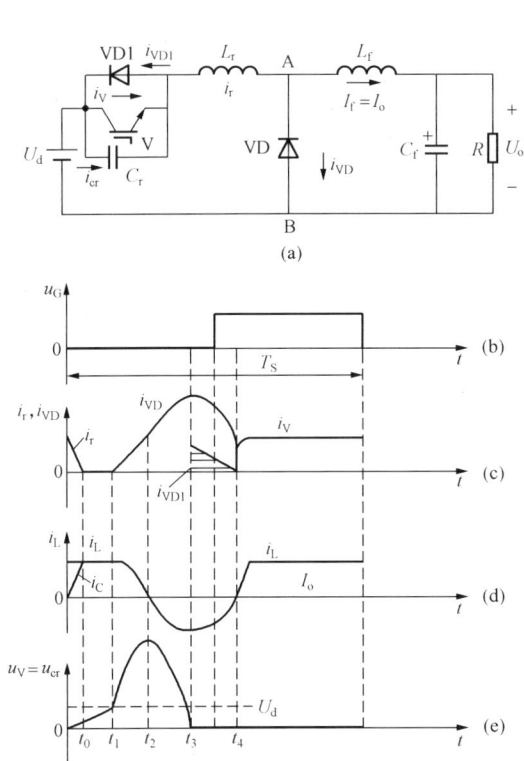

图 3 - 34　ZVS 准谐振变换电路及工作波形
（a）电路；（b）驱动波形；（c）i_{VD}、i_r 波形；
（d）i_L 波形；（e）u_{cr} 波形

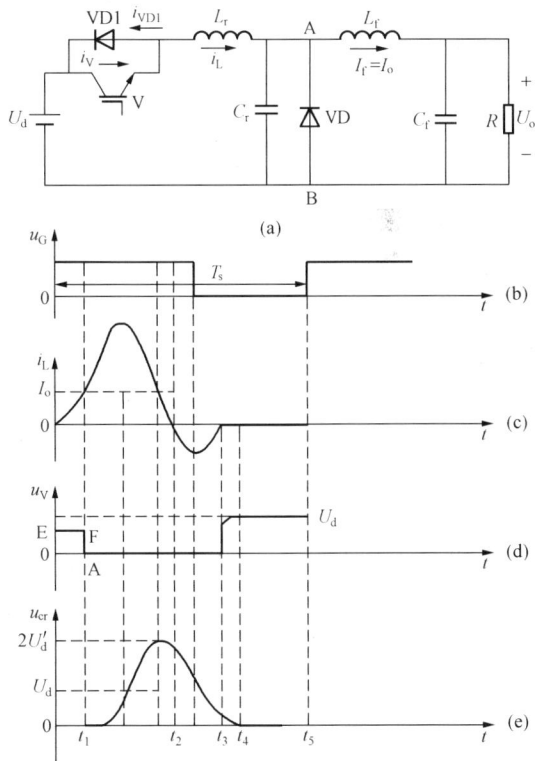

图 3 - 35　ZCS 准谐振变换电路及工作波形
（a）电路；（b）驱动波形；（c）i_L 波形；
（d）u_V 波形；（e）u_{cr} 波形

由图可知，在 $t=0$ 时对 V 施加的驱动信号 U_G 导通，$i_V=i_L$ 从零上升，由于电感 L_r 上的感应电动势为左正右负，因此使 V 上的电压 u_V 减小。如果电感 L_r 足够大，则有可能使 $U_V=0$，实现软开通；在 $t_2 \leqslant t \leqslant t_3$ 阶段，二极管 VD1 导通，$U_V=0$，若此时撤除驱动信号 U_G 可以在零电流下关断，即实现软关断。同样，该电路也只适用于改变变换电路的开关频率 f_s 来调控输出电压和输出功率。

3. ZVS - PWM 变换电路

图 3 - 36（a）所示为 Buck 型 ZVS - PWM 变换器电路图。图中，V1 为主开关，V2 为输出开关，L_r 和 C_r 分别为电感和谐振电容。图 3 - 36（b）所示为该变换器在一个 PWM 周期内的工作波形。下面分六个阶段来讨论在一个周期内的工作过程。假设输出电感 L_f 足够大，可用一个数值为 $I_0=U_d/R$ 的电流源来代替。分析过程中电路参数的描述，以每一阶段的起始时刻为该阶段的零时刻。

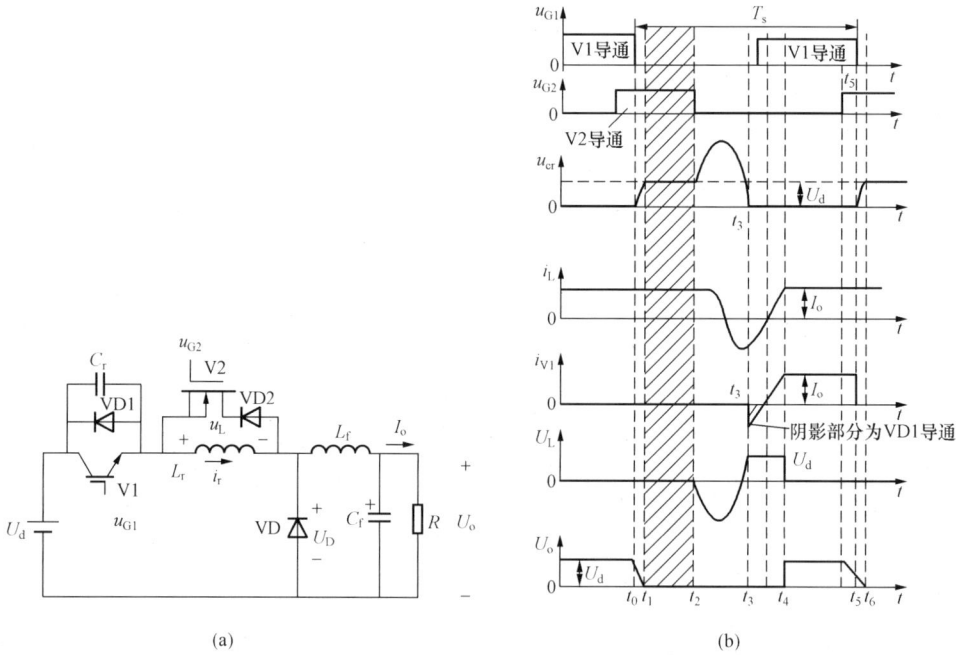

图 3 - 36　Buck 型 ZVS - PWM 变换器及工作波形
（a）电路原理图；（b）工作波形

（1）第一阶段 $t_0 < t < t_1$，恒流充电阶段。上一周期结束时，开关 V1 与辅助开关 V2 均处于导通状态，续流二极管 VD 截止，谐振电容 C_r 的电压为零，谐振电感 L_r 的电流 $i_{Lr}=I_0$，在 t_0 时刻关断主开关 V1，则谐振电容 C_r 以恒流充电，u_{cr} 线性上升，等效电路如图 3 - 37（a）所示。直到 t_1 时刻，u_{cr} 线性上升到 U_d，续流二极管 VD 导通，本阶段结束。

（2）第二阶段 $t_1 < t < t_2$，续流阶段。VD 导通以后，输出电流由 VD 续流，与 Buck 型 PWM 变换器的续流阶段相当。电感 L_r 的电流 i_L 保持为 I_0，通过辅助开关 V2 续流，等效电路如图 3 - 37（b）所示。

（3）第三阶段 $t_2 < t < t_3$，准谐振阶段。t_2 时刻令辅助开关器件 V2 断开，则 L_r 与 C_r 将产生谐振作用，i_L 与 u_{cr} 的变换规律为

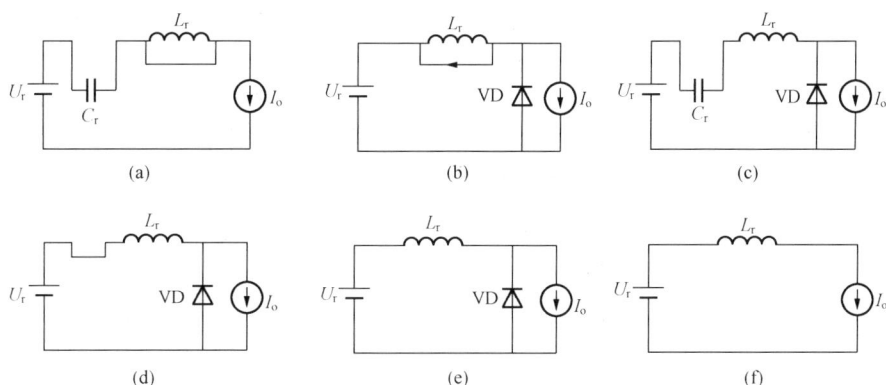

图 3 - 37 Buck 型 ZVS - PWM 变换器六个阶段等效电路

$$i_{Lr} = I_0 \cos\omega t \,,\ u_{V1} = \omega U_0 + \frac{I_0}{C_r\omega}\sin\omega t$$

其中，$\omega = 1/\sqrt{L_rC_r}$。L_r 的电流首先谐振下降，C_r 的电压则谐振上升。$\omega t \geqslant \pi/2$ 以后，u_{cr} 从峰值开始下降，C_r 释放能量，L_r 电流则方向增大，等效电路如图 3 - 37 (c) 所示。直到 t_3 时刻 $u_{cr}=0$，VD1 导通，u_{cr} 被钳位，谐振停止。$u_{cr}=0$ 为 V1 的 ZVS 导通创造了条件。

(4) 第四阶段 $t_3 < t < t_4$，电感电流线性上升阶段。t_3 时刻 VD1 导通以后，L_r 在输入电压 U_d 的作用下线性上升，直到 $i_L = 0$，VD1 截止，本阶段结束，等效电路如图 3 - 37 (d) 所示。在该阶段内使 V1 导通，则 V1 实现了 ZVS 开启。

(5) 第五阶段 $t_4 < t < t_5$，V1 与 VD 环流阶段。t_4 时刻以后 VD1 关断，V1 导通，L_r 中的电流从零开始线性上升，使 VD 中的电流线性下降，等效电路如图 3 - 37 (e) 所示。直到 t_5 时刻，VD 中的电流下降到零，自然关断，续流过程结束，此时 $i_{Lr}(t_5) = I_0$。

(6) 第六阶段 $t_5 < t < t_6$，恒流阶段。t_5 时刻以后 VD 关断，电路进入 Buck 型 PWM 变换器的开关管导通工作状态，可在这一阶段内使 V2 导通。由于 L_r 电流持续为 I_0，V2 也实现了 ZVS 导通，等效电路如图 3 - 37 (f) 所示。直到 t_6 时刻 V1 关断，电路进入下一个工作周期。

ZVS - PWM 变换器可以实现恒频控制的 ZVS，而且电流应力小，但电压应力较大。由于电感串联在主回路中，实现 ZVS 的条件与电源电压及负载的变化有关。

4. ZCS - PWM 变换电路

图 3 - 38 (a) 所示为 Buck 型 ZCS - PWM 变换器。其中 V1 为主开关，V2 为辅助开关，VD1 与 VD2 分别为与主开关与辅助开关反并联的场效应晶体管的体内二极管，L_r 与 C_r 分别为谐振电感和电容，图 3 - 38 (b) 所示为该变换器在一个 PWM 周期内的工作波形，同样分六个阶段讨论一个周期的工作过程，分别为：①第一阶段 $t_0 < t < t_1$，谐振电感电流上升阶段 (V1 零电压开启)；②第二阶段 $t_1 < t < t_2$，准谐振阶段 (VD 零电压关断)；③第三阶段 $t_2 < t < t_3$，恒流阶段 (PWM 工作方式)；④第四阶段 $t_3 < t < t_4$，ZCS 过渡阶段 (V1 零电压关断)；⑤第五阶段 $t_4 < t < t_5$，恒流放电阶段 (VD 零电压开启)；⑥第六阶段 $t_5 < t < t_6$，二极管续流阶段 (PWM 工作方式)。该变换电路各阶段的等效电路图如图 3 - 39 所示。

Buck 型 ZCS - PWM 电路的最大优点是实现了恒频控制的 ZCS 工作方式，且主开关与

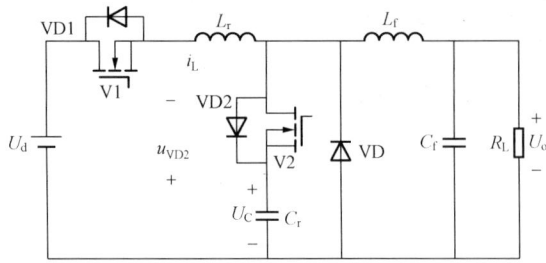

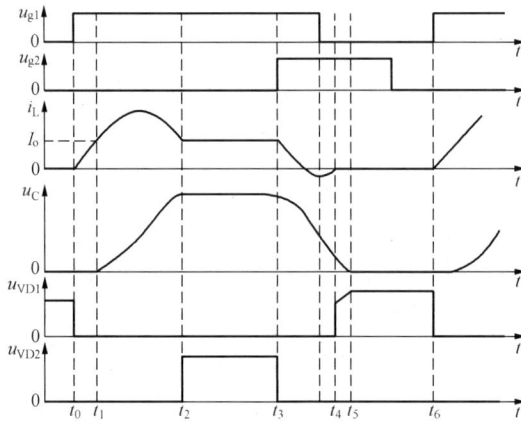

图 3 - 38　Buck 型 ZCS - PWM 变换器及其工作波形

（a）原理图；（b）工作波形

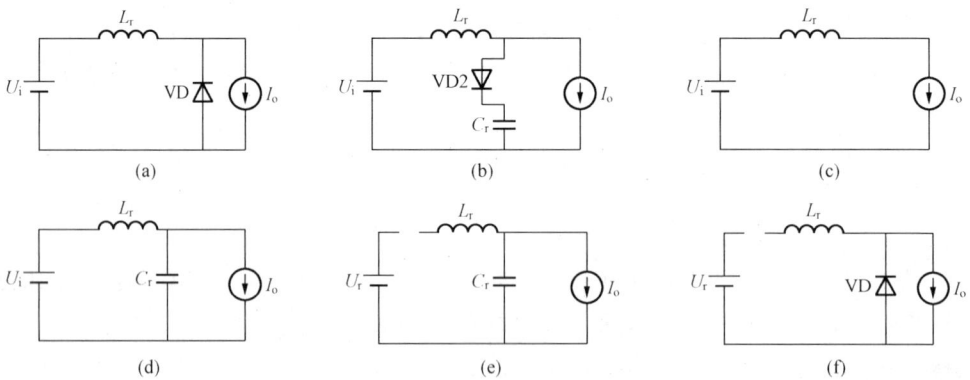

图 3 - 39　Buck 型 ZCS - PWM 变换器六个阶段等效电路

辅助开关上的电压应力小，在一个周期内承受的最大电压为电源电压。但续流二极管承受的电压应力较大，最大时为电源电压的 2 倍，而且由于谐振电感在主电路中，使得实现 ZCS 的条件与电源电压和负载变化有关。

小　结

1. 逆变电路

本章从逆变电路的概念出发简要介绍了逆变电路的原理等基本情况，分别从逆变技术与绿色能源、谐波治理技术、高频磁技术、变频技术和逆变技术在电力系统中的应用等几方面讲述了逆变技术的发展和应用，着重介绍了逆变电路的工作原理。

本章介绍了逆变电路的换流方式。实际上，换流并不是逆变电路特有的概念，四大类基本变流电路中都有换流的问题，但在逆变电路中换流的概念表现得最为集中。换流方式分为外部换流和自换流两大类，外部换流包括电网换流和负载换流两种，自换流包括器件换流和强迫换流两种。换流概念是电力电子电路中一个重要而基本的概念。

逆变电路的分类有不同的方法，可以按换流方式来分类，也可以按输出相数来分类，按用途来分类，还可以按直流电源的性质来分类。本章主要采用了按直流侧电源性质分类的方法，即将逆变电路首先分为电压型和电流型两大类。这样分类更能抓住电路的基本特性，使逆变电路基本理论的框架更为清晰。

2. PWM 控制技术

PWM 控制技术是在电力电子领域有着广泛的应用，并对电力电子技术产生了深远影响的一项技术。

PWM 控制技术在晶闸管时代就已经产生，但是为了使晶闸管通断要付出很大的代价，因而难以得到广泛应用。以 IGBT、电力 MOSFET 等为代表的全控型器件的不断完善给 PWM 控制技术提供了强大的物质基础，推动了这项技术的迅猛发展，使它应用到整流、逆变、直—直、交—交的所有四大类变流电路中。

PWM 控制技术用于整流电路即构成 PWM 整流电路，它属于斩控电路的范畴。这种技术可以看成逆变电路中的 PWM 技术向整流电路的延伸，以 PWM 控制技术为代表的斩波控制技术正越来越占据着主导地位。

3. 软开关技术

本章介绍了软开关技术的基本概念，重点为：

(1) 硬开关电路存在开关损耗和开关噪声，随着开关频率的提高这些问题变得更为严重。软开关技术通过在电路中引入谐振改善了开关的开关条件，在很大程度上解决了这两个问题。

(2) 软开关技术总的来说可以分为零电压和零电流两类；按照其出现的先后，可以将其分为准谐振、零开关 PWM 和零转换 PWM 三大类。每一类都包含基本拓扑和众多的派生拓扑。

习　题

3-1　画出逆变电路的基本原理图并阐述其原理。

3-2　无源逆变电路和有源逆变电路有何不同？

3-3　换流方式各有哪几种？各有什么特点？

3-4　什么是电压型逆变电路？什么是电流型逆变电路？二者各有什么特点？

3-5　电压型逆变电路中反馈二极管的作用是什么？为什么电流型逆变电路中没有反馈二极管？

3-6　单相方波逆变和三相桥式方波逆变，输出电压中各含有哪些谐波成分？

3-7　说明 PWM 控制的工作原理。

3-8　单极性和双极性 PWM 调制有什么区别？

3-9　试说明 PWM 控制的逆变电路的优点。

3-10　为什么说 PWM 逆变电路的滤波容易？

3-11　多电平逆变电路的目的是什么？如何实现？

3-12　高频化的意义是什么？为什么提高开关频率可以减小滤波器、变压器的体积和质量？

3-13　软开关电路可以分为哪几类？其典型拓扑形式有哪些？各有什么特点？

第 4 章 直流—直流（DC-DC）变换

直流—直流（DC-DC）变换，是将电压恒定的直流电变换为另一种固定电压或可调电压的直流电。实现 DC-DC 变换的电路称为直流变换电路。

4.1 DC-DC 变换电路概述

DC-DC 变换电路按照输入与输出之间是否有电气隔离分为两大类：没有电气隔离的称为直接直流变流电路，通常称之为直流斩波电路（DC Chopper）；有电气隔离的称为间接直流变流电路，或称为直流—交流—直流变换电路。

直流斩波电路包括六种基本斩波电路：降压斩波电路、升压斩波电路、升降压斩波电路、Cuk 斩波电路、Sepic 斩波电路和 Zeta 斩波电路。其中前两种是最基本的，应用也最为广泛，另外四种斩波电路是从前两种派生出来的。

两个及两个以上不同的基本斩波电路可构成复合斩波电路。例如，一个降压斩波电路和一个升压斩波电路组合可以构成电流可逆斩波电路，两组电流可逆斩波电路组合可以构成桥式可逆斩波电路。

两个及两个以上相同的基本斩波电路并联可构成多重斩波电路。多重斩波电路可以提高斩波电路的输出功率，提高斩波输出电压的脉动频率，减小输入电流的谐波含量，并且各单元之间可以互为备用，某一斩波单元发生故障，其余各单元可以继续运行，使得总体电路可靠性提高，因此大容量电路多采用多重结构。

间接直流变流电路在直流变流电路中增加了交流环节，在交流环节中通常采用变压器实现输入和输出之间的电气隔离以及功率变换。间接直流变流电路包括单端电路和双端电路两大类。单端电路包括单端正激电路和单端反激电路两种，在单端电路中，变压器中流过的是直流脉动电流；双端电路包括半桥电路、全桥电路和推挽电路等类型，在双端电路中，变压器中的电流是正负对称的交流电流。

直流斩波电路广泛应用于电力牵引，如地铁、电力机车、无轨电车和电瓶搬运车等直流电动机的无级调速。在直流电动机的斩波控制中，基本斩波电路只能实现电动机的单象限运行，而复合斩波电路可以使电动机作双象限或四象限运行，实现电动机的正转或反转的电动运行和再生运行。电流可逆斩波电路还应用于蓄电池的充放电。

升压斩波电路可应用于开关电源的单相有源功率因数校正。

间接直流变换电路主要用于直流开关电源。由于该电路的功率器件工作于开关状态，电源内部损耗少，效率高，工作频率高，电源体积小、质量轻。因此，直流开关电源已经取代了传统的线性直流电源，广泛应用于远程及数据通信、计算机、办公自动化设备、工业仪器仪表、军事、航天等领域，涉及国民经济的各行各业。

按额定功率的大小来划分，DC-DC 可分为 1W 以下、1~750W 和 750W 以上三大类。进入 20 世纪 90 年代，DC-DC 变换器在低频率范围内的增长率大幅度提高，其中 6~25W

DC - DC 变换器的增长率最高，它们大量用于直流测量和测试设备、计算机显示系统、计算机和军事通信系统。由于微处理器的高速化，DC - DC 变换器由低功率向中功率方向发展是必然的趋势。251～750W 的 DC - DC 变换器的增长率是较快的，它们主要用于服务性的医疗和实验设备、工业控制设备、远程通信设备、多路通信及发送设备，DC - DC 变换器在远程和数字通信领域有着广阔的应用前景。

    直流变换电路主要以全控型电力电子器件作为开关器件，通过变换电路控制输出电压的大小。开关频率越高，越易于用滤波器抑制输出电压的纹波，减小"电力公害"。近年来，电力电子器件以及各种控制技术的涌现，极大地促进了直流变换技术的发展，特别是软开关技术的发展，为进一步提高直流变换电路的动态性能、降低开关损耗、减小电磁干扰开辟了有效的新途径。为方便分析，假设变换电路中开关器件均为理想开关，输入电源内阻为零，输出端接有足够大的滤波电容。

4.2   基 本 斩 波 电 路

    直流斩波电路（DC Chopper），包括六种基本斩波电路，其中最基本的两种是降压斩波电路和升压斩波电路，本节重点介绍。

4.2.1   降压斩波电路

    平均直流输出电压低于直流输入电压的变换电路称为降压 DC - DC 变换电路，也称为 Buck 变换器（Buck Converter）或降压斩波电路（Buck Chopper）。该电路的原理图及工作波形如图 4 - 1 所示。图 4 - 1 (a) 中采用一个全控型器件 V，此处为 IGBT；L 是输出滤波电感，R 是回路等效电阻；VD 是续流二极管，用于 V 关断时给电感电流提供续流通道。

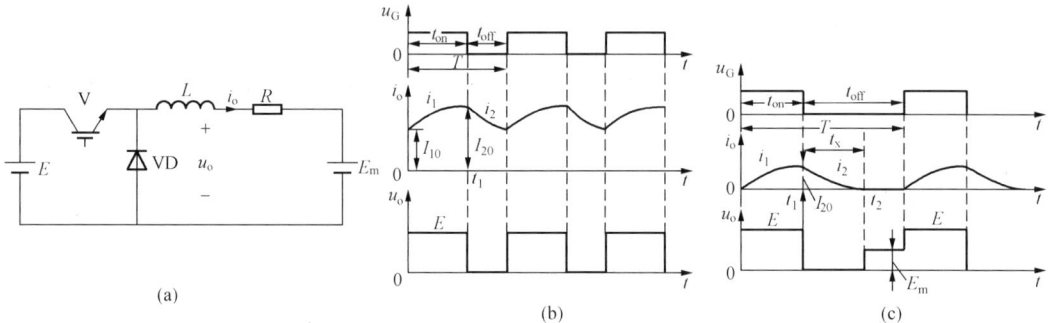

图 4 - 1   降压斩波电路及其工作波形
(a) 电路原理图；(b) 电流连续时的波形；(c) 电流断续时的波形

    降压斩波电路主要用于电子电路的供电电源（如直流稳压电源），也可拖动直流电动机或带蓄电池负载等。后两种情况下负载中均会出现反电动势，图 4 - 1 (a) 中用 E_m 表示。

1. 工作原理

    根据图 4 - 1 (b) 中的控制信号 u_G，$t=0$ 时刻驱动 V 导通，t_{on} 为 V 处于通态的时间，在此期间电源 E 向负载供电，负载电流 i_o 按指数曲线上升，电感充电。V 导通期间输出电压 $u_o=E$，二极管 VD 关断。

    $t=t_1$ 时控制 V 关断，t_{off} 为 V 处于断态的时间，在此期间二极管 VD 续流，负载电流呈指数曲线下降，电感放电，为负载提供能量。输出电压 u_o 近似为零。通常电感 L 取值较大，以使负载电流连续且脉动较小。一个周期结束，再驱动 V 导通，重复上一个周期过程。

在稳态条件下电感两端电压在一个开关周期内的平均值为零。电路处于稳态时，电路中的电压、电流等变量都是按开关周期重复，每一开关周期开始时的电感电流值相同，而电感电流不能突变，故开关周期开始时的电感电流等于上一个开关周期结束时的电感电流值，图 4 - 1（a）所示电路工作在稳定状态时，输出电流在一个周期的初值和终值始终相等。

由图 4 - 1（b）中输出电压 u_o 的波形图可知，电流连续时负载电压的平均值为

$$U_o = \frac{t_{on}}{t_{on} + t_{off}} E = \frac{t_{on}}{T} E = DE \qquad (4-1)$$

式中：T 为开关周期；D 为导通占空比，简称占空比或导通比，$D = t_{on}/T$。

由式（4 - 1）可知，输出到负载的电压平均值 U_o 最大为 E，减小占空比 D，U_o 随之减小。由于 $0 < D < 1$，该斩波电路的输出电压总是小于输入电压，因此称为降压斩波电路。

负载电流平均值为

$$I_o = \frac{U_o - E_m}{R} \qquad (4-2)$$

以上关系还可以从能量传递关系推导。由于一个周期中，忽略电路中的损耗，则电源提供的能量与负载消耗的能量相等，即

$$EI_o t_{on} = RI_o^2 T + E_m I_o T \qquad (4-3)$$

两边同除以 $I_o T$ 得

$$I_o = \frac{DE - E_m}{R} = \frac{U_o - E_m}{R} \qquad (4-4)$$

L 值为无穷大时，负载电流平直的情况下，假设电源电流平均值为 I_1，则有

$$I_1 = \frac{t_{on}}{T} I_o = D I_o \qquad (4-5)$$

其值小于或等于负载电流 I_o，由式（4 - 5）得

$$EI_1 = DEI_o = U_o I_o \qquad (4-6)$$

即输出功率等于输入功率，因此可将降压斩波器看作直流降压变压器。

若滤波电感 L 值较小，V 关断后电感放电快，在图 4 - 1（c）所示的 t_2 时刻，负载电流已衰减到零，出现负载电流断续的情况。与图 4 - 1（b）比较可知，负载电压 u_o 平均值被抬高了。

利用分段线性化分析方法可以推导，电流断续时有 $I_{10} = 0$，且 $t = t_{on} + t_x$ 时，$i_2 = 0$，可求出 t_x 为

$$t_x = \tau \ln \left[\frac{1 - (1-m)e^{-\alpha \rho}}{m} \right] \qquad (4-7)$$

其中 $\qquad \tau = L/R, \ \rho = T/\tau, \ \alpha = \dfrac{t_{on}}{T}, \ m = E_m/E, \ t_1/\tau = \dfrac{t_1}{T} \times \dfrac{T}{\tau} = \alpha \rho$

电流断续时，$t_x < t_{off}$，由此得出电流断续的条件为

$$m > \frac{e^{\alpha \rho} - 1}{e^\rho - 1} \qquad (4-8)$$

一般不希望出现电流断续的情况。

2. 斩波电路的控制方式

由式（4-1）、式（4-4）及式（4-5）可见，直流斩波电路的输出电压、输出电流以及电源电流都与驱动信号的占空比 D 有关，改变占空比，就能连续地调节输出电压及输出功率。改变占空比的方法有下述三种：

（1）脉冲宽度调制（PWM）方式，又称为定频调宽控制方式，是指保持开关器件的开关周期 T 不变，调节开关导通时间 t_{on}，从而调节占空比 D 的控制方式。

这种方式中，PWM 脉冲一般采用直流信号与频率和幅值都固定的三角调制波进行比较的方法产生，其原理如图 4-2 所示。改变控制电压 u_r 的幅值就可以改变 u_G 的脉冲宽度，即改变了占空比 D。

采用这种控制方式的斩波器，由于其工作频率是固定的，因此比较容易设计滤去高次谐波的滤波器。

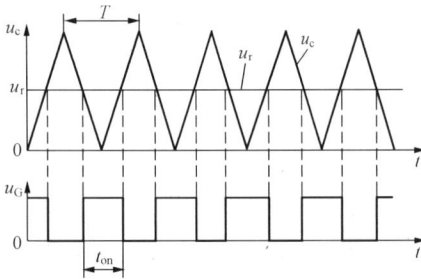

图 4-2　直流斩波 PWM 示意图

（2）脉冲频率调制（PFM）方式，又称为定宽调频控制方式，是指保持开关器件的导通时间 t_{on} 不变，改变开关周期 T，从而调节占空比 D 的控制方式。这种控制方式，由于开关频率是变化的，输出电压的频率也是变化的，因此滤波器的设计比较困难。

（3）调频调宽混合调制方式，它是前两种控制方式的综合，既改变开关周期 T，又改变开关导通时间 t_{on}。通常用于需要大幅度改变输出电压的场合。

连续调节输出电压及输出功率，除了上述改变占空比的方式外，还有滞环比较控制等瞬时值控制方式。瞬时值控制方式将希望输出的电流或电压作为给定信号，将实际电流或电压作为反馈信号，通过两者的瞬时值比较来决定斩波电路开关器件的通断，使实际输出跟踪给定值的变化。

3. 降压斩波电路仿真

对降压斩波电路进行仿真分析，电路模型如图 4-3（a）所示。电路参数：直流电源电压 $E=100V$，电感 $L=10mH$，电阻 $R=1\Omega$，负载为 $330\mu F$ 电容和 20Ω 并联，IGBT 开关频率均设置为 1000Hz，占空比 $D=0.6$，仿真结果如图 4-3（b）所示。图中从上到下四个波形依次为 IGBT 的栅极电压、续流二极管两端电压、电感 L 中的电流、负载两端电压。

图 4-3（b）所示波形表明，电路进入稳态后电感 L 电流连续，负载电压基本为 $DE=60V$。

改变电感的参数，取 $L=1mH$，其他参数不变，仿真结果如图 4-3（c）所示。图 4-3（c）表明，电感参数较小的情况下，其中的电流断续，负载电压被抬高。

通常在直流电动机的拖动系统中要求电流连续，故对电感的最小值有一定的要求。

4.2.2　升压斩波电路

升压斩波电路（Boost Chopper）的输出电压高于电源电压，其原理图及工作波形如图 4-4 所示。

1. 工作原理

假设电路中电感 L 和电容 C 值都很大。当全控器件 V 处于通态时，电源 E 向电感 L 充电，忽略 IGBT 的导通压降，$E=\dfrac{L di_1}{dt}$，在 L 取值很大的情况下，$\dfrac{di_1}{dt}$ 很小，电源电流 i_1 基

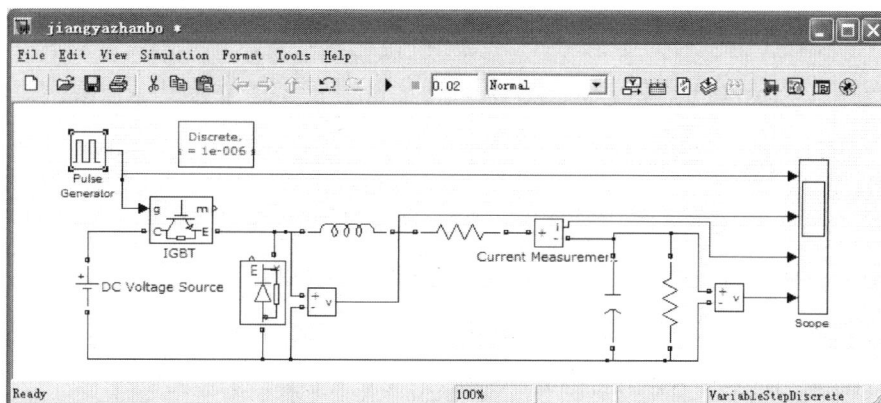

(a)

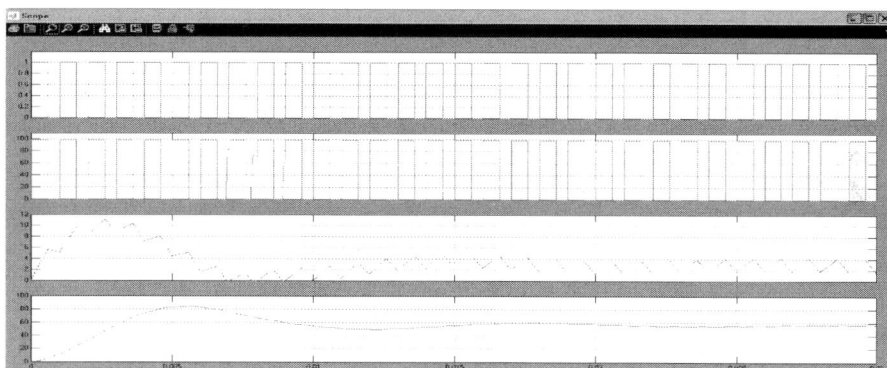

(b)

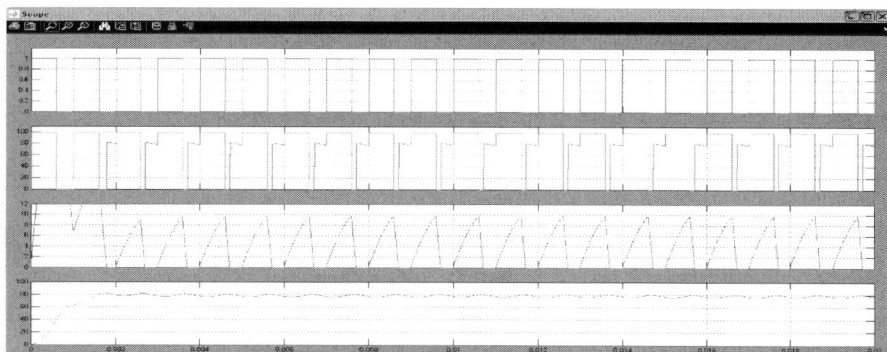

(c)

图 4 - 3　降压斩波电路仿真工作波形

(a) 仿真电路模型；(b) 电流连续；(c) 电流断续

本恒定为 I_1。二极管 VD 关断，电容 C 向负载 R 供电。设 V 处于通态的时间为 t_{on}，则此阶段电感 L 上积蓄的能量为 $EI_1 t_{on}$。

当全控器件 V 处于断态时，电感放电，电源 E 和电感 L 的电压叠加使 VD 导通，电源 E 和电感 L 同时向电容 C 充电，并向负载提供能量。因 C 值很大，输出电压 u_o 基本为恒定值，用 U_o 表示。同样由于 L 值很大，其放电电流变化率很小，输出电流 i_o 基本恒定为 I_1。

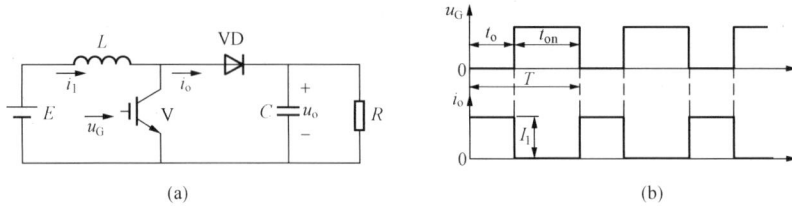

图 4 - 4　升压斩波电路及其工作波形

(a) 电路原理图；(b) 工作波形

设 V 处于断态的时间为 t_{off}，则此期间电感释放的能量为 $(U_{\text{o}} - E) I_1 t_{\text{off}}$。

当电路工作于稳态时，一个周期 T 中电感储存的能量和释放的能量相等，则有

$$EI_1 t_{\text{on}} = (U_{\text{o}} - E) I_1 t_{\text{off}} \tag{4-9}$$

化简得

$$U_{\text{o}} = \frac{t_{\text{on}} + t_{\text{off}}}{t_{\text{off}}} E = \frac{T}{t_{\text{off}}} E = \frac{1}{1-D} E \tag{4-10}$$

由于 $0 < D < 1$，输出电压高于电源电压，故称该电路为升压斩波电路，也称为 Boost 变换器（Boost Converter）。

升压斩波电路输出电压高于电源电压，关键有两个原因：一是 L 储能之后具有使电压泵升的作用，二是电容 C 可将输出电压保持住。

由于电容 C 的平均电流为 0，负载电阻 R 中的电流 I_{o} 与 i_{o} 的平均值 I'_{o} 相同，图 4 - 4 (b) 所示的工作波形

$$I'_{\text{o}} = \frac{t_{\text{off}} I_1}{T} = \frac{T - t_{\text{on}}}{T} I_1 = (1-D) I_1$$

即

$$I_0 = (1-D) I_1 \tag{4-11}$$

负载 R 的功率为

$$U_{\text{o}} I_{\text{o}} = \frac{E}{1-D} (1-D) I_1 = EI_1 \tag{4-12}$$

电源提供的功率等于负载取用的功率，因此与降压斩波电路相同，升压斩波电路也可看作直流变压器。

根据式 (4-10) 可得出输出电流的平均值 I_{o} 为

$$I_{\text{o}} = \frac{U_{\text{o}}}{R} = \frac{1}{1-D} \frac{E}{R} \tag{4-13}$$

根据式 (4-11) 电源电流 I_1 为

$$I_1 = \frac{1}{1-D} I_{\text{o}} = \frac{1}{(1-D)^2} \frac{E}{R} \tag{4-14}$$

2. 升压斩波器的典型应用

升压斩波器目前的典型应用有三种：一是用于直流电动机传动系统，二是作为单位功率因数校正电路，三是电池供电设备中的升压电路、液晶背光电源等。

当用于直流电动机传动系统时，通常是直流电动机工作在再生制动状态，把电能回馈给直流电源。此时电路工作波形如图 4 - 5 所示。

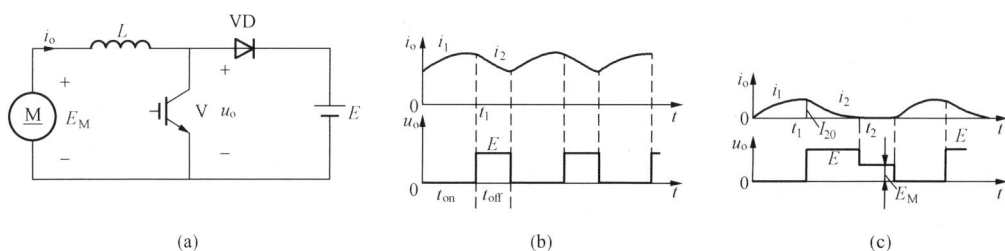

图 4‐5　直流电动机再生制动

（a）电路原理图；（b）电流连续时电压和电流波形；（c）电流断续时电压和电路波形

电动机的反电动势相当于图 4‐4 中的电源，而此时直流电源相当于图 4‐4 中的负载。由于该电路中直流电源的电压基本是恒定的，因此不必并联电容器，并假设电路中 L 值很大。

当全控器件 V 处于通态时，E_m 向 L 充电，充电电流恒为 I_1，设 V 处于通态的时间为 t_{on}，此阶段 L 上积蓄的能量为 $E_m I_1 t_{on}$；当全控器件 V 处于断态时，E_m 和 L 共同向 E 供电。设 V 处于断态的时间为 t_{off}，供电电流恒为 I_2，则此期间电感 L 释放的能量为 $(E-E_m) I_2 t_{off}$。

稳态时，一个周期 T 中电感 L 储存能量与释放能量相等，即

$$E_m I_1 t_{on} = (E-E_m) I_2 t_{off} \tag{4-15}$$

L 值很大，即 $I_1 \approx I_2$，因此有

$$E = \frac{t_{on}+t_{off}}{t_{off}} E_m = \frac{T}{t_{off}} E_m = \frac{1}{1-D} E_m \tag{4-16}$$

以上讨论是平波电抗器 L 无穷大，负载电流没有脉动的情况。

当电枢电流断续时，输出电压和电流波形如图 4‐5（c）所示，同样利用分段线性化分析方法可以推导，电枢电流断续工作状态时

$$m < \frac{1-e^{-\beta\rho}}{1-e^{-\rho}} \tag{4-17}$$

$$\beta = \frac{t_{off}}{T}, m = \frac{E_m}{E}, \rho = \frac{T}{\tau}, \tau = \frac{L}{R}$$

根据这个条件可以判断电路负载电流是否连续。

4.2.3　其他几种斩波电路

1. 升降压斩波电路

升降压斩波电路（Buck‐Boost Chopper）的原理电路和工作波形如图 4‐6 所示。

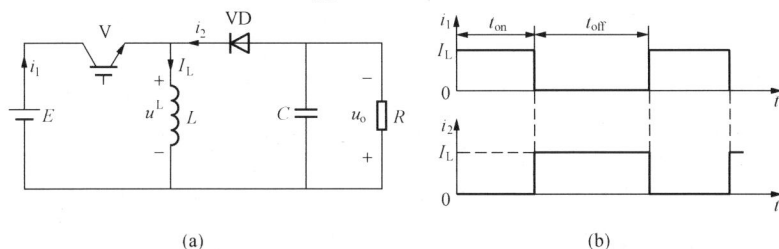

图 4‐6　升降压斩波电路及其工作波形

（a）电路原理图；（b）工作波形

设电路中电感 L 值很大，电感电流 i_L 基本为恒值；电容 C 值也很大，电容电压即负载电压 u_o 基本为恒值。下面介绍该电路的工作原理。

当开关 V 处于通态时，电源 E 经 V 向电感 L 供电使其储存能量，此时电流为 i_1，方向如图 4-6（a）所示，同时 C 维持输出电压基本恒定并向负载 R 供电。而使 V 关断时，L 储存的能量向负载释放，电流为 i_2，方向如图 4-6（a）所示。负载电压极性为上负下正，与电源电压极性相反，该电路也称作反极性斩波电路。

基本的数量关系：稳态时，一个周期 T 内电感 L 两端电压 u_L 对时间的积分为零，即 $\int_0^T u_L \mathrm{d}t = 0$；当 V 处于通态期间，$u_L = E$，时间为 t_{on}；而当 V 处于断态期间，$u_L = -u_o$，时间为 t_{off}。于是有 $E t_{on} = U_o t_{off}$。

输出电压为

$$U_o = \frac{t_{on}}{t_{off}}E = \frac{t_{on}}{T - t_{on}}E = \frac{D}{1-D}E \tag{4-18}$$

改变占空比 D，输出电压既可以比电源电压高，也可以比电源电压低。当 $0 < D < 1/2$ 时为降压，当 $1/2 < D < 1$ 时为升压，因此该电路称作升降压斩波电路（也称 Buck-Boost 变换电路）。

设电源电流 i_1 和负载电流 i_2 的平均值分别为 I_1 和 I_2，当电流脉动足够小时，如图 4-6（b）所示，有 $\frac{I_1}{I_2} = \frac{t_{on}}{t_{off}}$，因此

$$I_2 = \frac{t_{off}}{t_{on}}I_1 = \frac{1-D}{D}I_1 \tag{4-19}$$

设 V、VD 均为理想元件时，则输出功率和输入功率相等，即 $EI_1 = U_o I_2$，因此可看作直流变压器。

2. Cuk 斩波电路

Cuk 斩波电路的原理电路如图 4-7 所示。下面介绍 Cuk 斩波电路的工作原理

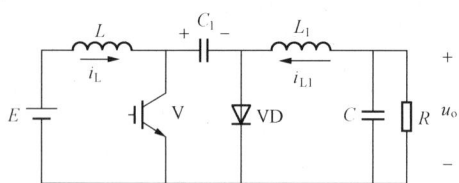

当可控开关 V 处于通态时，电流分别流过 E—L—V 回路和 C—L_1—C_1—V 回路分别流过电流；V 关断时，电流分别流过 E—L—C_1—VD 回路和 C—L_1—VD 回路，输出电压的极性与电源电压极性相反。

图 4-7　Cuk 斩波电路

设两个电感电流都连续，分别计算电感 L 和 L_1 一个开关周期内的平均值为

$$U_L = ED + (E - U_{C1})(1-D)$$
$$U_{L1} = (U_{C1} + U_o)D + U_o(1-D)$$

在稳态条件下，电感两端电压在一个开关周期内的平均值为零，即 $U_L = 0$，$U_{L1} = 0$；然后联立方程，消去 U_{C1}，可得输出电压与开关通断的占空比间的关系为

$$U_o = -\frac{D}{1-D}E \tag{4-20}$$

等式右边的负号表示输出电压的极性与电源电压极性相反，其输出电压可以高于输入电压也可以低于输入电压。

Cuk 斩波电路的特点与升降压电路相似，因此也常有相同的用途，但 Cuk 型电路较为复杂，因此使用不甚广泛。但该电路有一个明显的优点是输入电源电流和输出负载电流都是连续的，且脉动很小，有利于对输入输出进行滤波。

3. Sepic 斩波电路

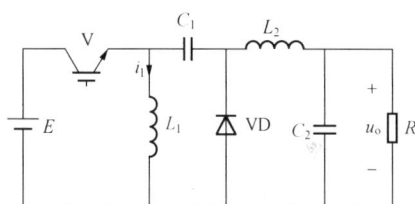

Sepic 斩波电路的原理电路如图 4 - 8 所示。下面介绍 Sepic 斩波电路的工作原理。

当可控开关 V 处于通态时，$E—L_1—V$ 回路和 $C_1—V—L_2$ 回路同时导通，L_1 和 L_2 储能。V 关断时，$E—L_1—C_1—VD—$负载（C_2 和 R）回路及 $L_2—VD—$负载回路同时导通，此阶段 E 和 L_1 既向负载供电，同时也向 C_1 充电（C_1 储存的能量在 V 处于通态时向 L_2 转移）。

输入、输出关系为

$$U_o = \frac{t_{on}}{t_{off}}E = \frac{t_{on}}{T - t_{on}}E = \frac{D}{1 - D}E \qquad (4 - 21)$$

Sepic 斩波电路可以用于要求输出电压较低的单相功率因数校正电路。

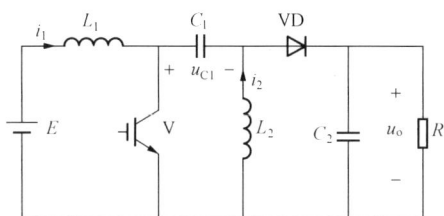

图 4 - 8　Sepic 斩波电路　　　　　图 4 - 9　Zeta 斩波电路

4. Zeta 斩波电路

Zeta 斩波电路的原理电路如图 4 - 9 所示。下面介绍 Zeta 斩波电路的工作原理。

可控开关 V 处于通态时，电源 E 经开关 V 向电感 L_1 储能，同时 E 和 C_1 经 L_2 向负载供电。V 关断时，$L_1—VD—C_1$ 构成振荡回路，L_1 储存的能量转移至 C_1，同时 L_2 的电流则经 VD 续流。

输入、输出关系为

$$U_o = \frac{D}{1 - D}E \qquad (4 - 22)$$

4.3　复合斩波电路和多重斩波电路

复合斩波电路是利用降压斩波电路和升压斩波电路这两种基本斩波电路组合而成的一种电路结构，如电流可逆斩波电路和桥式可逆斩波电路。多重斩波电路是利用相同结构基本斩波电路组合而成的一种电路结构，如本节要讲述的三重斩波。

4.3.1　电流可逆斩波电路

在直流电动机的斩波控制中，电动机既可工作在第一象限的电动运行状态，又可工作在第二象限将能量回馈电源的再生制动状态，从电动状态到再生制动的切换需要通过对电路本身的控制来实现。电流可逆斩波将降压斩波电路和升压斩波电路这两种基本斩波电路组合在一起来拖动直流电动机。电动机的电枢电流可逆（即电流可正可负），但电压只能是一种极性，故可工作在第Ⅰ和第Ⅱ象限。

图 4 - 10（a）给出了电流可逆斩波电路的原理电路图。该电路有三种运行方式：一是降压斩波运行，V1 和 VD1 构成降压斩波供路，由电源向直流电动机供电，电动机为电动运行，工作于第一象限，或者电源向蓄电池充电，此时 V2 和 VD2 总处于断态；二是升压斩波运行，V2 和 VD2 构成升压斩波电路，把直流电动机的动能转变为电能反馈到电源，电动机作再生制动运行，工作于第二象限，或者蓄电池向电源放电，此时 V1 和 VD1 总处于断态；三是双组交替运行方式，即在一个周期内交替的作为降压斩波和升压斩波工作。在这种运行方式中，V1、V2 被交替驱动，电动机电流不会断续。当 V1 导通时，电源为负载提供正向电流，并逐渐增大 V1 关断后，电感 L 经 VD1 续流释放能量，电流下降直至为零。这时使 V2 导通，电动机的反感应电动势，与 E_M 串联，经 VD2 导通，向电源反馈能量。当 L 储能释放完毕，反向电流降为零时，再次使 V1 导通，又有正向电流流通，如此循环，两个斩波电路交替工作。这种工作方式下的输出电压、输出电流波形如图 4 - 10（b）所示。图中还标出了流过各器件的电流。

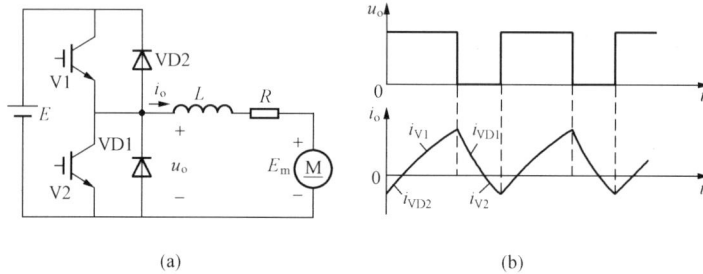

图 4 - 10　电流可逆斩波电路及其工作波形
（a）电路原理图；（b）工作波形

4.3.2　桥式可逆斩波电路

电流可逆斩波电路虽可以使电动机的电枢电流可逆，实现电动机的两象限运行，但其所能提供的电压极性是单向的。当需要电动机可在正转电动、正转再生制动、反转电动、反转再生制动的四象限工作时可采用桥式可逆斩波电路。其电路原理图如图 4 - 11 所示。

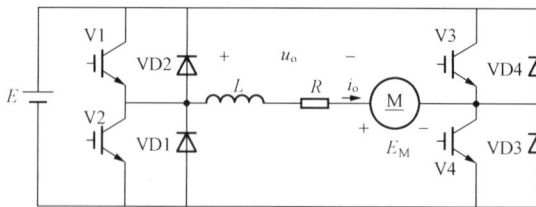

图 4 - 11　桥式可逆斩波电路

V4 导通 V3 关断时，该电路等效为图 4 - 10（a）所示的电流可逆斩波电路，提供正电压，可使电动机工作于第Ⅰ、Ⅱ象限。而当 V2 导通 V1 关断时，V3、VD3 和 V4、VD4 等效为又一组电流可逆斩波电路，其中 V3、VD3 构成降压斩波向电机提供负电压，使电动机工作在第Ⅲ象限即反转电动状态，而 V4、VD4 构成升压斩波，可使电动机工作于第Ⅳ象限即反转制动状态。

4.3.3　多重斩波电路

多重斩波电路由多个结构相同的基本斩波电路并联构成。图 4 - 12（a）所示电路由三个降压斩波电路并联构成，称为三重降压斩波电路。图 4 - 12（b）为其工作波形。

三重降压斩波电路的总输出电流为三个斩波电路单元输出电流之和，其平均值为单元输出电流平均值的 3 倍，脉动频率也为 3 倍。由于三个单元电流的脉动幅值互相抵消，使总输出电流脉动幅值变得很小。

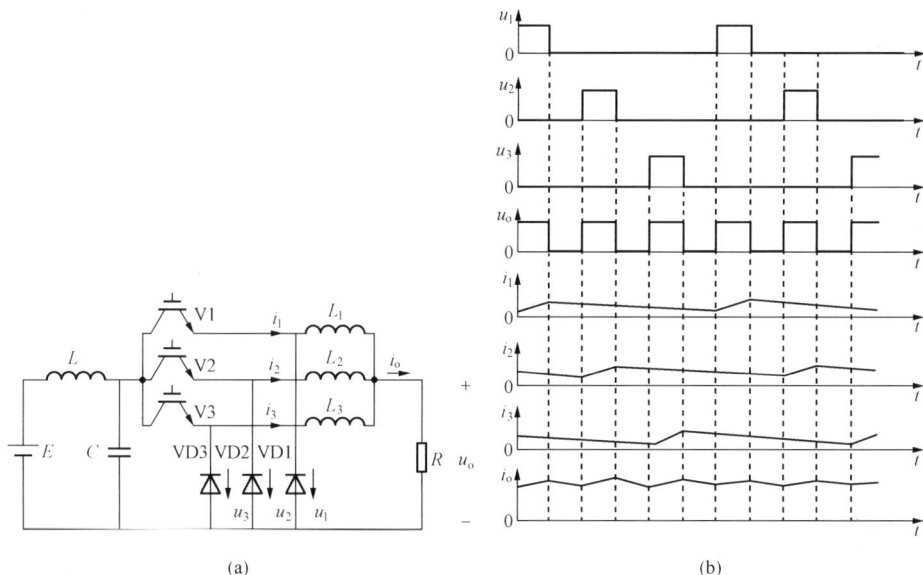

图 4‑12　多重斩波电路及其工作波形
（a）电路原理图；（b）工作波形

由此可见，多重斩波电路总输出电流最大脉动率（电流脉动幅值与电流平均值之比）与相数的平方成反比，且输出电流脉动频率提高，因此和单个斩波电路相比，在输出电流最大脉动率一定时，所需平波电抗器总质量大为减轻。

多重斩波电路还具有备用功能，当某一斩波单元发生故障时，其余单元可以继续运行，提高了电路的总体可靠性。

4.4　间接 DC‑DC 变换电路

间接 DC‑DC 变换电路的结构示意图如图 4‑13 所示，同直流斩波电路相比，电路中增加了交流环节，因此也称为直—交—直电路。

图 4‑13　间接 DC‑DC 变换电路的结构示意图

与直流斩波电路相比，间接直流变换电路有以下特点：

（1）由于输入端与输出端是隔离的，适用于需要隔离的场合。

（2）变压器的二次侧可以有多个绕组，适用于某些需要相互隔离的多路不同电压或相同电压输出的场合。

（3）由于变压器的电压比可以远大于 1 或远小于 1，适用于输入电压与输出电压的升压、降压比例较大的场合，扩大了变换器的应用范围。

（4）交流环节采用较高的工作频率，可以减小变压器和滤波电感、滤波电容的体积和质量，降低变换器的噪声。

（5）逆变部分多采用恒压恒频控制方式，多用于需恒压输出的场合，如家用电器、微机等的开关电源。

间接直流变流电路分为单端（Single End）电路和双端（Double End）电路两大类。

4.4.1　单端电路

在单端电路中，变压器中流过的是直流脉动电流。如果开关管导通时，电源将能量直接传送至负载则称为正激变换器（Forward Converter）；如果开关管导通时，电源将电能转为磁能存储在电感中，当开关管关断时再将磁能变为电能传递到负载则称为反激变换器（Flyback Converter）。

1. 正激电路（Forward）

正激电路及其理想化工作波形，如图 4 - 14 所示。

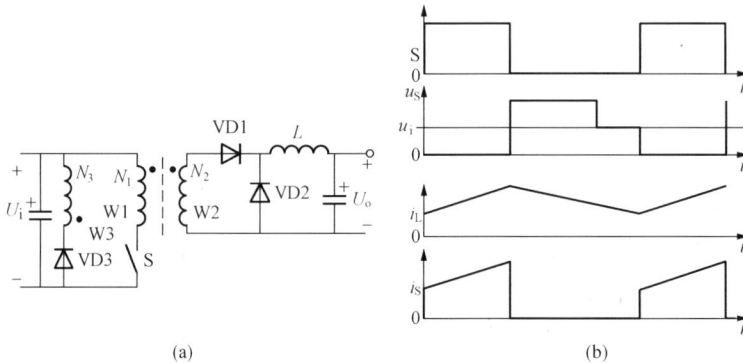

图 4 - 14　正激电路及其理想化工作波形

(a) 电路原理图；(b) 理想化工作波形

图 4 - 14 中，S 为开关管，VD1 和 VD2 为高频二极管，VD3 为续流二极管。开关 S 开通时，变压器绕组 W1 两端的电压为上正下负，与其耦合的绕组 W2 两端的电压也是上正下负。因此，VD1 处于通态，VD2 为断态，电感 L 的电流逐渐增长，能量储存在电感中。S 关断时，电感 L 通过 VD2 续流，VD1 关断，储存在电感 L 中的能量继续提供电流给负载。

变换器的输出电压为

$$U_o = \frac{N_2}{N_1} \frac{t_{on}}{T} U_i = \frac{N_2}{N_1} D U_i \qquad (4-23)$$

即输出电压取决于变比 N_2/N_1、占空比 D 和输入电压 U_i。

变压器的第三绕组 W3 称为钳位绕组，其匝数与一次绕组匝数相同，并与二极管 VD3 相串联。当开关 S 导通时，钳位绕组 W3 的电感中也储存能量；当开关 S 关断时，钳位绕组上的感应电压超过电源电压时，二极管 VD3 导通，储存在变压器中的能量经钳位绕组 W3 和二极管 VD3 反送回电源。这样就可以将一次绕组的电压限制在电源电压上。为满足磁芯复位的要求，使磁通建立和复位的时间相等，这种电路的占空比不能超过 0.5。

正激电路适用的输出功率范围在数瓦至数千瓦之间，广泛应用于通信电源等电路中。

2. 反激电路（Flyback）

反激电路及其工作波形如图 4 - 15 所示。

图 4 - 15（a）中，S 为开关管，VD 为高频二极管。S 开通后，输入电压 U_i 加到变压器一次侧，绕组 W1 的电流线性增长，电感储能增加。根据变压器同名端的极性，二次侧绕组上的感应电动势为下正上负，二极管 VD 截止，二次侧绕组 W2 中没有电流流

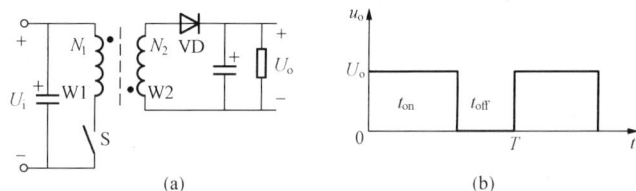

图 4 - 15　反激电路及其工作波形
(a) 电路原理图；(b) 输出电压波形

过。当 S 关断时，二次侧绕组 W2 中感应电动势上正下负，二极管 VD 导通。在 S 导通期间，储存在变压器中的能量通过二极管 VD 向负载释放，在工作中变压器起储能电感的作用。输出电压的波形如图 4 - 15（b）所示。在电流连续的情况下，输出电压表达式为

$$U_o = \frac{N_2}{N_1}\frac{t_{on}}{t_{off}}U_i = \frac{N_2}{N_1}\frac{D}{1-D}U_i \tag{4 - 24}$$

输出电压只决定于绕组的变比 N_2/N_1、占空比 D 和输入电压 U_i。一般情况下，反激变换电路的工作占空比 D 小于 0.5。

如果 S 开通前，W2 绕组中的电流已经下降到零，此时工作于电流断续模式，输出电压高于电流连续情况下的计算值，并随负载减小而升高。在负载为零的极限情况下，$U_o \to \infty$，这将损坏电路中的元件，因此反激电路应该避免负载开路状态。

由于高频隔离变压器除了隔离一次侧与二次侧外，它还有变压器和扼流圈的作用，因此理论上反激电路的输出无须电感。但在实际应用中，往往需要在电容器 C 之前加一个电感量小的平波电感来降低开关噪声。

反激电路已经广泛应用于几百瓦以下的计算机电源和控制电源等小功率直流变换电路。

4.4.2　双端电路

在双端电路中，变压器的电流是正负对称的交流电流，这使得变压器铁芯的利用率高，铁芯体积减小为等效单端电路变压器的一半。双端电路包括半桥、全桥和推挽等类型。

1. 半桥电路

半桥电路及其工作波形，如图 4 - 16 所示。

变压器一次侧的两端分别连接在容量相同的电容 C_1、C_2 的中点和开关 S1、S2 的中点，输入电容 C_1、C_2 的中点电压为 $U_i/2$。为避免上下两个开关在换流的过程中出现同时导通而造成短路，开关 S1、S2 各自的占空比不超过 50%，而且要留有一定的裕量。

S1 导通时，二极管 VD1 处于通态，S2 导通时，二极管 VD2 处于通态。当两个开关都关断时，变压器绕组 W1 中的电流为零，根据变压器的磁动势平衡方程，绕组 W2 和 W3 中的电流大小相等而方向相反，所以 VD1 和 VD2 都处于通态，各分担一半的电流。S1 或 S2 导通时电感 L 的电流逐渐上升，两个开关都关断时，电感 L 的电流逐渐下降。S1 和 S2 断态时承受的峰值电压均为 U_i。

滤波电感 L 的电流连续时输出电压为

$$U_o = \frac{N_2}{N_1}\frac{t_{on}}{T}U_i = \frac{N_2}{N_1}DU_i \tag{4 - 25}$$

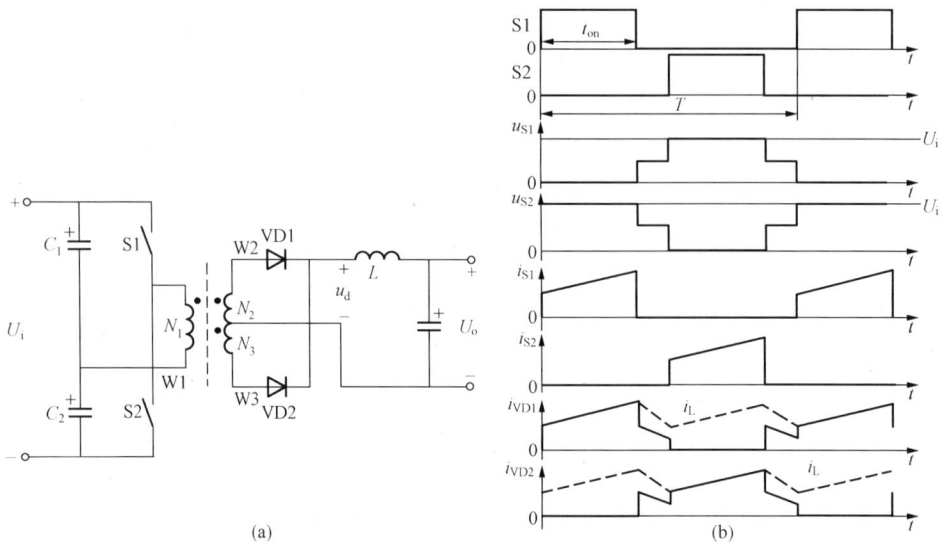

图 4 - 16　半桥电路及其理想化工作波形

(a) 电路原理图；(b) 理想化工作波形

输出电感电流不连续，输出电压 U_o 将高于电流连续时的值，并随负载减小而升高，在负载为零的极限情况下，$U_o = \dfrac{N_2}{N_1} \dfrac{U_i}{2}$。

半桥电路适用于数百瓦至数千瓦的开关电源。

2. 全桥电路

全桥电路及其理想化工作波形如图 4 - 17 所示。

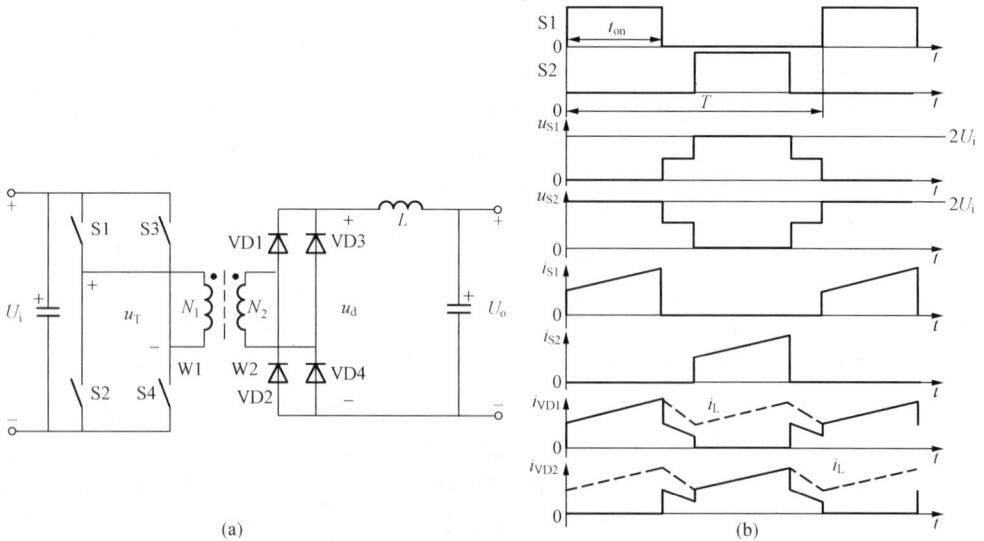

图 4 - 17　全桥电路及其理想化工作波形

(a) 电路原理图；(b) 理想化工作波形

全桥电路中，逆变电路由四个开关组成，S1、S4 构成一组与 S2、S3 构成一组，而同一侧桥臂上下开关交替导通，将直流电压逆变成幅值为 U_i 的交流电压，加在变压器一次侧。改变开关的占空比，就可以改变整流电压 u_d 的平均值，也就改变了输出电压 U_o。

当 S1 与 S4 开通后，VD1 和 VD4 处于通态，电感 L 的电流逐渐上升。当 S2 与 S3 开通后，VD2 和 VD3 处于通态，电感 L 的电流也上升。当四个开关都关断时，四个二极管都处于通态，各分担一半的电感电流，电感 L 的电流逐渐下降，S1 和 S2 断态时承受的峰值电压均为 U_i。

如果 S1、S4 与 S2、S3 的导通时间不对称，则交流电压 u_T 中将含有直流分量，会在变压器一次侧产生很大的直流分量，造成磁路饱和。因此，全桥电路应注意避免电压直流分量的产生，也可在一次侧回路串联一个电容，以关断直流电流。

为避免同一侧半桥中上下两开关同时导通，每个开关的占空比不能超过 50%，还应留有裕量。

滤波电感电流连续时，输出电压为

$$U_o = \frac{N_2}{N_1}\frac{2t_{on}}{T}U_i = 2\frac{N_2}{N_1}DU_i \tag{4-26}$$

电感电流不连续，输出电压 U_o 将偏高于电流连续时的值，并随负载减小而升高，在负载为零的极限情况下，输出电压为 $U_o = \dfrac{N_2}{N_1}U_i$。

全桥变换电路适用于数百瓦至数千瓦的开关电源。

3. 推挽电路

推挽电路及其理想化工作波形，如图 4‑18 所示。

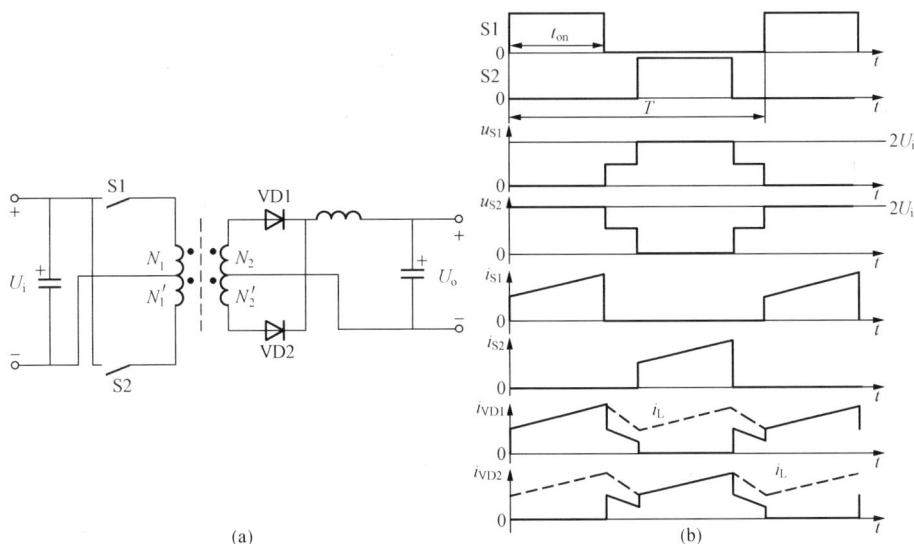

图 4‑18 推挽电路及其理想化工作波形
(a) 电路原理图；(b) 理想化工作波形

推挽电路可以看作是由两个正激式电路组成。在每个周期中，两个开关 S1 和 S2 交替导通，在各自导通的半个周期内，分别将能量传递给负载，所以称为"推挽"电路。

S1 导通时，二极管 VD1 处于通态，电感 L 的电流逐渐上升，S2 导通时，二极管 VD2

处于通态，电感 L 电流也逐渐上升。当两个开关都关断时，VD1 和 VD2 都处于通态，各分担一半的电流。S1 和 S2 断态时承受的峰值电压均为 $2U_i$。

工作中应避免 S1 和 S2 两个开关同时导通，因此要控制每个开关各自的占空比不能超过 50%，而且要留有一定的裕量。

当滤波电感 L 的电流连续时输出电压为

$$U_o = \frac{N_2}{N_1} \frac{2t_{on}}{T} U_i = 2\frac{N_2}{N_1} DU_i \tag{4-27}$$

输出电感电流不连续，输出电压 U_o 将高于电流连续时的值，并随负载减小而升高，在负载为零的极限情况下，$U_o = \frac{N_2}{N_1} U_i$。

推挽电路的优点是，输入电源电压直接加在高频变压器上，因此只用两个高压开关管就能获得较大的输出功率。推挽电路适用于数瓦至数千瓦的开关电源。

小 结

DC-DC 变换器是电力电子开关变换器的基础，也是实际应用比较广泛的变换器之一。本章首先详细阐述了 DC-DC 变换器电路构造的基本思路及其工作原理，并且定量描述了基本 DC-DC 变换器即六种基本斩波电路，其中最基本的是降压斩波电路和升压斩波电路两种，理解和掌握这两种电路是本章的关键和核心；然后在基本斩波电路的基础上讨论了两种复合斩波电路及多重斩波电路；最后介绍了间接直流变换电路，其通常可以分为单端和双端电路两大类，单端电路包括正激和反激两类，双端电路包括全桥、半桥和推挽三类。

习 题

4-1 简述降压斩波电路的工作原理。

4-2 在图 4-1（a）所示的降压斩波电路中，已知 $E=200V$，$R=10\Omega$，L 值极大，$E_m=30V$，$T=50\mu s$，$t_{on}=20\mu s$，计算输出电压的平均值 U_o、输出电流平均值 I_o。

4-3 简述升压斩波电路的工作原理。

4-4 在图 4-4（a）所示的升压斩波电路中，已知 $E=50V$，$R=20\Omega$，L 值和 C 值极大，$T=40\mu s$，$t_{on}=25\mu s$，计算输出电压的平均值 U_o、输出电流平均值 I_o。

4-5 说明直流斩波电路主要有哪几种电路结构。试分析它们各有什么特点。

4-6 分析图 4-10（a）所示的电流可逆斩波电路，并结合图 4-10（b）所示的波形，绘制出各阶段电流流通的路径并标明电流方向。

4-7 对于图 4-11 所示的桥式可逆斩波电路，若电动机工作在反转电动状态，试分析此时电路的工作情况，并绘制出相应的电流流通路径图，同时标明电流流向。

4-8 多重斩波电路有何优点？

第5章 交流—交流（AC-AC）变换

交流—交流（AC-AC）变换，是将一种形式的交流电变换为另一种形式的交流电。实现 AC-AC 变换的电路称为交流变换电路。

5.1 AC-AC 变换电路概述

描述交流电的要素包括电压或电流的大小、频率和相数等。根据变换的要素不同交流变换电路可分为两大类：一类是只改变大小或仅对电路实现通断控制，而不改变频率的电路，称为交流电力控制电路；另一类是将一种频率的交流电变换为另一种频率固定或可变的交流电，称为变频电路，为区别于间接变频也称为直接变频电路，在变频的同时兼有调压的功能。

1. 交流电力控制电路

交流电力控制电路包括交流调压电路、交流调功电路和交流无触点开关三种形式。

（1）交流调压电路。交流调压电路根据所采用的控制方式不同，分为相控式和斩控式。

相控式交流调压电路采用晶闸管，它与相控式整流电路的控制原理相同，通过改变控制角的相位来改变输出电压的大小，达到交流调压的目的。其优点是电路简单，晶闸管可以利用电网电压换流，不需要附加换流电路，并可实现电压的平滑调节，系统响应速度较快；缺点是深控时功率因数低，输出电压的谐波含量较高。

斩控式交流调压电路是运用全控型开关器件在电源的一个周期内接通和断开若干次，将正弦波电压变成若干个脉冲电压，通过改变开关器件的占空比来实现交流调压。它与直流斩波电路的控制相类似，因此也称为交流斩波调压电路。其优点是深控下的功率因数较高，谐波含量小，输出电压的大小可连续可调，响应速度快，基本上克服了相控方式的缺点。随着全控型器件的发展和成熟，它将取代传统的相控晶闸管调压电路，具有很好的发展前景。

交流调压电路的应用较为广泛。根据输入、输出的相数可分为单相交流调压电路和三相交流调压电路两种。单相交流调压电路常用于小功率单相电动机控制、照明、电加热控制等；三相交流调压电路常用于三相异步电动机的调压调速或软启动控制。在供电系统中，实现对无功功率的连续调节。

（2）交流调功电路。采用整周期的通、断控制方式，使电路输出几个电源电压周期，再断开几个电源电压周期。通过控制导通周期数和断开周期数的比值来调节交流输出功率的平均值，达到交流调功的目的。其优点是控制简单，电流波形为正弦波，输出无高次谐波；缺点是响应速度较慢，对电网会造成较大的负载脉动及低次谐波的影响。该电路对电加热等不需要高速控制的大惯性负载效果较好，如金属热处理、化工合成加热、钢化玻璃热处理等各种需要加热或进行温度控制的应用场合。

（3）交流无触点开关。根据负载或电源的需要接通或断开电路，其作用就相当于机械或电磁式的开关。与有触点的开关相比它具有开关速度快、使用寿命长、控制功率小、灵敏度高等优点。因此，通常用来控制交流电动机的正反转、频繁启动、间歇运行等。因其属于无触点开关，不存在火花及拉弧等现象，对化工、冶金、煤炭、纺织、石油等要求无火花防爆场合极为适用。在电力系统中交流无触点开关还与电容器一起构成无功功率补偿器，用于对无功功率和功率因数进行动态调节。

2. 变频电路

变频电路分为交—交变频电路和交—直—交变频电路两种形式。

（1）交—交变频电路。交—交变频电路是直接将一定频率的交流电变换成另一种频率固定或可调的交流电，中间没有任何环节（如直流环节）的单级电路结构，故也称为直接变频电路（或周波变换器）。本节介绍的交—交变频器其主元件是晶闸管，采用的是相位控制技术。

直接变频电路结构较复杂，但由于只有一次变换，系统的效率较高；可采用晶闸管进行电网换流，功率等级较高，低频输出性能较好，易于实现功率回馈，主要应用于大功率、低转速的交流调速系统中。例如冶金行业的轧机主传动、矿石破碎机、矿井卷扬机、鼓风机、铁路电力牵引装置、船舶推进装置等多种应用场合，并取得了良好的技术经济效益。

（2）交—直—交变频电路。交—直—交变频电路是先将工频交流电整流成直流电，再将直流电逆变成频率固定或可变的交流电。这种通过中间直流环节的变频电路也称为间接变频电路。由于其电路结构简单，技术也较成熟，在实际生产中已得到广泛应用；其缺点是功率变换次数多，电路总效率较低。

5.2 相控交流调压电路

5.2.1 单相交流调压电路

单相交流调压电路如图 5-1 所示，采用两单向晶闸管反并联或双向晶闸管，实现对交流电正、负半周的对称控制，达到调节输出交流电压大小的目的，或实现交流电路的通、断控制。因此，交流调压电路可用于异步电动机的调压调速、恒流软启动，交流负载的功率调节、灯光调节、供电系统无功调节，用作交流无触点开关、固态继电器等，应用领域十分广泛。

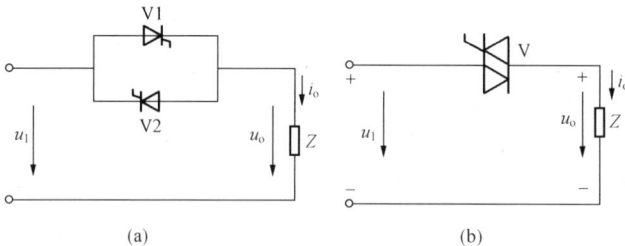

图 5-1 交流调压电路
(a) 两单向晶闸管反并联；(b) 双向晶闸管

交流调压电路的工作情况与负载性质密切相关。

1. 电阻性负载

纯电阻负载时交流调压电路输出电压 u_o、输出电流 i_o 等工作波形如图 5-2 所示。在电源电压 u_1 正半周、移相控制角 α 时刻，触发导通晶闸管 V1，使正半周的交流电压施加到负载电阻上，电流、电压波形相同。当电压过零时，V1 因电流为零而关断。在 $\pi+\alpha$ 时触发导通 V2，u_1 负半周交流电压施加在负载上，当电压再次过零时，V2 因电流为零而关断，完成一个周波的对称输出。

　　当 $\alpha=0$ 时，输出电压 $u_{\text{o}}=u_1$ 最大；当 $\alpha=\pi$ 时 $u_{\text{o}}=0$。改变控制角 α 大小可获得大小可调的交流电压输出，其波形为"缺块"正弦波。正因为电压波形有缺损，才改变了输出电压有效值，达到了调压的目的，但也因波形非正弦带来了谐波问题。

　　交流输出电压 u_{o} 有效值 U_{o} 与控制角 α 的关系为

$$U_{\text{o}}=\sqrt{\frac{1}{\pi}\int_0^{\pi}(\sqrt{2}U_1\sin\omega t)^2\,\mathrm{d}\omega t}$$

$$=U_1\sqrt{\frac{1}{2\pi}\sin2\alpha+\frac{\pi-\alpha}{\pi}}\qquad(5-1)$$

式中：U_1 为输入交流电压 u_1 的有效值。

　　负载电流 i_{o} 有效值为 $I_{\text{o}}=U_{\text{o}}/R$，忽略晶闸管的损耗，则交流调压电路输入功率因数为

图 5 - 2　交流调压电路的工作波形

$$\lambda=\frac{P}{S}=\frac{U_{\text{o}}I_{\text{o}}}{U_1I_{\text{o}}}=\frac{U_{\text{o}}}{U_1}=\sqrt{\frac{1}{2\pi}\sin2\alpha+\frac{\pi-\alpha}{\pi}}$$

$$(5-2)$$

　　当 $\alpha>0$ 时，功率因数 $\lambda<1$。电阻性负载，使交流调压电路输入功率因数 <1，是由于输入电流发生畸变，含有大量谐波。

　　对图 5 - 2 所示电阻负载下输出电压 u_{o} 进行谐波分析。由于正、负半波对称，频谱中将不含直流及偶次谐波，其傅里叶级数表示为

$$u_{\text{o}}(\omega t)=\sum_{n=1,3,5,\cdots}^{\infty}(a_n\cos n\omega t+b_n\sin n\omega t)\qquad(5-3)$$

$$a_1=\frac{\sqrt{2}U_1}{2\pi}(\cos2\alpha-1)$$

$$b_1=\frac{\sqrt{2}U_1}{2\pi}[\sin2\alpha+2(\pi-\alpha)]$$

$$a_n=\frac{\sqrt{2}U_1}{2\pi}\left\{\frac{1}{n+1}[\cos(n+1)\alpha-1]-\frac{1}{n-1}[\cos(n-1)\alpha-1]\right\},n=3,5,7,\cdots$$

$$b_n=\frac{\sqrt{2}U_1}{\pi}\left[\frac{1}{n+1}\sin(n+1)\alpha-\frac{1}{n-1}\sin(n-1)\alpha\right],n=3,5,7,\cdots$$

　　基波和各次谐波电压有效值为

$$u_{on}=\frac{1}{\sqrt{2}}\sqrt{a_n^2+b_n^2},n=1,3,5,7,\cdots\qquad(5-4)$$

　　从式（5 - 3）中可知，输出电压中谐波为 3、5、7、… 奇数次谐波，随着谐波次数的增加谐波含量减少。

图 5 - 3　基波和各次谐波电压变化曲线

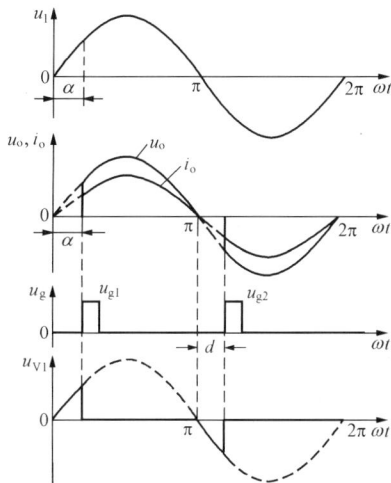

　　根据式（5 - 4），可以绘出基波和各次谐波电压标幺值随控制角 α 的变化曲线，如图 5 - 3 所示，其电压基波取为 U_{o1}。可以看出，随 α 增大，波形畸变严重，谐波含量增大。由于电阻负载下电流、电压波形相同且同相位，图 5 - 3 所示关系也适合于电流谐波分析。

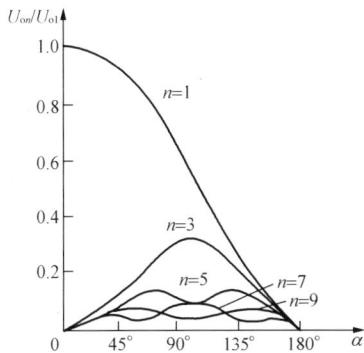

根据对工作过程及工作波形的分析，单相交流调压电路带电阻性负载时，控制角 α 移相范围为 $0\sim\pi$，晶闸管导通角 $\theta=\pi-\alpha$，输出电压有效值调节范围为 $0\sim U_1$，可以采用单窄脉冲实现有效控制。

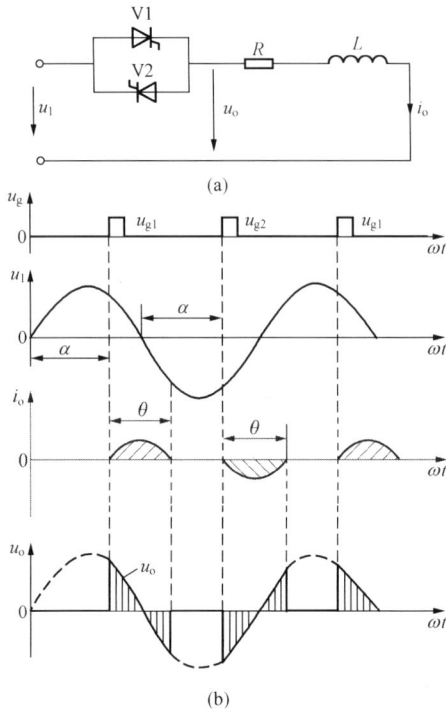

图 5 - 4　单相交流调压电路电感电阻性负载的波形
(a) 单相交流调压电路；
(b) 电感电阻性负载时，电压、电流波形

$$U_{\circ}=\sqrt{\frac{1}{\pi}\int_{\alpha}^{\alpha+\theta}(\sqrt{2}U_1\sin\omega t)^2\,\mathrm{d}(\omega t)}$$

$$=U_1\sqrt{\frac{\theta}{\pi}+\frac{1}{2\pi}[\sin2\alpha-\sin(2\alpha+2\theta)]}$$

$$(5\text{ - }6)$$

下面对电路的整体工况做详细分析。

（1）当 $\varphi<\alpha<\pi$ 时，利用 φ 作参变量，可得不同负载特性下 $\theta=(\alpha,\varphi)$ 曲线族，如图 5 - 5 所示。对于任一阻抗角 φ 的负载，当 $\alpha=\pi$ 时 $\theta=0$，$u_{\circ}=0$；当 α 从 π 至 φ 逐步减小时（不包括 $\alpha=\varphi$ 这个点），θ 逐步从零增大到接近 $180°$，负载上电压有效值 $u_{\circ}$ 也从零增大到接近 U_1，负载电流 $i_{\circ}$ 断续，输出电压 $u_{\circ}$ 为缺块正弦波，电路有调压功能，如图 5 - 6（a）所示。

2. 阻感性负载

单相交流调压电路带阻感性负载的电路及各处波形（$\alpha>\varphi$）如图 5 - 4 所示。

由于电感的储能作用，负载电流 $i_{\circ}$ 会在电源电压 u_1 过零后再延迟一段时间才能降为零，延迟的时间与负载的功率因数角 $\varphi=\arctan(\omega L/R)$ 有关。晶闸管的关断是在电流降至接近于零的时刻，因此，晶闸管的导通角 θ 不仅与触发控制角 α 有关，还与负载功率因数角 φ 有关，必须根据 α 与 φ 的关系分别讨论。

参考第 2 章，导通角 θ 和 α 与 φ 的关系可表述为

$$\sin(\theta+\alpha-\varphi)=\sin(\alpha-\varphi)\mathrm{e}^{\frac{-\theta}{\tan\varphi}}\quad(5\text{ - }5)$$

这是一个关于 θ 的超越方程，表达了导通角 $\theta=f(\alpha,\varphi)$ 的关系。由于 $\theta=\pi$ 时意味着负载电流 $i_{\circ}$ 连续，$\theta<\pi$ 时意味着 $i_{\circ}$ 断续，因此也表达了电流连续与否的运行状态。根据 α、φ 大小关系不同，θ 角或电路运行状态不同。

当触发角为 α 且 $\theta<\pi$ 的时候，负载电压有效值可表示为

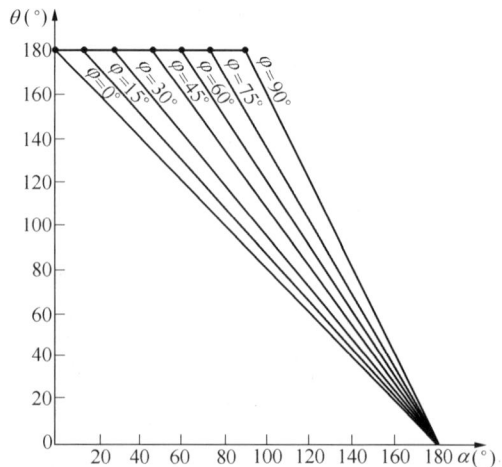

图 5 - 5　$\alpha\geqslant\varphi$ 时 $\theta=f(\alpha,\varphi)$ 关系

（2）当 $\alpha=\varphi$ 时，由式（5 - 5）可解出 $\theta=180°$，电路一工作便进入稳态，$u_\circ=U_1$，输出电压波形为正弦，调压电路不起调压作用，处于"失控"状态。此时 $\theta=f(\alpha,\varphi)$ 关系如图5 - 5 中 $\theta=180°$ 的孤立点所示，波形如图5 - 6（b）所示。

（3）当 $0<\alpha<\varphi$ 且采用窄脉冲触发时，由式（5 - 5）可解出 $\theta>180°$，即每个晶闸管导通时间将超过半周期。由于反并联的两晶闸管触发脉冲 u_{g1}、u_{g2} 相位严格互差 $180°$，故在 u_{g2} 到来时 V1 仍在导通，其管压降构成对 V2 的反向阳极电压，V2 不能导通。而当 V1 关断后虽使 V2 反偏电压消失，但 u_{g2} 的窄脉冲也已消失，V2 仍不能导通，造成各个周期内只有同一个晶闸管 V1 导通的"单管整流"状态，输出电流为单向脉冲波，含有很大直流分量，如图5 - 6（c）所示。这会对电机、电源变压器之类小电阻、大电感性负载带来严重危害，此时应考虑改用宽脉冲触发方式。

（4）当 $0<\alpha<\varphi$ 且采用宽脉冲或脉冲列触发时，特别是采用后沿固定、前沿可调、最大宽度可达 $180°$ 的脉冲列触发时，调压电路开始工作后，经过若干周期的调整，过渡到反并联的两晶闸管各导通 $180°$，电流波形连续，如图5 - 6（d）所示。与 $\alpha=\varphi$ 时不同的是无论触发角 α 多大，晶闸管均在 $\omega t=\varphi$ 处导通。由于电流连续，$u_\circ=u_i$ 无电压调节功能，也处于"失控"状态。

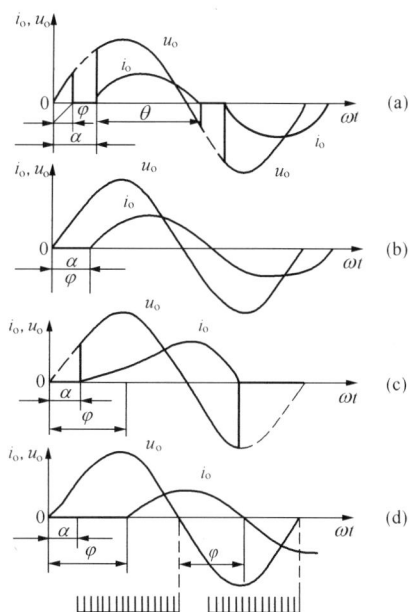

图 5 - 6　不同 α、φ 时 $u_\circ$、$i_\circ$ 波形
(a) $\varphi<\alpha<\pi$；(b) $\alpha=\varphi$；
(c) $\alpha<\varphi$（窄脉冲）；(d) $\alpha<\varphi$（宽脉冲或脉冲列）

上述四种情况下单相相控交流调压电路输出侧电压电流的仿真波形如图5 - 7 所示，图中上为电压波形，下为电流波形。

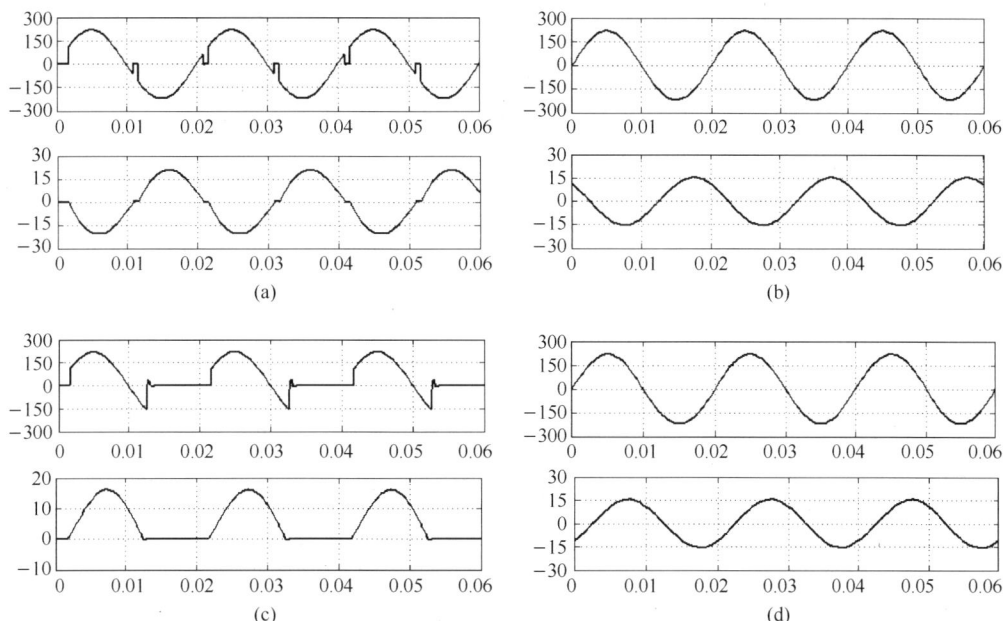

图 5 - 7　单相相控交流调压电路输出电压电流仿真波形
(a) $\varphi<\alpha<\pi$；(b) $\alpha=\varphi$；(c) $0<\alpha<\pi$ 且采用窄脉冲触发；(d) $0<\alpha<\varphi$ 且采用宽脉冲触发

综上所述，交流调压器带电感—电阻负载时，为使电路工作正常，需保证：

（1）$\varphi \leqslant \alpha < \pi$。

（2）采用宽度大于 60°的宽脉冲或后沿固定、前沿可调、最大宽度可达 180°的脉冲列触发。

阻感性负载情况下，电源电流中的谐波次数和电阻负载时的相同，也是含有 3、5、7、…奇次谐波。与电阻负载时相比，阻感性负载时的谐波电流含量要少一些，而且 α 相同时，随着阻抗角 φ 的增大，谐波含量有所减少。

5.2.2　三相交流调压电路

工业中交流电源多为三相系统，交流电机也多为三相电机，应采用三相交流调压器实现调压。三相交流调压电路与三相负载之间有多种连接方式，其中以三相 Y 形连接调压方式最为普遍。本节只对三相 Y 形连接三相交流调压电路的基本工作原理和特性进行介绍。

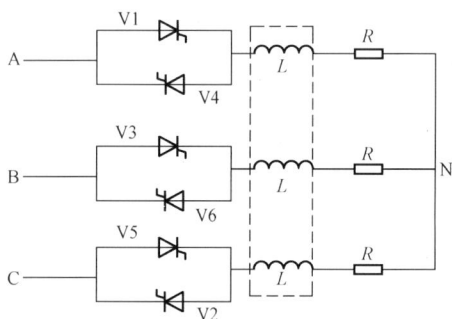

图 5-8　Y 形连接三相交流调压电路

图 5-8 所示为 Y 形连接三相交流调压电路，这是一种最典型、最常用的三相交流调压电路，它的正常工作须满足：

（1）三相中至少有两相导通才能构成通路，且其中一相为正向晶闸管导通，另一相为反向晶闸管导通。

（2）为保证任何情况下的两个晶闸管同时导通，应采用宽度大于 60°的宽脉冲或窄脉冲列来触发。

（3）从 V1 到 V6 相邻触发脉冲相位应互差 60°。

为简单起见，仅分析该三相调压电路接电阻性负载（负载功率因数角 $\varphi = 0$）时，不同触发控制角 α 下 A 相负载上电压波形，如图 5-9 所示。

（1）$\alpha = 0°$时的波形如图 5-9（a）所示。当 $\omega t = 0°$时触发导通 V1，以后每隔 60°依次触发导通 V2～V6。在 $\omega t = 0° \sim 60°$区间内，u_A、u_C 为正，u_B 为负，V5、V6、V2 同时导通；在 $\omega t = 60° \sim 120°$区间内，V6、V1、V2 同时导通，依此类推。由于任何时刻均有三只晶闸管同时导通，且晶闸管全开放，负载上获得全电压。各相电压波形正弦、三相平衡。

（2）$\alpha = 30°$时波形如图 5-9（b）所示。此时情况复杂，需分子区间分析。

1）$\omega t = 0° \sim 30°$：$\omega t = 0°$时，u_A 变正，V1 关断，但 u_{g1} 未到位，V1 无法导通，A 相负载电压 $u_A = 0$。

2）$\omega t = 30° \sim 60°$：$\omega t = 30°$时，触发导通 V1；B 相 V6、C 相 V5 均仍承受正向阳极电压保持导通；由于 V5、V6、V1 同时导通，三相均有电流，此子区间内 A 相负载电压 $u_{RA} = u_A$（电源相电压）。

3）$\omega t = 60° \sim 90°$：$\omega t = 60°$时，u_C 过零，V5 关断；V2 无触发脉冲不导通，三相中仅 V6、V1 导通；此时，线电压 u_{AB} 施加在 R_A、R_B 上，故此子区间内 A 相负载电压 $u_{RA} = u_{AB}/2$。

4）$\omega t = 90° \sim 120°$：$\omega t = 90°$时，V2 触发导通，此时 V6、V1、V2 同时导通，此子区间内 A 相负载电压 $u_{RA} = u_A$。

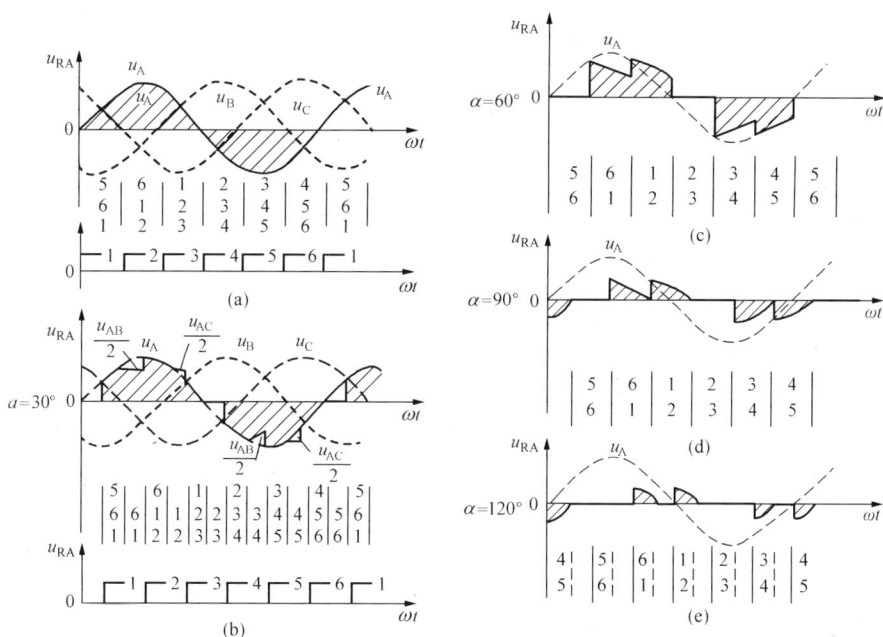

图 5 - 9 Y 形连接三相交流调压电路 A 相电阻性负载输出电压波形（阴影部分）

(a) $\alpha=0°$；(b) $\alpha=30°$；(c) $\alpha=60°$；(d) $\alpha=90°$；(e) $\alpha=120°$

5）$\omega t = 120°\sim150°$：$\omega t = 120°$时，u_B 过零，V6 关断；仅 V1、V2 导通，此子区间内 A 相电压 $u_{RA} = u_{AC}/2$。

6）$\omega t = 150°\sim180°$：$\omega t = 150°$时，V3 触发导通，此时 V1、V2、V3 同时导通，此子区间内 A 相电压 $u_{RA} = u_A$。

负半周可按相同方式分子区间作出分析，从而可得如图 5 - 9（b）中阴影区所示一个周波的 A 相负载电压 u_{RA} 波形。A 相电流波形与电压波形成比例。

（3）用同样分析法可得 $\alpha=60°$、$90°$、$120°$时 A 相电压波形，分别如图 5 - 9（c）～（e）所示。$\alpha>150°$时，因 $u_{AB}<0$，虽 V1、V6 有触发脉冲但仍无法导通，交流调压器不工作，故控制角移相范围为 $0°\sim150°$。

当三相调压电路接电感性负载时，波形分析很复杂。由于输出电压与电流间存在相位差，电压过零瞬间电流不为零，晶闸管仍导通，其导通角 θ 不仅与控制角 α 有关，还和负载功率因数角 φ 有关。如果负载是异步电动机，其功率因数角还随运行工况而变化。

下面简单讨论一下三相交流调压电路中的谐波情况。

Y 形连接三相交流调压电路在电阻性负载时，所得的负载电压和电流的波形都不是正弦波，且随着 α 角的增大，电流的不连续程度增加，而且正、负半周对称。因此，所含的谐波次数为 $6k\pm1(k=1,2,3,\cdots)$，这与三相桥式全控整流电路交流侧电流所含谐波的次数完全相同，而且也是谐波次数越低，含量越大。与单相交流调压电路相比，没有 3 次及其整数倍次谐波，因为这种线路无 3 次及其整数倍次谐波的通路。

在电感性负载下，三相交流调压电路的情况要复杂得多。因为需要同时考虑到三相电路的特点，以及控制角和阻抗角的大小及其相互关系。若为异步电动机负载，其功率因数角随运行工况而变化，因此定量分析很困难。通常采用实验的方法来实际测量调压电路在不同控制角下的输出电压、电流波形及其有效值。从实验可知，当三相交流调压电路带电感性负载时，同样要求触发脉冲为宽脉冲或双窄脉冲，而控制角的移相范围为 $\varphi \leqslant \alpha < 150°$，在电感性负载下谐波电流的含量比电阻性负载时相对小一些。

5.2.3　相控交流调压电路在动态无功补偿技术中的应用

1986 年，美国 N. G. Hingorani 博士提出了柔性电力技术（Facilities Administration Control and Time Schedule，FACTS，设备管理控制和时间安排，此处意译为柔性电力技术）。柔性电力技术即是对电能进行变换与调节的技术，目前已经广泛地应用于发电领域、输电环节、配电网以及用电设备。柔性电力技术在配电网应用的核心是动态无功补偿技术，动态无功补偿技术的一种是晶闸管控制电抗器（Thyristor Controlled Reactor，TCR），TCR 是三相相控交流调压电路的一个典型应用。

TCR 的原理电路如图 5-10 所示，由于所控制的电抗器中所含电阻很小，可以近似看成纯电感性负载，因此移相角 α 的移相范围为 90°～180°，通过对 α 角进行控制，可以连续调节流过电抗器的电流，从而调节电路从电网中吸收的无功功率。TCR 与晶闸管投切电容器（Thyristor Switched Capacitor，TSC）组成的静止型动态无功补偿装置，按照负荷无功功率的变化，可以迅速的进行动态无功补偿，使之达到平衡。TSC 是交流调功电路的典型应用，单相分组 TSC 原理电路如图 5-11 所示。TCR 配合 TSC 可以实现对无功功率的连续调节，并能保持电压的稳定，降低电压的波动和闪变。

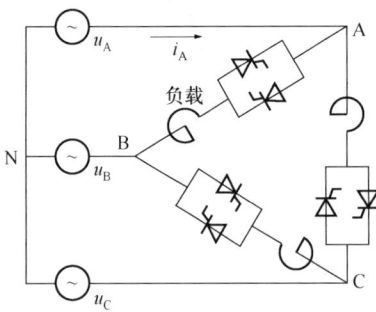

图 5-10　TCR 原理电路　　　　　图 5-11　单相分组 TSC 原理电路

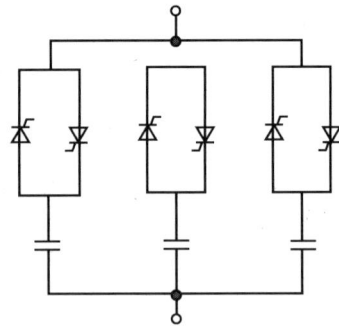

5.3　斩控式交流调压电路

5.3.1　斩控式交流调压的基本原理

斩控式交流调压可以克服相控式交流调压的很多缺点，因此相控式电路正逐渐被斩控式电路所取代。

交流斩波调压电路的基本工作原理与直流斩波电路类似，均采用斩波控制方式，所不同的是直流斩波电路的输入是直流电压，而交流斩波电路的输入是正弦交流电压。因此，在分析其工作原理时，可以将交流电压的正负半周分别当作一个短暂的直流电压。这样就可以利用直流斩波电路的分析方法对交流斩波电路进行分析。

图 5 - 12（a）所示为交流斩波调压电路的原理图。开关 S1 称为斩波开关，开关 S2 是为负载提供续流回路称为续流开关，两者通常在开关时序上互补。

交流斩波调压电路输出电压波形如图 5 - 12（b）所示，设斩波开关 S1 闭合时间为 t_{on}，打开时间为 t_{off}，T_C 为开关周期，则导通比 $D = t_{on}/T_C$，改变 D 即可调节输出电压。

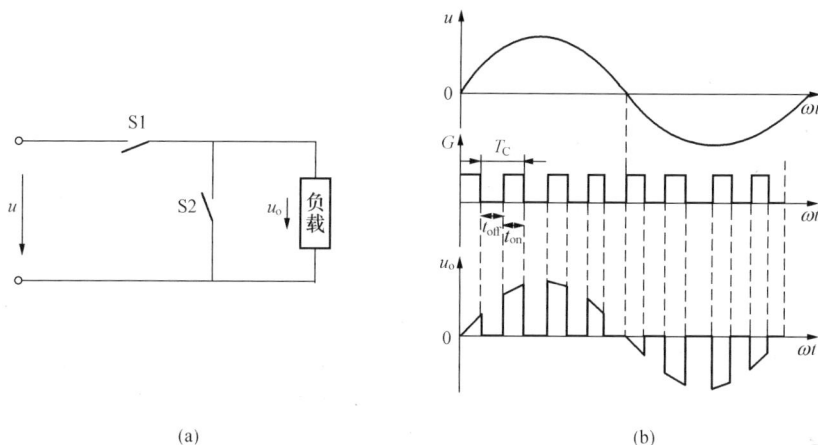

图 5 - 12　交流斩波调压电路及其波形

（a）电路原理图；（b）电阻负载时斩波调压电路输出电压波形

电路在稳态运行时的输出电压 u_o 可表示为

$$u_o = E(t)u = \begin{cases} u & \text{S1 通, S2 断} \\ 0 & \text{S1 断, S2 通} \end{cases} \tag{5 - 7}$$

式中：$E(t)$ 为开关函数。其定义为

$$E(t) = \begin{cases} 1 & \text{S1 通, S2 断} \\ 0 & \text{S1 断, S2 通} \end{cases} \tag{5 - 8}$$

在图 5 - 12 所示电路条件下

$$u_o = E(t)\sqrt{2}u\sin\omega t \tag{5 - 9}$$

$E(t)$ 函数经傅里叶级数展开，可得

$$E(t) = D + \frac{2}{\pi}\sum_{n=1}^{\infty}\frac{\sin\theta_n}{n}\cos(n\omega_k t - \theta_n) \tag{5 - 10}$$

$$D = \frac{t_{on}}{T_C}, \quad \omega_k = \frac{2\pi}{T_C}, \quad \theta_n = \frac{n\pi}{T_C}t_{on}$$

式中：D 为开关器件在开关周期中导通占空比；t_{on} 为一个开关周期中 S1 导通时间。

将式（5 - 10）代入式（5 - 9）可得

$$u_o = D\sqrt{2}U\sin\omega t + \frac{1}{\pi}\sum_{n=1}^{\infty}\frac{\sqrt{2}U\sin\theta_n}{n}\{\sin[(n\omega_k + \omega)t - \theta_n] - \sin[(n\omega_k - \omega)t - \theta_n]\} \tag{5 - 11}$$

式（5 - 11）表明，u_o 含有除基波以外的其他谐波，谐波频率在开关频率及其整数倍两侧 $\pm\omega$ 处分布，开关频率越高，谐波与基波距离越远，越容易滤波。

容易分析，输出电流具有与输出电压相同的谐波含量。但由于负载电感在各次谐波频率处呈现比基波大得多的阻抗，因此电流中的谐波幅值与电压谐波相比，衰减快得多，开关频率越高，谐波幅值越低，电流越接近理想正弦波。

　　对比相控方式和斩控方式，相控方式电源电流含有奇数次谐波，斩控方式电源电流不含低次谐波，只含开关频率附近的高次谐波，斩控方式的谐波含量大幅减少。

　　利用 MATLAB Simulink 对单相相控调压和斩波调压电路进行仿真分析，其输出电流波形及频谱如图 5-13 所示。

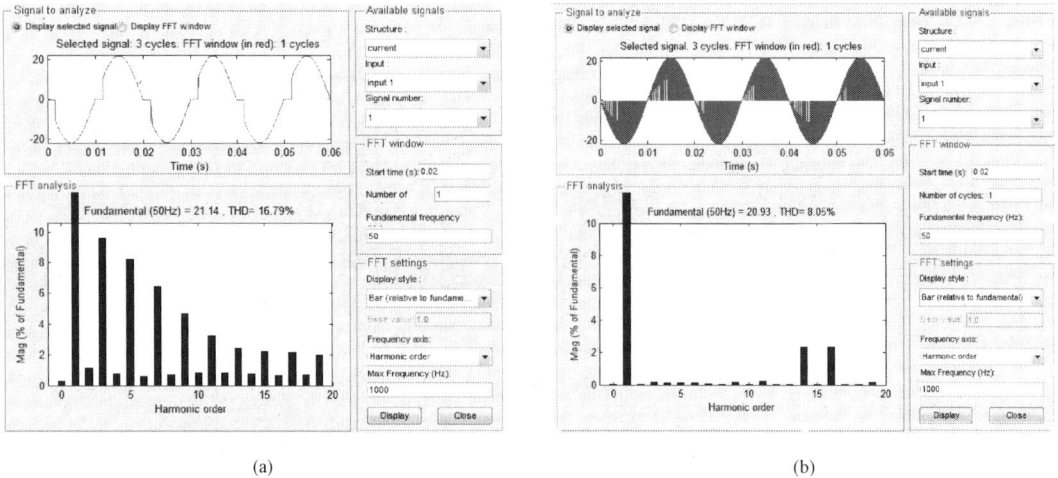

(a)　　　　　　　　　　　　　　　　　　　(b)

图 5-13　单相交流调压电路输出电流仿真分析结果
(a) 单相相控式交流调压；(b) 单相斩控式交流调压

　　由图 5-13 可见，相控式交流调压输出电流含奇数次谐波，而斩控式交流调压输出电流不含低次谐波，只含开关频率附近的高次谐波，与理论分析相符。

5.3.2　交流开关的结构形式

　　交流斩波调压电路所使用的交流开关应为双向可控开关。用晶闸管作为交流开关，需要有强迫关断电路，电路结构复杂，故一般采用全控型器件来构成。但这类器件的静特性均为非对称，反向关断能力很低，有的甚至不具备反向关断能力，因而必须根据电路的特点和器件的实际性能来组构开关形式。常用的方法是与快速二极管配合组成复合器件，即利用二极管来提供反向关断能力。常用交流开关的结构形式如图 5-14 所示。

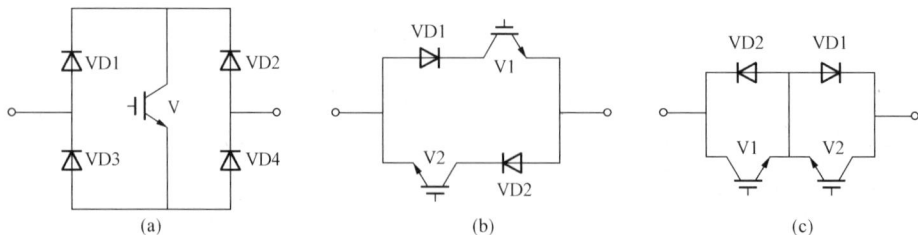

(a)　　　　　　　　　　　　(b)　　　　　　　　　　　　(c)

图 5-14　常用交流开关的结构形式

　　图 5-14 (a) 所示电路结构，只使用一只全控型器件。当负载电流方向改变时，只是二极管桥中导通桥臂自然换流，而流过开关器件中的电流方向不变。采用这种结构的双向开关，控制电路简单，无同步要求。图 5-14 (b)、(c) 所示的结构，两个全控型器件分别控

制负载电流的两个方向。控制电路必须有严格的同步要求，两个方向的开关可独立控制，因此控制方式比较灵活。两者电路的不同之处：一是图 5 - 14（c）中两个全控器件的发射极接在一起，因此门极控制信号可以共地，提高电路的抗干扰能力；二是图 5 - 14（c）可用带反并联二极管的功率开关模块，使主电路接线简单，减少电路引线电感在高频运行时的影响。

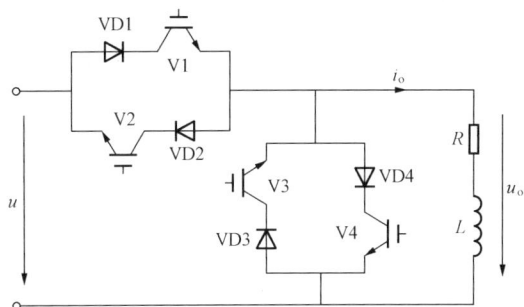

图 5 - 15　交流斩波调压电路

5.3.3　交流斩波调压的控制

交流斩波调压电路的控制方式与交流开关的结构形式、主电路的结构及相数有关。按照对斩波开关和续流开关的控制时序，可分为互补控制和非互补控制两种。图 5 - 15 所示为一种交流斩波调压电路。

1. 互补控制方式

图 5 - 16 所示为互补控制波形图，u_p 和 u_n 分别为交流电压正、负半周对应的同步信号。即当 u_p 有效时，V1、V3 交替施加控制

信号，当 u_n 有效时 V2、V4 交替施加控制信号。由于实际的开关器件存在有导通、关断延时，很可能会造成斩波开关和续流开关直通而短路。为防止短路，可增设死区时间。而设置死区时间又会造成两者均不导通，使负载电流断续产生过电压现象。因此，为了防止过电压还需采取其他措施，如使用缓冲电路等。这也是互补控制方式的不足之处。

2. 非互补控制方式

非互补控制方式的控制时序如图 5 - 17 所示。在交流电源的正半周，用 V1 进行斩波控制，V3 为电感性负载提供续流通路。在交流电源的负半周，用 V2 进行斩波控制，V4 为电感性负载提供续流通路。输出电压波形如图 5 - 17 所示。

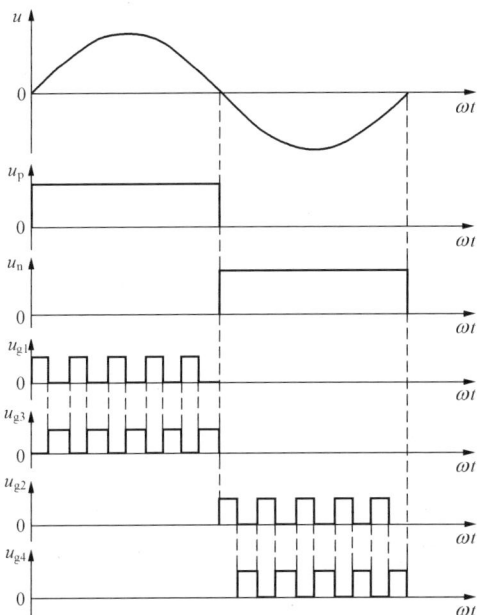

图 5 - 16　互补控制波形图

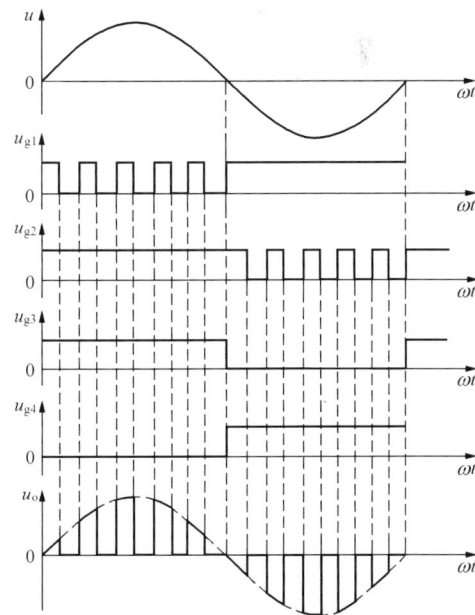

图 5 - 17　非互补控制方式波形图

在非互补控制方式下，不会出现电源短路和负载电流断续的情况。以 u 正半周为例，V1 进行斩波控制，V4 总处于断态不会产生直通，V2、V3 一直施加导通的控制信号，因此无论负载电流是否改变方向，当斩波开关关断时，负载电流都能维持导通，避免了因斩波开关和续流开关同时关断造成负载电流断续。

当负载为感性负载时，由于电流相位滞后于电压，当 u 从正半周变化到负半周时，电流 i_o 依然为正，而 V3 的控制信号变为低电平使 V3 不能导通续流，迫使 V1 持续导通，造成 V2 反偏不能导通，输出电压一直为 u 直至电流 i_o 降至零，斩波控制失败。输出电压不受斩波开关控制，产生输出电压失真的现象称为失控。除电感性负载外，电容性负载情况下也会出现失控。为了避免出现这种失控现象，在电感性或电容性负载下，电路时序控制中应考虑电流信号，由电压、电流的方向共同决定控制时序。

5.4　变　频　电　路

5.4.1　间接变频电路

一种常用的间接变频电路结构示意图如图 5-18 所示，交流变换到另一种交流前，先经过中间直流环节，所以这种电路又称为间接交流变换电路。

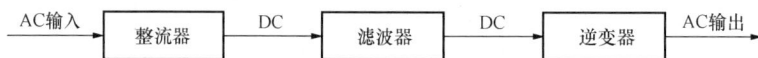

图 5-18　常见间接变频电路结构示意图

整流器的作用是将固定频率和电压的交流电能整流为直流电能，可以是不可控的，也可以是可控的。

滤波器将脉动的直流量滤波成平直的直流量，可以对直流电压滤波（用电容），也可以对直流电流滤波（用电感）。中间直流环节除了滤波功能外，主要是因为逆变器的负载多为阻感性负载。例如无论电动机处于电动或发电制动状态，其功率因数总不会为 1，总会有无功功率的交换，要靠中间直流环节的储能元件来缓冲。

逆变器是间接变频电路的核心，将直流电能逆变为交流电能，直接供给负载。逆变器的输出频率和电压均与交流输入电源无关。

如果逆变器直接与负载连接主要用于对电机的控制；如果与电网再连接，实现对电网电能质量的控制，整流和逆变环节均可控的装置称为统一电能质量调节器。另外，间接的交流变换电路在高压直流输电、风电并网等场合得到了广泛应用。

5.4.2　直接变频电路

所谓直接变频电路就是不经过中间直流环节，直接将某固定频率的交流电变换成另一频率固定或可变交流电的变换电路。若变换电路用晶闸管作开关器件，并工作在相控方式，则称为相控式的交—交直接变频电路，这种电路也称为周波变换器。由于整个变换电路直接与电网相连接，各晶闸管元件承受的是交流电压，故可采用电网换流，无须强迫换流装置，简化了主电路的结构，提高了换流能力。

交—交变频电路广泛应用于大功率低转速的交流电动机调速传动系统、交流励磁变速恒频发电机的励磁电源等。实际使用的主要是三相输出交—交变频电路，但单相输出交—交变频电路是基础。因此本节首先介绍单相输出交—交变频电路的构成、工作原理、控制方法及输入输出特性等；然后介绍三相输出交—交变频电路的结构、输入输出特性及其改善措施。

为了叙述简便，把单相输出和三相输出交—交变频电路分别称为单相和三相交—交变频电路。

1. 单相交—交变频电路

（1）基本工作原理。单相交—交变频器原理如图 5 - 19 所示，它是由两组反并联的三相晶闸管可控整流桥和单相负载组成。其中图 5 - 19（a）接入了足够大的输入滤波电感，称为电流型电路；图 5 - 19（b）则为电压型电路，其输出电压可为矩形波，也可通过控制成为正弦波。图 5 - 19（c）为图 5 - 19（b）所示电路输出的矩形波电压，用以说明交—交变频电路的工作原理。当正组变流器工作在整流状态时反组封锁，以实现无环流控制，负载 Z 上电压 u_o 上正、下负；反之当反组变流器处于整流状态而正组封锁时，负载电压 u_o 为上负、下正，负载电压交变。若以一定频率控制正、反两组变流器交替工作（切换），则向负载输出交流电压的频率 f 就等于两组变流器的切换频率，而输出电压 u_o 大小则决定于晶闸管的触发角 α。

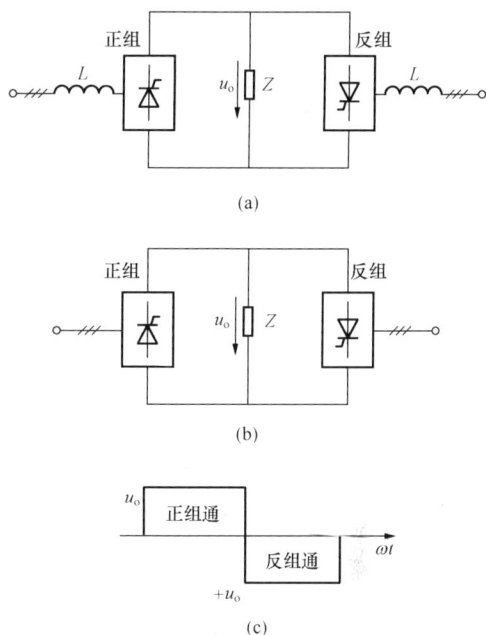

图 5 - 19 三—单相交—交变频器电路原理图
(a) 电流型电路；(b) 电压型电路；
(c) 电压型电路的输出波形

单相交—交变频电路根据输出电压波形不同可分为方波型和正弦波型。方波型控制简单，正、反两桥工作时维持晶闸管触发角 α 恒定不变，但其输出波形不好，低次谐波大，用于电动机调速传动时会增大电机损耗，降低运行效率，特别是增大转矩脉动的方法，很少采用。因此以下仅讨论正弦型交—交变频电路。

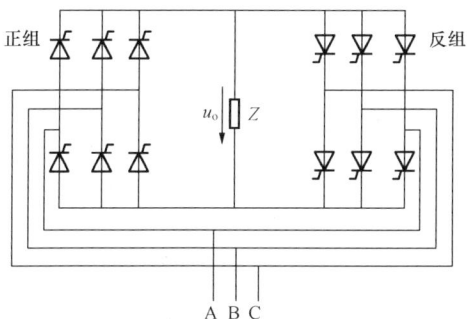

图 5 - 20 单相正弦型交—交变频电路

（2）工作状态。单相正弦型交—交变频电路如图 5 - 20 所示，它由两个三相桥式可控整流电路构成。如果输出电压的半周期内使导通组变流器晶闸管的触发角发生变化，如从 $\alpha = 90°$ 逐渐减小到 $\alpha = 0°$，然后再逐渐增大到 $\alpha = 90°$，则相应变流器输出电压的平均值就可以按正弦规律从零变到最大、再减小至零，形成平均意义上的正弦波电压波形输出。为了说明变流器输出电压平均值随 α 变化的情况，图 5 - 21 表示了三相半波变流器的输出电压波形。可以看出，输出电压的瞬时值波形不是平滑的正弦波，而是由片段电源电压波形拼接而成。在一个输出周期中所包含的电源电压片段数越多，波形就越接近正弦，通常要采用六脉波的三相桥式电路或十二脉波变流电路来构成交—交变频器。

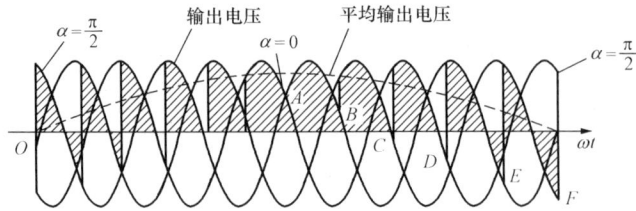

图 5-21 交流输出示意图

在无环流工作方式时，变频电路正、反两组变流器轮流向负载供电。为了分析两组变流器的工作状态，忽略输出电压、电流中的高次谐波，因此可将图 5-20 所示电路等效成图 5-22（a）所示理想形式。图中交流电源表示变流器输出的基波正弦电压，二极管体现电流的单向流动特征，负载 Z 为感性，负载阻抗（功率因数）角为 φ。

图 5-22（b）给出了一个周期内负载电压 u_o、负载电流 i_o 波形，正、反两组变流器的电压 u_P、u_N 和电流 i_P、i_N 以及正、反两组变流器的工作状态。如图 5-22 所示，在负载电流的正半周 $t_1 \sim t_3$ 区间，正组变流器导通，反组变流器被封锁；$t_1 \sim t_2$ 区间，正组变流器导通后输出电压、电流均为正，故正组变流器向外输出功率，工作于整流状态；在 $t_2 \sim t_3$ 区间，负载电流方向不变，仍是正组变流器导通，输出电压却转换了方向，因此负载向正组变流器反馈功率，正组变流器工作于逆变状态；在 $t_3 \sim t_4$ 区间，负载电流反向，反组变流器导通、正组变流器被封锁，负载电压、电流均为负，故反组变流器处于整流状态；在 $t_4 \sim t_5$ 区间，电流方向不变，仍为反组导通，但输出电压反向，反组变流器工作在逆变状态。

从以上分析可知，交—交变频电路中，正、反组变流器的导通由电流方向来决定，与电压极性无关；每组变流器的工作状态（整流或逆变），则是由输出电压与电流是否同极性来决定。

（3）输出电压波形。单相正弦型交—交变频电路实际输出电压波形如图 5-23 所示。图 5-23（a）～（d）分别表示了正、反组变流器不同工作状态。

图 5-23（a）表示正组变流器工作，A 点处其晶闸管触发角 $\alpha_P = 0$，平均电压 u_d 最大。随着 α_P 的增大，u_d 值减小，当 $\alpha_P = \pi/2$ 时，$u_d = 0$。半周内平均输出电压如图中虚线所示，为一正弦波。由于整流电压波形上部包围的面积比下部面积大，总的功率为正，从电源供向负载，此时正组变流器工作在整流状态。

图 5-23（b）仍为正组变流器工作，但触发角 α_P 在 $\pi/2 \sim \pi \sim \pi/2$ 间变化，变流器输出平均电压为负值。由于整流电压波形下部包围的面积比上部大，总的功率为负，从负载流向电源，此时正组变流器工作在逆变状态。

图 5-23（c）、（d）为反组变流器工作。当其触发角 $\alpha_N < \pi/2$ 时，反组变流器处于整流状态，总的功率由电源输向负载；当 $\alpha_N > \pi/2$ 时，反组变流器处于逆变状态，负载将向电源反馈功率。

如果改变 α_P、α_N 的变化范围（调制深度），使它们在 $0 < \alpha < \pi/2$ 范围内调节，输出平均电压正弦波幅值也会改变，从而达到调压目的。

由此得出结论：单相正弦波交—交变频电路是由两组反并联的可控整流器组成，运行中正、反两组变流器的 α 角要不断加以调制，使输出电压为正弦波；正、反组变流器若按规定频率不停地进行切换，可输出频率可变交流。

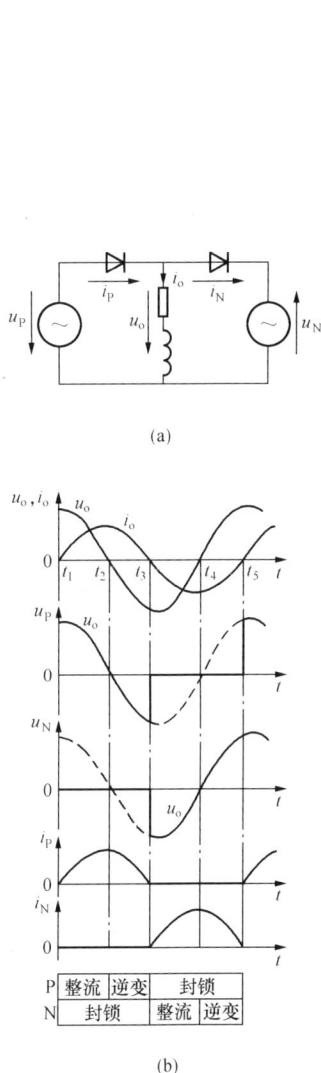

图 5 - 22　单相交—交正弦
变频电路理想工作状态
(a) 电路原理图；
(b) 工作时电流、电压波形

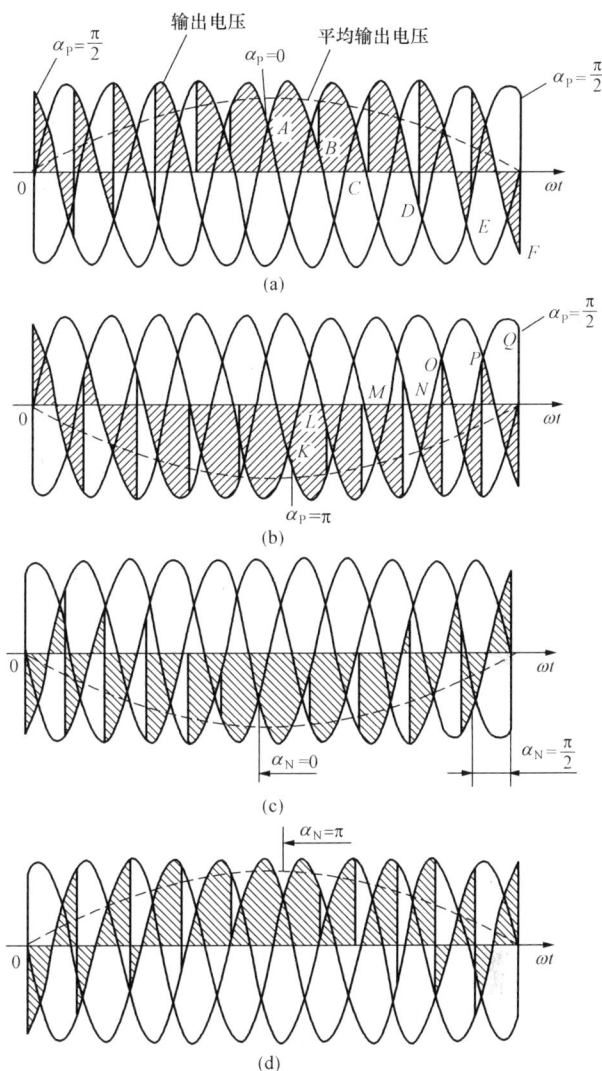

图 5 - 23　单相正弦型交—交变频器实际输出电压波形
(a) 正组整流；(b) 正组逆变；(c) 反组整流；(d) 反组逆变

（4）余弦交点控制法。要实现交—交变频电路输出电压波形正弦化，必须不断改变晶闸管的触发角 α，诸多方法中应用最为广泛的是余弦交点控制法。该方法的基本思想是使构成交—交变频器的各可控整流器输出电压尽可能接近理想正弦波形，使实际输出电压波形与理想正弦波之间的偏差最小。

图 5 - 24 所示为余弦交点法波形控制原理图。交—交变频电路中任一相负载在任一时刻都要经过一个正组和一个反组的整流器接至三相电源，根据导通晶闸管的不同，加在负载上的瞬时电压可能是 u_{ab}、u_{ac}、u_{bc}、u_{ba}、u_{ca}、u_{cb} 六种线电压，它们在相位上互差 60°，如图 5 - 24 中用 $u_1 \sim u_6$ 来表示。

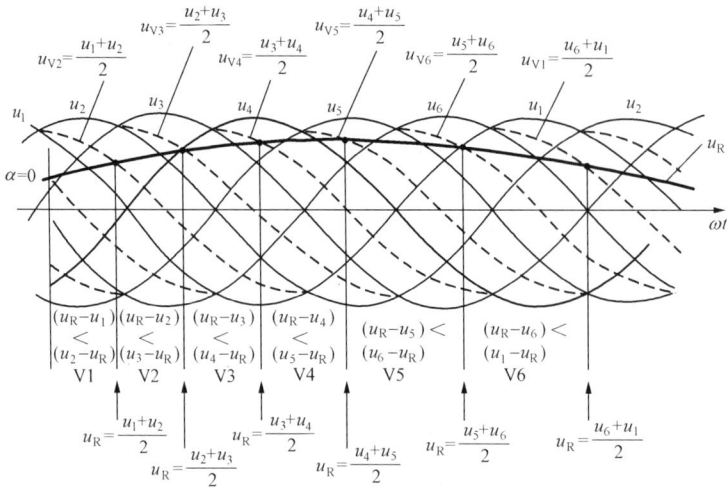

图 5 - 24　余弦交点法波形控制原理图

设 $u_R = \sqrt{2}U_1\sin\omega_1 t$ 为期望输出的理想正弦电压波形。为使输出实际正弦电压波形的偏差尽可能小，应随时将第一个晶闸管导通时的电压偏差 $u_R - u_1$ 与让下一个管子导通时的偏差 $u_2 - u_R$ 相比较，如 $u_R - u_1 < u_2 - u_R$，则第一个管子继续导通；如 $u_R - u_1 > u_2 - u_R$，则应及时切换至下一个管子导通。因此，u_1 换相至 u_2 的条件为

$$u_R - u_1 = u_2 - u_R$$

即

$$u_R = (u_1 + u_2)/2 \tag{5-12}$$

同理，由 u_i 换相到 u_{i+1} 的条件应为

$$u_R = (u_i + u_{i+1})/2 \tag{5-13}$$

当 u_i 和 u_{i+1} 都为正弦波时，$(u_i + u_{i+1})/2$ 也应为正弦波，如图 5 - 24 中各虚线所示。这些正弦波的峰值正好处于 u_{i+1} 波上相当于触发角 $\alpha = 0°$ 的位置上，故此波即为 u_{i+1} 波触发角 α 的余弦函数，常称为 u_{i+1} 的同步波。由于换相点应满足 $u_R = u_V = (u_i + u_{i+1})/2$ 的条件，故应在 u_R 和 u_V 的交点上发出触发脉冲导通相应晶闸管元件，从而使交—交变频电路输出接近于正弦波的瞬时电压波形，如图 5 - 23 中 u_o 的粗实线波形所示，相应阻感性负载下的输出电流波形 i_o 则相当接近正弦形。

图 5 - 25 中第①段，$u_o > 0$，$i_o < 0$，反组工作在逆变状态；第②段电流过零，为切换死区，该死区时间也即是电流由正组和反组互相切换的时间；第③段，$u_o > 0$，$i_o > 0$，正组工作在整流状态；第④段，$u_o < 0$，$i_o > 0$，正组工作在逆变状态；第⑤段电流过零，为切换死区；第⑥段，$u_o < 0$，$i_o < 0$，反组工作在整流状态。

（5）输入、输出特性。

1）输出频率上限。单相正弦型交—交变频电路输出电压是由多段电源电压片段"拼凑"而成。一个输出周期内拼接的电源电压段数越多，输出电压波形越接近正弦。当输出频率增高时，输出电压一周内所包含的电源电压段数减少，波形将严重偏离正弦，致使输出电力谐波增加，因而限制了最高输出频率。由于每段电源电压的平均持续时间决定于变流电路的脉波数，增加构成交—交变频电路的两组变流器脉波数可改善输出波形，提高输出频率上限。

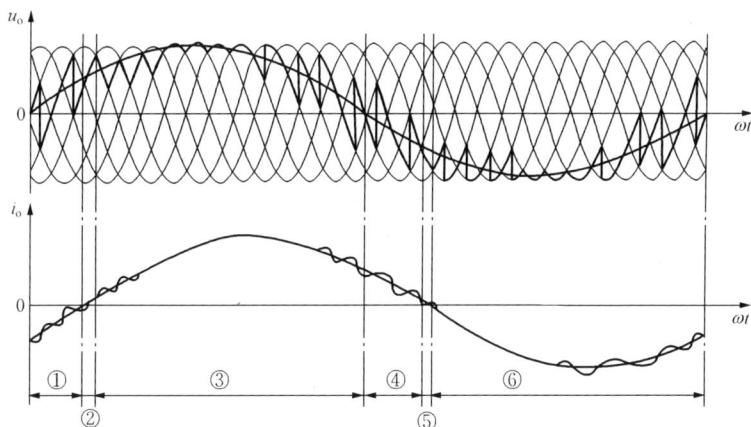

图 5 - 25　单相正弦型交—交变频电路输出电压 u_o、电流 i_o 波形

常用 6 脉波三相桥式变频电路的上限频率不能高于电网频率的 $\dfrac{1}{3} \sim \dfrac{1}{2}$，约 20 Hz。

2）输入功率因数。由于单相正弦型交—交变频电路采用移相触发控制，晶闸管换流时需要从电网吸收感性无功，致使不论负载功率因数是领先还是滞后，输入功率因数总是滞后。

在单相正弦波交—交变频电路余弦交点法移相触发控制中，期望输出的理想正弦电压为 $u_R = \sqrt{2} U_1 \sin\omega_1 t$，每次触发时该触发角 α_i 下输出电压为 $u_i = U_{d0}\cos\alpha_i$，U_{d0} 为 $\alpha_i = 0$ 时整流电压。当 $u_i = u_R$ 时，可以确定出

$$\cos\alpha_i = \frac{\sqrt{2} U_1}{U_{d0}} \sin\omega_1 t = \gamma \sin\omega_1 t \tag{5 - 14}$$

式中：$\gamma = \dfrac{\sqrt{2} U_1}{U_{d0}}$ 为输出电压比，它是一个影响输入功率因数的重要因素。

图 5 - 26 给出了不同 γ 下，单相正弦型交—交变频电路输出电压在 $\omega_1 t = 0 \sim 2\pi$ 的一个周期内，移相触发角 α 的变化规律。α 的变化反映了输入功率因数的变化，γ 越小，输出电压越低，半周期内 α 平均值越接近 90°，位移因数或功率因数就越低。

图 5 - 27 则给出了输入功率因数与负载功率因数间的关系。可以看出，即使负载功率因数为 1 且满电压输出 $\gamma = 1$，输入功率因数也低于 1。随着负载功率因数的降低和输出电压比 γ 的减小，输入功率因数将会更低。

3）输出电压谐波。单相正弦型交—交变频电路输出电压谐波成分非常复杂，和输入频率 f_i、输出频率 f_o、电路脉波数均有关。采用三相桥式变流器的单相正弦型交—交变频电路输出电压中主要谐波频率为 $6f_i \pm f_o$，$6f_i \pm 3f_o$，$6f_i \pm 5f_o$，$\cdots$，$12f_i \pm f_o$，$12f_i \pm 3f_o$，$12f_i \pm 5f_o$，$\cdots$。其中，包含有 3 次谐波，它们在构成三相输出时会被抵消。如若采用无环流控制时，由于确保正、反两桥安全切换所需死区的影响，还将出现 $5f_o$、$7f_o$ 等次谐波。

4）输入电流谐波。由于单相正弦型交—交变频电路输入电流波形及幅值均按正弦规律被调制，和可控整流电路相比，其输入电流频谱要复杂得多。采用三相桥式变换器的单相正弦型交—交变频电路的输入电流频率为

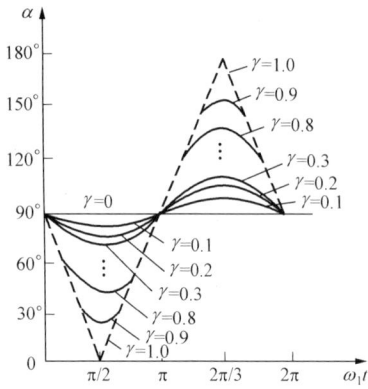

图 5 - 26 不同 γ 下，α 和 $\omega_1 t$ 关系

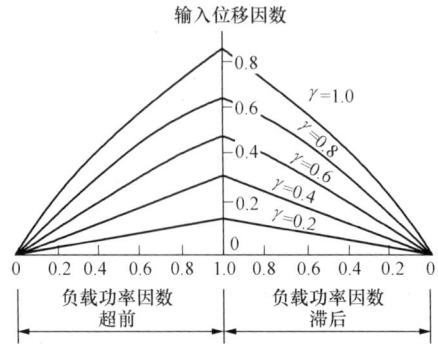

图 5 - 27 输入、输出功率因数间关系

$$f_{\text{in}} = |\,(6k \pm 1)f_i \pm 2lf_o\,| \tag{5-15}$$

和

$$f_{\text{in}} = f_i \pm 2kf_o \tag{5-16}$$

式中：$k=1$，2，3，$\cdots$；$l=0$，1，2，$\cdots$。

2. 三相输入—三相输出交—交变频电路

三相输出交—交变频电路由三个输出电压相位互差120°的单相输出交—交变频电路按照一定方式连接而成，主要用于低速、大功率交流电机变频调速传动。

（1）三相输出连接方式。三相输出交—交变频电路有两种主要接线方式，如图 5 - 28 所示。

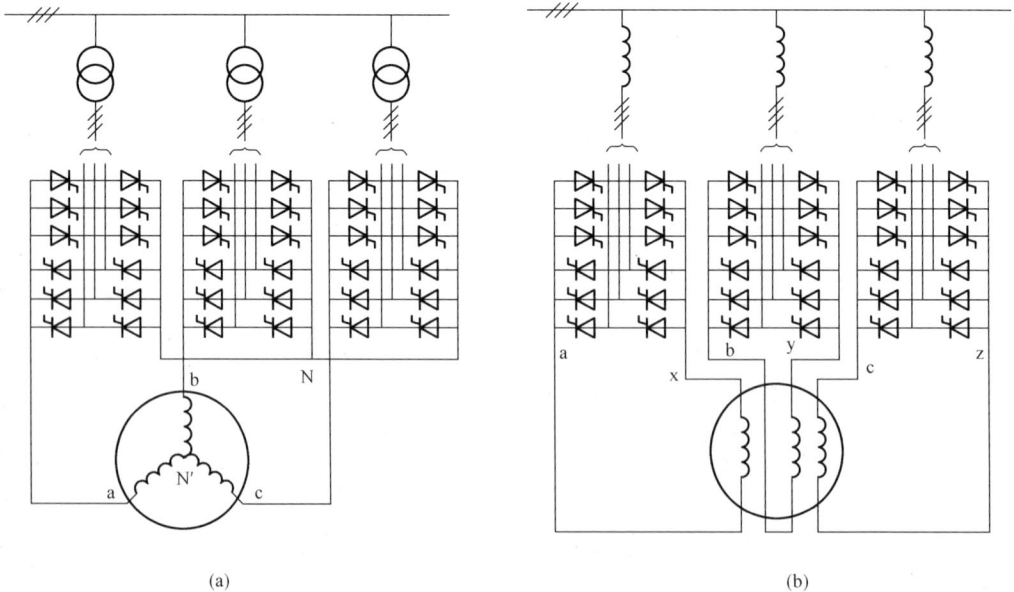

(a)

(b)

图 5 - 28 三相输出交—交变频电路连接方式

（a）输出星形连接方式；（b）公共交流母线进线方式

1) 输出星形连接方式。三组单相输出交—交变频电路 Y 形连接，中性点为 N；三相交流电动机绕组也为 Y 形连接，中性点为 N′，如图 5 - 28（a）所示。由于三组输出连接在一起，电源进线必须采用变压器隔离。这种接法可用于较大容量交流调速系统。

2) 公共交流母线进线方式。此种接线方式是由三组彼此独立、输出电压互差 120°的单相输出交—交变频电路构成，如图 5 - 28（b）所示，其电源进线经交流进线电抗器接至公用电源。因电源进线端公用，三组单相输出必须隔离。这种接法主要用于中等容量交流调速系统。

（2）输入、输出特性。三组输出交—交变频电路的输出频率上限和输出电压谐波成分与单相输出交—交变频电路相同。

三相输出交—交变频电路总的输入电流，是由三个单相输出交—交变频电路同一相输入电流合成得到，此时有的谐波会因相位关系相互削弱或抵消，因此谐波种类将有所减少，总谐波幅值也有所下降。其谐波频率为

$$f_{\text{in}} = |\, (6k \pm 1)f_{\text{i}} \pm 6lf_{\text{o}}\,| \tag{5 - 17}$$

和

$$f_{\text{in}} = f_{\text{i}} \pm 6kf_{\text{o}} \tag{5 - 18}$$

式中：$k=1$，2，3，…；$l=0$，1，2，…。

当正、反组变换器采用三相桥式电路时，输出电流谐波频率为 $f_{\text{i}} \pm 6f_{\text{o}}$，$5f_{\text{i}}$，$5f_{\text{i}} \pm 6f_{\text{o}}$，$7f_{\text{i}}$，$7f_{\text{i}} \pm 6f_{\text{o}}$，$11f_{\text{i}}$，$11f_{\text{i}} \pm 6f_{\text{o}}$，$13f_{\text{i}}$，$13f_{\text{i}} \pm 6f_{\text{o}}$ 等。其中，$5f_{\text{i}}$ 次谐波幅值最大。

三相输出交—交变频电路输入功率因数按下式计算

$$\lambda = \frac{P}{S} = \frac{P_{\text{a}} + P_{\text{b}} + P_{\text{c}}}{S} \tag{5 - 19}$$

即三相电路总有功功率可为每相电路有功功率之和，但视在功率不能简单相加，应由总输入电流、输入电压有效值之积来算。由于三相电路输入电流谐波有所减小，三相总视在功率比三个单相视在功率之和小，故三相输出交—交变频电路总输入功率因数比单相输出交—交变频电路有所改善。

（3）改善输入功率因数和提高输出电压的措施。要改善三相输出交—交变频电路的输入功率因数和提高输出电压，其基本思想是在各相电压中叠加入零序分量成分（如直流、3 次谐波等），由于它们不会出现在线电压中，因此也不会加到 Y 形连接负载之上。具体措施有直流偏置法、交流偏置法。

1) 直流偏置法。当交—交变频电路驱动交流电动机作变频调速运行时，根据电动机运行理论，低频低速时必须相应降低机端电压，此时变频电路输出电压幅值很低，各组变流器触发角 α 都在 90°附近，输入功率因数很低。此时若给各相输出电压上叠加入相同大小的直流，可使 α 角减小，提高输入功率因数，但输出负载线电压并不改变。这种方法称为直流偏置法，常用于长期低速运行的交流电动机供电。

2) 交流偏置法。如给各相输出电压上叠加 3 次为主的零序分量谐波，使输出电压波形呈梯形波，如图 5 - 29 所示。但线电压中 3 次谐波等互相抵消，负载上电压仍为正弦。这种控制方式下两变流器可长时间工

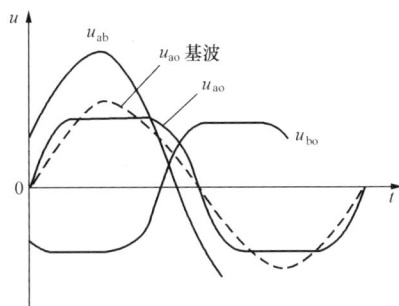

图 5 - 29　交流偏置法控制下，理想输出电压波形

作在高电压输出的梯形波平顶区，α 角小，输入功率因数可提高 15% 左右。与此同时，正弦波输出控制时最大输出相电压幅值只能为 $\alpha=0°$ 时的 U_{ao}，而梯形波输出中的基波幅值可比 U_{ao} 高 15%，故采用梯形波输出控制方式可使三相输出交—交变频器输出电压提高 15%。

由于梯形波输出控制相当于在相电压中加入 3 次等交流谐波，故称为交流偏置法。

小　结

通过晶闸管控制，靠交流电源电压换相的交流—交流变换器分为两类：一类是频率不变仅改变电压大小的交流电压控制器或交流调压器，另一类是直接变频器。交流调压器依靠晶闸管的移相控制使交流电源电压正弦波形的一部分作为电源输出，另一部分被晶闸管关断。因此输出电压总是小于输入电压，即电压控制器只能降压，且输出电压中含有较大的谐波。

斩控式交流调压在工频周期内多次控制开关器件导通关断，实质也是将交流电源电压正弦波形的一部分作为输出提供给负载。斩控式交流调压使用了面积等效的概念，输出电压谐波含量很小，适合在电压要求高的场合使用。

晶闸管相控直接变频的基本原理还是相控整流和有源逆变原理，正、反两组相控变流器反并联输出。晶闸管相控直接变频与交—直—交间接变频相比较，其优点是只有一级功率变换，效率高的同时可以用晶闸管靠交流电源电压过零反向换相，又可方便地实现四象限运行，低频时可输出一个高质量的正弦波。但其输出频率不宜高于输入频率的 1/3，且具有输入电流谐波大、输入功率因数低等缺点。晶闸管相控直接变频器适用于高电压、大容量、低速度的交流电动机四象限变速传动系统。

传统的交—直—交虽然多一级功率变换，但具有控制灵活、输出频率宽、范围可调、谐波含量低等优点，因此在高准确度调速系统、电能质量控制、高压直流输电等有广泛的应用。

习　题

5-1　交流电力控制电路有哪三种？本章重点讨论的是哪一种？

5-2　图 5-1（a）所示交流调压电路，$U_1=220\text{V}$，$Z=16\Omega$，控制角 $\alpha=50°$。①求负载上的有功功率 $P=$？②忽略晶闸管的功率损耗，求该电路输入功率因数，并对计算结果发表见解。

5-3　图 5-30 所示为单相交流调压电路，$u_1=220\sqrt{2}\sin\omega t\,\text{V}$，阻感负载，负载阻抗角 $\varphi=\pi/4$。试回答：

（1）α 最小值是多少能实现交流调压；

（2）$\alpha=60°$ 时 $\theta=150°$，画输出电压波形，计算输出电压有效值 U_o。

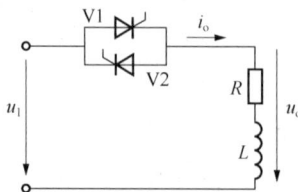

图 5-30　题 5-3 图

5 - 4　单相交流电压控制器当控制角 α 小于负载功率因数角时，为什么输出电压不可控？

5 - 5　带阻感性负载单相交流调压器，控制角 α 能起调压作用的移相范围是什么？当 $0 < \alpha < \varphi$ 时会出现什么结果？该电路对触发信号有什么特殊要求？

5 - 6　试比较斩控式交流调压器两种控制方式的优缺点。

5 - 7　为什么交—交变频比交—直—交变频更适于在交流电动机变频调速中应用？

参 考 文 献

[1] 李宏. 电力电子技术导论. 江苏机械制造与自动化，2001（3）：5-8.

[2] 颜世刚. 电力电子技术问答. 北京：机械工业出版社，2007.

[3] 浣喜明，姚为正. 电力电子技术. 2版. 北京：高等教育出版社，2004.

[4] 徐政，卢强. 电力电子技术在电力系统中的应用. 电工技术学报，2004，19（8）：23-27.

[5] 汤广福，贺之渊，曹均正，查鲲鹏. 2012年国际大电网会议系列报道——高压直流输电和电力电子技术最新进展. 电力系统自动化，2012，36（24）：1-3，78.

[6] 梁旭明，张平，常勇. 高压直流输电技术现状及发展前景. 电网技术，2012，36（4）：1-8.

[7] 赵成勇. 高压直流输电技术研究动态. http：//www. docin. com/p-560483177. html，2011.3.

[8] 赵成勇. 高压直流输电技术及其在智能电网中的应用. http：//wenku. baidu. com/view/38c7dc3131126edb6f1a10d7. html，2010.7.

[9] 金锐，雷林绪，温家良，等. 特高压直流碳化硅晶闸管阀损耗探讨. 电网技术，2011，35（3）：8-13.

[10] 李侠，Shang G，Uder M. ±800kV特高压直流输电用6英寸大功率晶闸管换流阀. 高压电器，2010，46（6）：1-5.

[11] 梁旭明，张平，常勇. 高压直流输电技术现状及发展前景. 电网技术，2012，36（4）：1-9.

[12] 赵定远，赵莉华. 现代电力电子器件的发展. 成都大学学报自然科学版，2007，26（3）：210-214.

[13] 钱照明，陈辉明，吕征宇. 电力电子器件的最新发展. 电气时代，2001（05）.

[14] 宽禁带半导体材料. http：//wenku. baidu. com/view/dad0bac16137ee06eff918e3. html.

[15] 李鹏飞. 宽禁带半导体材料的应用. http：//www. docin. com/p-309780169. html.

[16] 许平，刘鹿生. 功率电子器件的现状和最新进展. 电力电子，2011（03）：9-16.

[17] 王兆安，刘进军. 电力电子技术. 5版. 北京：机械工业出版社，2009.

[18] 温淑玲，高燕. 电力电子技术. 合肥：安徽科学技术出版社，2007.

[19] 黄俊，王兆安. 电力电子变流技术. 3版. 北京：机械工业出版社，1993.

[20] 阮毅，陈伯时. 电力拖动自动控制系统——运动控制系统. 4版. 北京：机械工业出版社，2009.

[21] 徐德鸿，马皓，王生. 电力电子技术. 北京：科学出版社，2006.

[22] 林渭勋. 现代电力电子技术. 北京：机械工业出版社，2006.

[23] 谢小荣，姜齐荣. 柔性交流输电系统的原理与应用. 北京：清华大学出版社，2006.

[24] 刘峰，孙艳萍. 电力电子技术. 2版. 大连：大连理工大学出版社，2009.

[25] 林忠岳. 现代电力电子应用技术. 北京：科学出版社，2007.

[26] 李先允. 电力电子技术. 北京：中国电力出版社，2006.

[27] 张润和. 电力电子技术及应用. 北京：北京大学出版社，2008.

[28] 刘凤君. 现代逆变技术及应用. 北京：电子工业出版社，2006.

[29] 董宇. 特高压磁饱和式可控电抗器无功功率补偿控制系统研究 [D]. 沈阳：沈阳工业大学，2016.

[30] 柔性电力技术在电力系统中的应用. https：//wenku. baidu. com/view/be492b8a6529647d27285246. html.